中国管理咨询优秀案例（2020）

中国企业联合会咨询与培训中心　编

企业管理出版社
EMPH ENTERPRISE MANAGEMENT PUBLISHING HOUSE

图书在版编目（CIP）数据

中国管理咨询优秀案例 . 2020 / 中国企业联合会咨询与培训中心编 . —北京：企业管理出版社，2021.4

ISBN 978-7-5164-2358-5

Ⅰ. ①中… Ⅱ. ①中… Ⅲ. ①企业管理—咨询—案例—中国 Ⅳ. ① F279.23

中国版本图书馆 CIP 数据核字（2021）第 057040 号

书　　名：中国管理咨询优秀案例（2020）
作　　者：中国企业联合会咨询与培训中心
责任编辑：徐金凤
书　　号：ISBN 978-7-5164-2358-5
出版发行：企业管理出版社
地　　址：北京市海淀区紫竹院南路 17 号　　邮编：100048
网　　址：http://www.emph.cn
电　　话：编辑部（010）68701638　发行部（010）68701816
电子信箱：emph001@163.com
印　　刷：河北宝昌佳彩印刷有限公司
经　　销：新华书店
规　　格：170 毫米 ×230 毫米　16 开本　19.5 印张　300 千字
版　　次：2021 年 4 月第 1 版　2021 年 4 月第 1 次印刷
定　　价：56.00 元

编 委 会

目　录
CONTENTS

使命驱动价值与精神的持续成长

——中航信托企业文化升级管理咨询项目案例

北京同心动力企业管理顾问有限公司　谭宇军　孙兵

北京同心动力企业管理顾问有限公司（Topduty Management Consulting，以下简称同心动力），中国著名的企业文化管理、组织品牌管理、组织转型变革咨询公司。中国管理咨询委员会执行委员单位，中国管理咨询机构50大。

同心动力成立于1999年，长期以来，公司肩负“共筑企业信仰，激发积极改变，助力永续成长”的使命，坚持“引领性、创新性、实效性”的咨询原则，始终致力于与客户携手发展，先后为中国建筑、中国工商银行、德邦物流、太阳纸业、中国电科、雅瑞光学等数百家知名企业提供管理咨询服务，培训华润集团、联想集团、百度、中国兵器、汇丰银行、摩根士丹利（中国）等上千家卓越企业，被誉为“管理咨询界的群体德鲁克”。

本案例项目组成员

孙兵，北京同心动力企业管理顾问有限公司董事长，南开大学工商管理硕士，中国科技咨询协会副理事长，中国企业联合会管理咨询委员会副主任，清华大学特聘企业文化高级讲师，被中国企业联合会管理咨询委员会评为中国20位“值得尊敬的管理咨询专家”之一。作为央企企业文化典型示范单位的辅导专家，曾为中国建筑、中国电科、中国工商银行、中国农业银行、吉利集团、劲霸男装等100多家企业主持过管理咨询项目，培训和指导企业2000多家。

其他成员：谭宇军、赵彦春、赵静

导读

从最初40人的“游击队”到600人的“正规军”，业务从零起步到执掌数千个信托项目，存续管理7000多亿元的信托规模。这硕果背后有多少个艰难险阻，有多少次夙兴夜寐，有多少人栉风沐雨，但总有一种力量支撑中航信托人劈波斩浪、勇往直前，这就是文化的力量。

中航信托企业文化升级管理咨询项目案例一共经历了两年、两个合同期的历程。在项目一期，项目组通过对组织的深入调研和对中航信托全体管理者及员工的调动和激发，形成了具有高度统领性、前瞻性和独特性的中航信托价值核心和行动纲领——《共同信约》，随后举办的富有仪式感的文化发布和宣贯，让全体中航信托管理者和员工对公司的文化有了较为深刻的理解和认同。

确立和发布企业文化仅是万里长征的第一步，《共同信约》不能仅停留在纸上或者墙上，更需要走进广大员工和管理者的心里。在项目二期，项目组通过举办中高层共识营、高层文化行思会、基层文化共行营等活动，通过一系列内容专业、形式活泼的文化深植活动，让管理者和员工不仅加深了对企业文化的认知和理解，更在不知不觉中成了价值观的传播者和布道者。

历时一年的中航信托企业文化升级项目在每一位中航信托人心中都撒下了文化火种，很多文化深植活动已在全公司范围内常态化开展，相信在不远的将来，中航信托将在文化的引领下真正成为使命驱动型组织，让文化的“星星之火”在赣鄱大地上形成燎原之势，并在每一位中航信托人心中生生不息，薪火相传。

使命驱动价值与精神的持续成长

——中航信托企业文化升级管理咨询项目案例

北京同心动力企业管理顾问有限公司　谭宇军　孙兵

一、项目背景

中航信托股份有限公司（以下简称中航信托）是经中国银保监会批准，由集团公司和境外战略投资者——（新加坡）华侨银行等共同发起设立的金融机构。公司于2009年12月重新登记后正式展业，经过10年的市场洗礼，公司已发展成为管理资产逾6000亿元、净资产逾百亿元、进入行业发展前列的现代金融企业。公司业务齐全、产品多样、服务完备，覆盖了私募投行、资产管理、财富管理全理财价值链，在全国22个大中城市共设立了32个业务团队与24个区域财富中心。在10年的发展历程中，中航信托面对复杂的外部环境和严峻的监管环境，公司上下危中求机、攻坚克难、担当实干，创造了优异的业绩。2018年，中航信托以29.32亿元的信托业务收入挺进全国68家信托公司的第3位，主要经营指标均位于行业第一发展梯队。中航信托多次获得“中国优秀信托公司”“最具竞争力信托公司”“卓越信托公司”等荣誉称号。

从最初40人的“游击队”到600人的“正规军”，业务从零起步，开拓至全国20多个城市，到执掌数千个信托项目，存续管理7000多亿元的信托规模。这硕果背后有多少个艰难险阻，有多少次夙兴夜寐，有多少人栉风沐雨，但总有一种力量支撑中航信托人劈波斩浪、勇往直前，这就是文化的力量。风云变幻，中航信托经历了跌宕起伏的岁月，沉淀了属于中航信托人自己的管理智慧、工作作风和精神风貌。

为更好地传承中航信托的优秀文化基因，同时利用文化更好地服务公司的经营管理，并实现文化进一步引领公司的可持续发展，中航信托开始了企业文化建设项目。

同心动力项目组通过对中航信托的需求分析，确立了项目的四大目标：

一是梳理中航信托的发展脉络，提炼优秀文化基因，解析公司当前所存在的经营管理问题及未来面临的机遇与挑战。

二是对中航信托的文化理念体系进行优化升级（清晰性、实用性、独特性、前瞻性）。

三是通过文化行动激发员工进行积极改变，持续提升管理者和员工对企业文化的理解和认同，让每一位管理者和员工都成为企业文化的建设者、践行者和传播者。

四是将企业文化融入经营管理，使企业文化真正引领和支撑企业高质量、可持续发展。

二、项目实施过程

针对公司的特点及项目需求，项目组决定通过项目启动、调研诊断、体系提炼、体系发布、深植落地五个阶段推进项目，目的是在每一位管理者和员工的心中播下企业文化的种子，让所有人都参与到企业文化的建设和践行中去，并激发中航信托高层管理者的使命感、中层管理者的责任感和基层员工的归属感。

（一）项目启动吹号角

项目启动会是向公司全员发布文化升级的重要信号，也能从一开始就调动起全员参与企业文化升级的积极性和主动性。2018 年 7 月 18 日，联合项目组在中航信托南昌总部组织召开了以“思八年发展之本，求未来前进之真”为主题的企业文化建设项目启动会，其中，别具一格的启动仪式把启动会推向高潮。启动仪式以书为载体、以愿望条为内容，五位员工代表分别上台表达了自己对此次文化项目的期望和心声，并合并成书。中航信托董事长姚江涛先生和同心动力董事长孙兵先生共同在文化愿望之书上签字、盖印，共同见证员工的期望，留下共筑文化的印记，同时也表现出不负重托，打造文化之魂的信心和决心。项目启动会为项目的正式启动吹响了号角。

（二）调研诊断见真章

调研诊断是企业文化升级的基础和重要环节，同心动力在20余年的从业过程中形成了系统清晰的调研思路和成熟的调研工具，并根据中航信托的特点制订了具有针对性的调研方案。在为期三周的访谈调研阶段中，同心动力采用定性、定量调研相结合，内部与外部相结合的方式，运用“世界咖啡”和问卷调研访谈等多种调研方式匹配结合的手段展开了充分而有深度的企业文化调研，覆盖全公司各个职能部门、事业部和财富中心，共计访谈112人，回收有效问卷500份。此次调研有深度、有广度、形式多样，充分调动了广大员工和管理者参与文化建设与践行的积极性，为接下来的工作开展打下了坚实的基础……

在诊断阶段，同心动力采用自主研发的三元锁定模型，对中航信托的文化发展基础、文化及管理现状、未来发展对文化的需求进行了全面而系统的分析和梳理。

1. 文化发展基础

该项目通过回顾中航信托的发展历程，了解每个历史阶段所面临的机遇和挑战，探究每个阶段的关键经营活动和背后的文化表现，以厘清文化发展的脉络、解析文化的要素，对中航信托的发展历程及历史文化积淀、关键成功要素、企业家团队精神进行了提炼和总结。

（1）历史文化积淀。

①对目标实现的坚定信心，对事业追求的执着坚守；

②真诚简单、情如手足的氛围；

③高瞻远瞩的战略眼光；

④因势而变，善于把握趋势、抓住机遇；

⑤领导以身作则，具有“出了问题我来扛”的担当精神；

⑥“没有成功，只有成长”的持续拼搏精神；

⑦市场开拓精神。

（2）关键成功要素。

①领导层的企业家精神；

②领导班子稳定，配合默契，协同互补；

③肯拼能干、高效务实、简单阳光的团队；

④人才机制好，想做事有空间；

⑤集团的信任、股东的支持、央企的品牌背书；

⑥央企背景下的市场化运作方式；

⑦在利好的环境下，善于抓住机遇。

（3）企业家团队精神。

①有情怀、有激情，拼搏进取、率先垂范的领导者人格魅力；

②领导层具有“出了问题我来扛”的担当精神与率先垂范的榜样力量；

③前瞻性的战略眼光和业务布局；

④支持人、尊重人、善用人、成就人；

⑤时刻学习，站在时代的前列。

最后由历史文化积淀、关键成功要素、企业家团队精神三个方面推导出中航信托的优秀文化基因：

①对事业追求的执着坚守；

②高瞻远瞩的战略眼光；

③永不懈怠的拼搏精神；

④以身作则，冲在最前面的担当精神；

⑤高效务实、简单阳光的团队氛围；

⑥支持人、尊重人、善用人、成就人；

⑦因势而变，善于把握趋势、抓住机遇；

⑧航空报国的使命感；

⑨重视学习和创新；

⑩居安思危的忧患意识；

⑪市场开拓精神和竞争意识。

2. 文化及管理现状

项目组对中航信托的文化类型和管理问题进行了深入的剖析，在文化类型方面，通过罗伯特·E.奎因竞争性文化价值模型，描述了中航信托的文化类型，宏观展现中航信托的组织风格及管理全貌，并通过亚文化一致性、差异性分析对局部亚文化进行诊断分析；在管理问题方面，通过对访谈内容和问卷的梳理和分析，深刻剖析了中航信托的管理问题及问题背后的问题（QBQ），分析中航信托的管理风格，从而更全面地展现中航信托的文化特征。

（1）文化类型分析。

结合中航信托的企业文化类型（见图1）可以看出，中航信托在人本支持导向方面较为突出，目标绩效导向次之，规范控制导向和灵活创新导向相对较弱。综合调研分析，此文化类型表明中航信托具备较强的人本意识和目标绩效意识，强调以人为本与市场竞争，呈现出典型的高人本、高绩效型文化特征。

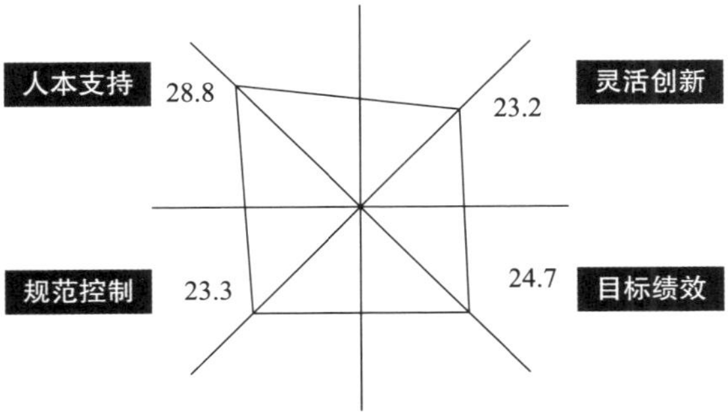

图1　中航信托的企业文化类型

（2）管理问题分析。

中航信托的企业文化蕴涵于日常的经营管理活动中，而企业文化管理亦要针对管理中存在的问题，提出文化层面的问题解决思路，补齐短板、提升综合实力，进而提高经营业绩。

项目组经过调研发现，中航信托在当前的经营管理中主要存在三个方面的矛盾。

①当前过于依赖企业家团队引领的现状与未来需要组织能力支撑公司发展的矛盾；

②当前高速增长的现状与未来需要高质量发展之间的矛盾；

③当前管理注重灵活、高效与未来管理需要更规范、更精细化之间的矛盾。

项目组结合文化类型及管理问题分析，推导出中航信托需要强化或调整的文化意识，具体如下：

①企业家精神与群策群力相结合；

②主动思考，主动担当；

③科学、透明的资源禀赋；

④“三全”（全流程 + 全方位 + 全员覆盖）风控意识；

⑤规范化、精细化意识；

⑥协同整合意识。

3. 未来发展对文化的需求

通过洞察企业面临的外部环境、发展战略、员工期望对文化升级的诉求及分析员工对中航信托未来文化的期望，并借鉴行业标杆的关键要素，最终得出中航信托要取得高质量、可持续发展的关键驱动要素。

①产融结合，服务实体；

②崇尚创新，敢于突破；

③整合资源，协同发展；

④责任意识，履行社会责任；

⑤真诚、专业，客户为先；

⑥抓住机遇，引领行业；

⑦以人为本，人才兴企；

⑧严控风险，稳中求进；

⑨保持开放、拥抱科技。

结合三元锁定模型和对历史优秀文化基因、文化价值取向、未来关键驱动要素的系统梳理和深入分析，项目组最终锁定了中航信托的核心价值定位。

①航空报国的使命与担当；

②企业家精神与群策群力相结合；

③以奋斗者为本，让想做事的人有空间，给有能力的人以平台；

④主动担当；

⑤客户化思维；

⑥专业、学习、创新；

⑦规范，精细，依法合规。

（三）共思共创凝智慧

在全面而深入的调研诊断及对核心价值准确定位的基础上，2018 年 11 月 1 日，中航信托在青岛举办了中高层文化理念共识营，在同心动力咨询专家的激发和引导下，大家群策群力、献言献策，会场金句连连、妙语频出，每位参会者都为文化理念的最终形成贡献了自己宝贵的力量与智慧。

（四）体系确立终面世

我们是谁？我们为谁创造价值？什么是我们的“为”与“不为”？我们的方向是什么？我们共同的价值核心和行为标准是什么？——组织定位和经营核心思想定位是一个优秀组织长期存在与发展的关键抓手。

在确立企业的核心价值和全面吸收了中航信托中高层管理者的智慧和创意之后，项目组对中航信托的核心文化理念纲领进行了梳理，形成了具有高度统领性、前瞻性和独特性的中航信托价值核心和行动纲领。

文化主题：《共同信约》；

文化旗帜：中航的工业文化核心为“航空报国、强军富民、敬业诚信、创新超越”；

使命：承信受托，让价值与精神永续成长；

愿景：成为备受信赖、专业领先、广获尊重的金融整合服务商；

价值观：人本共进，至善致远；

基本价值观：先于客户用心、创造价值为本、精细不失效率、专业赢得尊重、风险可控可驭、主动刷新自己、合作凝聚力量。

在核心理念体系的基础上，为了便于让广大员工和管理者践行中航信托的企业文化，项目组还在基本价值观的基础上形成了相应的关键行为准则和企业禁忌行为——中航信托八不准。

关键行为准则（以基本价值观“专业赢得尊重”为例）：

①敬业爱业才能专业；

②尊重专业，让专业的人干专业的事；

③专心专注，做到极致；

④用匠心精神培养专业气质；

⑤主动提供专业方案，解决客户的痛点难点；

⑥没有专业化，一切都是浮萍。

禁忌行为——中航信托八不准：

①虚瞒假报，即使出发点是好的；

②消极怠工，闲散度日，没有工作激情；

③耍小聪明伤害别人，占小便宜损害公司；

④把管理只当权力；

⑤侵害公司及客户的合法利益；

⑥泄露公司的机密，违背职业操守；

⑦为拿项目，对内、对外故意隐瞒预知风险点；

⑧收取任何形式的居间费。

（五）重磅发布再出发

2019 年 1 月 16 日，中航信托企业文化发布会在南昌召开。这是中航信托在文化建设方面的又一重要举措，也是中航信托企业文化建设历史上的一座丰碑。

在文化发布会中，中航信托董事长姚江涛先生等领导及 12 名青年员工代表共同发布了《共同信约》企业文化核心理念体系，并举行了郑重而庄严的授书及宣誓仪式。其中，在宣誓环节，每位与会者都面对《共同信约》许下了自己的诺言：不忘初心和来路、不负重托与期望，恪守受托天职、践行共同信约。

为了让中航信托全体管理者和员工更深刻地理解企业文化，在发布会上，同心动力咨询专家对全体参会人员进行了企业文化专题培训，用专业、系统的理论和生动的案例深入解读了《共同信约》的文化核心理念。

通过富有感染力的企业文化发布会和专业系统、具有深度的培训，全体中航信托人对自己的企业文化理念体系的丰富内涵有了更加深刻的理解。

（六）文化深植促改变

确立和发布企业文化的核心理念仅是万里长征的第一步，《共同信约》不能仅停留在纸上或者墙上，更需要走进广大员工和管理者的心里。为了真正落实好公司的核心价值和核心理念，让广大管理者和员工真正认同和践行公司的企业文化，咨询项目组在中航信托开展了一系列兼具高度、深度和广度的企业文化深植活动。

在中航信托企业文化中高层共识营活动中，中航信托的中高层管理者们在同心动力咨询专家生动而深刻的讲解和新颖、丰富的活动中，经历了以公司使命和价值观为主体内容的文化洗礼。在使命连接环节，在同心动力咨询专家的引导下，营员们针对公司的使命——“承信受托，让价值与精神永续成长”与个人的内在联系进行了深入思考，对公司使命的具体内涵做出了深刻的阐述，交流和分享了自己在公司发展过程中的亲身经历。这些感人至深的故事体现了中航信托人不忘初心，艰苦奋斗，敢于拼搏，与公司同成长、共命运的精神，诠释了以奋斗为本的价值真谛。随后，营员们通过填写和粘贴使命卡，进一步强化了个人的使命感和责任担当意识。通过与公司使命的连接，共识营实现了凝聚人心、凝聚智慧、凝聚共识，为中航信托转型发展提供内生动力。

在价值观竞拍的环节中，营员们纷纷针对本组最认同的价值观拍出最合理的竞价以赢得“价值观捍卫者”的称号；在众筹环节，各小组更是各显神通，使出各种招式来争取其他小组的支持。在活泼和热烈的氛围中，营员们不仅加深了对企业价值观的认知和理解，更在不知不觉中成了价值观的传播者和布道者。

在互赏互鉴环节中，营员们本着“不吝啬赞赏、不夸张表扬、不虚伪拍马”的原则和实事求是的态度，对照公司的价值观，为公司高管填写了文化互赏互鉴卡。随后，公司高管分享了营员们对自己真诚而宝贵的评价和反馈，并根据评价内容有针对性地做出了文化践行承诺。全体营员填写并宣读了《中航信托企业文化深植承诺书》，大家庄重承诺，在今后的工作中，积极践行公司文化，坚守共同的文化信念，履行共同的文化约定，牢记共同的文化使命，推动公司企业文化落地生根。

为更好地将企业文化融入公司的经营管理并根植于全体管理者和员工的

心中，咨询项目组还在全公司范围内开展了高层文化行思会和基层文化共行营等文化深植活动。在兼具创新和深度的高层文化行思会上，全体高层对照《共同信约》的行为要求，逐一进行文化述职，讲述自己在工作中践行价值观的故事与心得体会，分享自己通过文化深植改善团队氛围、提升团队绩效的具体案例。

三、项目总结

历时近一年的中航信托企业文化升级项目，总结和提炼了中航信托展业10年积累下来的优秀文化基因，确立了以使命“承信受托，让价值与精神永续成长”为核心的理念体系《共同信约》，并通过一系列的深植落地活动让广大员工和管理者更深入地理解了公司的企业文化，在每一位中航信托人心中都撒下了文化火种。相信在不久的将来，中航信托会在全新文化的引领下真正成为使命驱动型组织，实现文化对公司高质量发展的引领和驱动，让文化的“星星之火”在赣鄱大地上形成燎原之势，并在每一位中航信托人心中生生不息，薪火相传。

四、项目思考

通过此次项目的实施过程和项目实施后的复盘，同心动力认为，中航信托要实现企业文化真正引领公司高质量发展的目标，应注意以下几个问题。

（一）共识才能共信，共信才能共进

企业文化理论之父埃德加·沙因说：“企业所有的问题都是人的问题。”信托业高质量发展的源动力在于人的高质量协同。而高质量协同的前提是“我相信，我必须与他人达成共识”，即大家都相信、都有意愿去做才能做好，“上下同欲者胜”。但是我国很多企业的文化管理基本上还在沿用传统的“灌输”式单向教育模式，上墙、演讲、大课培训、报刊等，宣贯效果不佳，还往往被员工诟病为“认认真真搞形式，扎扎实实走过场”，很多的共识也是“被共识”的假象。

很多优秀的信托企业已经深刻地认识到这一点，他们借鉴国际、国内先进企业，尤其是互联网企业的创新实践，进行大量的“共识营”式的文化建设，取得了切实、有效的收获，如中航信托的“使命连接”等形式已经成为行业凝聚共识的先行者。

（二）“真行动、真改变”胜过强调一万遍

处在高质量发展转型变革中的中国信托企业，构建具有很强竞争力和持续力的企业文化，不能按部就班地给自己画地为牢，简单地认为文化建设就是“对内提个口号，对外做个广告”就可以了，企业管理者尤其是决策者要有敢于改变的决心和信心，要把企业文化的构筑看成一场“意愿改变、行为改变、管理变革、组织提升”的企业革命，是一场脱胎换骨的组织洗礼，也就是杰克·韦尔奇所说的“换铁轨”。

而文化和组织的改变关键还是在人，核心在中高层管理者。

围绕人的转变，从层级上说，有“高层行思会”、中层共行营、基层共享会等“文化洗礼”形式；从改变的形式来说，有使命连接“愿景连接”、价值观管理（价值观述职、价值观考评）、故事传递（不是故事集汇编）、基层活力营等；从有效工具上来说，有教练技术、Retreat、Work-out、World Cafe 等更多可以借鉴和创新的技术与方法。所有方法的最终目的只有一个：必须让每个人看到、感到、参与到改变的过程。

（三）短期见效，长期坚守

虽然企业文化建设是一项长远的系统工程，不会一蹴而就，但是也不能在短期让大家看不到成效。如果短时期内大家没有看到变化，整体的士气就会下滑，大家“看不到希望”就会质疑整个建设的过程。所以，放大短期实效以激发组织的长期动能，是企业文化建设不可忽视的重要节点。

与短期效果相对应的另一个重点就是持之以恒。世界处在一个变革的时代，环境瞬息万变，企业必然会对各种不确定性制订自己的应对策略。但文化建设和管理则需要矢志不渝、持之以恒的毅力和耐力，尤其考验高层管理者的经营格局和视野。

（四）恪守在经营，深耕于管理

文化和管理是组织这个硬币的一体两面，卓越的企业文化必然要深植于企业的经营管理活动中。

（1）文化支撑整体的经营管理。

坚持“脱虚向实”的发展路径，服务于国家的重大战略决策部署，持续优化实体经济的服务方式，为战略新型产业、三农发展、小微企业、民营经济提供个性化、高质量的金融整合服务；以文化推动社会进步，积极参与扶贫攻坚，支持社会公共事业，履行企业责任等。

（2）构建风险合规文化。

要从战略及经营层面上平衡好业务发展与合规风控的关系，加大信托公司的执行力度，持续完善合规制度，大力提升从业人员的合规意识，借助金融科技加强项目风险管理。

（3）通过文化引领服务创新。

产品和服务是创造客户价值的直接主体，也是外界评价行业及企业的直接依据，必然会成为企业文化的重要体现。信托公司应秉持精益求精的专业精神和匠人精神，针对客户的需求及痛点，持续完善自身的产品与服务，以完善、贴心的产品和服务提升客户的满意度。要不断学习和借鉴新模式、新技术、新产品、新服务以引领客户需求，超越客户期望；要通过着力打造智能化金融服务平台、深化金融服务价值链，构建专业化的金融服务客户生态圈。总之，要让文化成为产品服务的灵魂和核心竞争力。

（4）文化与制度相得益彰。

要加强相应制度与标准的建立，为培育企业文化构造良好的制度土壤，要让企业文化有机融入行业及企业的业务流程、内部控制、合规管理之中；要构建与文化相匹配的人才管理模式，持续健全行业人才的选聘、考核机制、奖励机制的制度设计及制度执行。通过对制度与标准的不断完善，让制度与标准成为文化落地执行和企业行业行稳致远的“护卫军”。

神东煤炭集团公司文化“双维度”践行模式

北京捷盟管理咨询有限公司　李亚

北京捷盟管理咨询有限公司（以下简称捷盟咨询）成立于1999年。捷盟咨询长期致力于企业研究、咨询、培训一体化服务，为企业管理提供一揽子系统解决方案。著名经济学家魏杰教授为捷盟咨询的首席专家顾问。捷盟咨询创始于清华大学，成长于市场，形成了高层次、高起点、厚积薄发的发展态势，是中国领先的集团化大型管理咨询公司。

捷盟咨询以“塑造最受尊敬和可信赖的咨询公司”为公司愿景，努力实践前沿的企业管理思想和秉承务实的清华大学作风，利用专业、科学的工作和分析方法及系统完备的案例和信息资源，已成功地为众多国内各类大中型企业和世界500强企业提供了咨询服务。

本案例项目组成员

李亚，北京捷盟企业文化事业部副总经理，国际注册咨询师（CMC），有16年企业文化咨询实战经验，参与或组织过各类企业文化咨询项目60多个，对企业文化理念体系的创新和深植载体的创新均有深入研究和丰富的咨询实践，对能源、交通、建筑、烟草等行业企业文化也有深入系统的咨询经验。作为核心主创人员，他主持、参与了北京同仁堂集团、山东能源集团、陕煤集团、神东煤炭集团、晋能集团、首发集团、北京公交集团等大型企业集团的企业文化建设，并负责国家电网、国电集团、华电集团、中国石化等企业集团旗下多个骨干单位的党建文化与安全文化项目，均获得客户高度认可，成果丰富。

其他成员：付立红、韩锦轩、高菲

导读

从当前国内企业文化建设现状来看，大多数企业还在进行文化理念的创新，企业文化实践的创新大都停留在宣贯层面，如何围绕文化与管理高度融合，找到自身的特色践行之路，是企业文化深植落地的关键。神东煤炭集团公司经历四次文化提升，在创领文化统领下，系统开展了文化践行工作，通过统筹规划、督导实施、创新实践，各单位呈现出子文化建设百花齐放、宣贯传播氛围浓厚、载体建设亮点频出的格局，但同时也存在建设水平参差不齐、文化难以融入管理等不足的问题。本案例系统总结公司的文化践行应用模式，形成神东文化践行应用的路径与方法，梳理提炼落地践行的典型案例，对今后各基层单位有效开展企业文化落地践行工作，具有很强的指导意义，还能够为行业内外的企业文化落地路径研究提供借鉴。

项目组在调研、梳理、总结的基础上，帮助神东建立了文化“双维度”践行模式，即企业文化宣贯维度与企业文化管理维度并行模式。企业文化宣贯维度聚焦理念宣贯和价值认同，遵循“认知—认同—实践—共享”的文化认识规律，搭建教育培训、活动仪式、传播分享、文明创建四个平台，促进文化理念的深植；企业文化管理维度聚焦问题解决和管理提升，遵循“发现问题—文化归因—提出对策—结果评估”的路径，通过特色文化实践、班组文化实践、管理创新实践、行为塑造实践四项措施，推动管理变革与升级。“双维度”践行模式，理顺了文化践行的机制和方法，将神东企业文化建设的深度，从理念层面的构建与传播，进一步推向企业文化与管理实践的深度融合。

神东煤炭集团公司文化“双维度”践行模式

北京捷盟管理咨询有限公司　李亚

一、项目背景

成功的企业背后必定有成功的企业文化，优秀文化对企业发展的促进作用日益凸显。如何培育形成具有企业独特个性的强有力的企业文化，使其保持长久的生命力，是当前中国企业特别是国有企业突破管理瓶颈和激荡创新活力的关键所在。

从当前企业文化建设的现状来看，国内大多数企业还在进行文化理念的创新，文化实践的创新大都停留在宣贯层面，如何围绕文化与管理高度融合，找到自己的特色践行之路，是企业文化深植落地的关键。到目前为止，国内企业的文化理念创新著作、研究成果很多，反映集团母文化指引基层单位落地实践的案例成果较少。

2016 年年初，神东煤炭集团公司（以下简称神东集团或神东）开展了第四次企业文化提升，提炼形成了新的企业文化，对基层单位的文化践行提出了新的要求。经过 2 ～ 3 年的推进，神东通过统筹规划、督导实施、创新实践，文化践行取得了一系列成绩，在企业文化建设中进一步厘清了规范与创新的关系、管理与文化的关系、好听与管用的关系，各单位呈现出子文化建设百花齐放、宣贯传播氛围浓厚、载体建设亮点频出的格局，但也存在着指导思路不够明晰、各单位践行深度不一、文化与管理结合不紧密等问题。

神东集团作为大型国有企业，建设强大的、富有活力的企业文化是企业核心竞争力之一，不仅是企业发展的要求，更是时代发展变化的要求。2017 年，国家能源集团成立以后，对集团内部的企业文化建设提出了整体要求。神东集团如何贯彻母子文化建设要求，全面调研诊断基层单位文化践行经验与不足，系统总结公司的文化践行应用模式，形成神东文化践行应用的路径与方法，梳理基层单位在践行过程中最具成效的典型案例，提炼出践行思路及特色做法，对今后各基层单位有效开展企业文化落地践行工作，具有很强的指导作用。通过深入研究文化践行的基础性、持续性、系统性、规范性，从应用的角度探索神东文化践行的机制与方法，并加以总结提升，能够为行业内外的文化落地路径研究提供借鉴。

二、研究思路

（一）研究路径

通过对神东企业文化管理部门（企业文化中心），以及榆家梁煤矿、补连塔、大柳塔等若干具有代表性的基层单位进行访谈调研，并发放调查问卷，收集内外部资料，深入了解企业文化、公司战略对神东文化践行的要求。参照知名企业开展企业文化的先进做法，挖掘文化实践及子文化建设的经验，系统总结神东在理念引领、行为塑造与企业文化实践平台、机制、载体建设等方面的特色做法，结合未来企业文化实践需要，遵循文化践行的“四同”要求，即母子文化同心，传承集团核心理念，指导基层矿处文化对接和延伸；理念方法同向，明确文化践行的责任、要求，践行的目标一致、着力点相同；优秀经验同享，总结基层矿处单位特色子文化建设经验并推广；运行机制同构，在一个体系内整体规划文化践行机制，一盘棋、一张网，形成规范性的机制建设要求。

（二）研究方法

在项目开展过程中，为了确保系统了解神东文化践行方法和成效，项目组与神东企业文化中心组成联合项目组，经过深入沟通，采取了“四结合”的研究方法。

一是深入调研与诊断分析结合。通过案例研究和调研访谈，锁定文化践行的重点、难点及应关注的问题；通过实地调研，采用集中研讨、单独访谈的方式，摸底基层单位企业文化建设的情况，梳理基层单位特色践行的经验，分析其不足，探寻其背后的文化落地机理。

二是“外脑”引导与内部提升结合。外部项目组采用教练式咨询方式，针对内部项目组如何开展企业文化建设工作评价、案例提炼等进行指导，采用理论研究法、头脑风暴法、统计分析、模型建立等方法，统一内外部的意见和建议。

三是考核评价与解决问题结合。项目组深度参与企业文化建设考评工作，制订调研方案，以解决问题为导向，评估基层单位文化践行路径的创新性、有效性，真正把好的经验挖掘出来，把好的案例提炼出来，为系统提炼模式奠定基础。

四是总结提升与交流分享结合。通过对比分析、交叉论证，进一步厘清践行模式与典型案例之间的关系；召开案例交流会，采取专题分享、深度对话、领导点评等方式，扩大典型经验的影响力，借助典型案例引导，使各单位对模式理解更加深刻。

（三）研究的目标与步骤

项目研究的任务目标与步骤如下：

1. 提炼企业文化实践模式——融合对接、融入管理

深入探讨神东文化与集团核心理念之间的关系，分析集团文化与神东文化的融合对接方式；系统总结神东在企业文化实践平台、机制、载体等方面的经验，形成文化践行实践模式。

2. 打造班组文化建设品牌——系统构建、可供借鉴

通过全面调研，深入挖掘榆家梁煤矿班组文化建设成功经验，总结班组文化实践的特色做法，对班组文化建设的思路、方法、路径、平台、运行机制等进行系统构建，提炼出榆家梁煤矿班组文化建设模式，使其成为行业内可借鉴、推广的班组文化建设品牌。

3. 总结系列文化践行典型案例——以点带面、典型示范

经过前期调研和评估分析，以榆家梁煤矿为核心，确定 10 家基层单位最具特色的、成效显著的文化实践典型案例，巩固神东企业文化实践的阶段性成果，形成《神东文化践行应用案例集》，以点带面，对其他单位的文化践行与案例提炼起到示范引领作用。

三、项目研究

项目组制订了详细的项目调研计划、访谈提纲与资料清单，开展了为期一个月的项目调研，全面了解神东文化践行应用的现状，挖掘特色践行经验。

（一）调研概况

捷盟咨询项目组调研了大柳塔煤矿、补连塔煤矿、哈拉沟煤矿、上湾煤矿等 17 个矿井单位，生产服务中心、设备维修中心、设备管理中心、信息中心等 13 个专业化服务单位，以及矿业服务公司、新闻中心等 8 个综合服务与后勤单位，一共对 38 家基层单位企业文化践行的经验与方法进行了调研，全面掌握了基层单位在企业文化践行方面的一手资料。

调研内容的重点是各单位开展企业文化建设的总体情况，文化践行应用的路径、方法，单位、区队、班组的特色践行经验，以及践行过程中存在的问题。

（二）文化践行经验梳理

调研发现，各基层单位积极践行神东文化，呈现百花齐放的局面，推动企业文化实践创新的主动性很强，且很多经验具有以文化引领管理与效益双提升的价值。文化践行的方式主要有以下几个类型：

1. 班组文化创新

根据企业的历史传承、一把手的管理思想、班组建设基础等方面的不同，企业选择了不同的班组文化建设方式，在规划上注重长远，在推进上注重创新，在落实上注重统筹，在方法上注重实效。榆家梁煤矿班组文化建设起步早，在不断创新改进中，以区队自治、班组自主、员工自律为理念，形成了“矿井搭台、基层唱戏”的班组文化自主赋能模式，一区队一“图腾”，一班组一特色，形成了图腾文化、蚁族文化、雁阵文化、同心文化、泰山文化、雷锋文化等有影响力的班组文化。受榆家梁经验的影响，很多基层单位先后开展了班组文化建设，其中石圪台煤矿运转二队以打造运转“特战队”品牌，融入浓烈的军营元素，起到了提士气、强素质的作用。哈拉沟煤矿以“品牌班组”作为引领，将同一类型的员工聚合起来，或组成班组，或成为小组，进行重点培育，提供资源支持，最大程度激发班组或团队的积极性，获得了内外的认同。

2. 特色子文化建设

大部分企业都选择了特色子文化作为践行的路径。洗选中心提炼了高效文化作为特色子文化，以“五个融入”为原则，以“一厂一站一品牌”作为实践支撑。各洗选厂由于发展历程、地理位置、人员结构、管理特点的不同，在实际的发展和实践中，在统一管理、同一母文化的基础上，又形成了各具特色、各有特点子文化。

寸草塔二矿倡导双向感恩，通过七个“必须”来构建“感恩”的子文化，达到了激发积极性、提升凝聚力的效果。

补连塔煤矿构建三色四常五力廉洁文化体系，通过廉洁风险管控体系建设、党风廉政教育室、红色精神教育家园、检企共建等载体，营造了风清气正的环境。

上湾煤矿构建了“安全文化 + 风险预控”双轮驱动机制，将安全风险管控挺在隐患前面，隐患排查治理挺在事故前面，构建点、线、面有机结合的安全生产长效机制，实现了五个方面的转变。

保德煤矿打造“保先、保安、保德”的子文化，对接神东企业文化、安全文化，营造了创新、安全、和谐的良好氛围。

3. 党建工作引领

开拓准备中心基于队伍分散、区队技术力量薄弱、管理难度大的现状，以党建文化为引领，促进“散点联动”，通过“新”（互联网 +）与“实”（每一项工作都有翔实推进表）的手段，将党建逐级融入意识形态、制度建设、管理办法、管理工具和实践活动，形成广覆盖、深落实、强互动、高效率的党建网络，以基层党支部作为结点，党委抓支部、支部抓基层，实现了“聚是一团火，散是满天星”。

保德煤矿抓住党支部升级示范的契机，掘锚一队打造“先锋党支部”，强调做政治引领先锋、战斗堡垒先锋、安全生产先锋、技能提升先锋、服务员工先锋，成为标杆党支部。

4. 文化主题实践

矿业服务公司在基层调研中发现，纪律、技术、作风、形象有待提升，基础管理、服务水平参差不齐，为强化基础、提升管理，他们围绕“保障生产、服务生活、促进和谐”主体职能，开展“强纪律、改作风、树形象，创文明优质服务”主题实践。以学习宣传为引领，以标准措施为路径，以考核整改为推动，以对标树先为手段，全面查找短板，促进整改提升，管理不断改善，亮点经验频出。

物供中心在“家思想、船文化”的指引下，持续开展“启航志愿服务”，成立启航志愿者协会，形成了完善的志愿服务思路，具有很强的社会影响力。

5. 管理创新实践

寸草塔二矿注重培训方式创新。寸二矿“不与大矿比产量，敢与大矿比质量”，将能力建设作为突破口，建立了小课堂进党委大课堂（支部层面），“微讲堂进早调会”（干部层面），“正能量小故事进班组会”（员工层面）的三级课堂学习模式，通过透明化教具、趣味化教学、模拟操作等创新培训方式，以及课件制作内部市场化，调动了员工制作课件的积极性，典型引领作用凸显，教育培训效果显著。

柳塔煤矿是内部市场化的先行者，明确了“崇尚价值创造，通过竞标竞价，实现干得多挣得多”的导向，宣传教育与鼓励性政策同步，开展项目承包、场所承包和岗位承包，针对部分区队工作能力不足或不饱和的情况，实行转包制度，促进有序竞争，真正激活了单位沉淀的人力资源、物资资源，创造了良好的效益。

（三）文化践行存在的不足

虽然基层单位在践行文化过程中，探索了很多有益的经验，取得了丰硕的成果，但仍然存在一定问题，值得关注。

1. 建设水平参差不齐

虽然在一主多元的原则下，大部分基层单位都开展了特色子文化建设，但认识水平、建设路径、措施和成效不一，需要集团层面给出明确标准并给予指导。

2. 经验缺乏总结分享

神东内部各单位之间有一定的先进经验交流分享，但在集团层面，对总体建设经验和各单位建设经验，缺乏系统的总结、提炼和分享。

3. 个别单位未找到合适路径

部分单位将企业文化与日常工作割裂开来，以理念对接理念，与神东文化的衔接不紧密，与管理的结合不紧密，无法指导管理实践，需要公司层面提供相关模式方法借鉴，并在实践过程中进行指导。

四、文化践行总体思路及践行应用成果

（一）搭建文化“双维度”践行模型

传统的文化践行路径以文化宣贯为重点，围绕理念认知、认同与践行，进行培训、活动、传播等方式的创新，文化与管理的融合度不够紧密。神东在推进文化践行应用过程中，采用了“双维度”践行模式（见图1），即企业文化宣贯维度与企业文化管理维度并行。企业文化宣贯维度聚焦理念宣贯和价值认同，遵循“认知—认同—实践—共享”的文化认识规律，搭建教育培训、活动仪式、传播分享、文明创建四个平台，通过“从感性到理性、再从理性到实践”两次转化，实现企业文化宣贯的常态化，促进文化理念的深植；企业文化

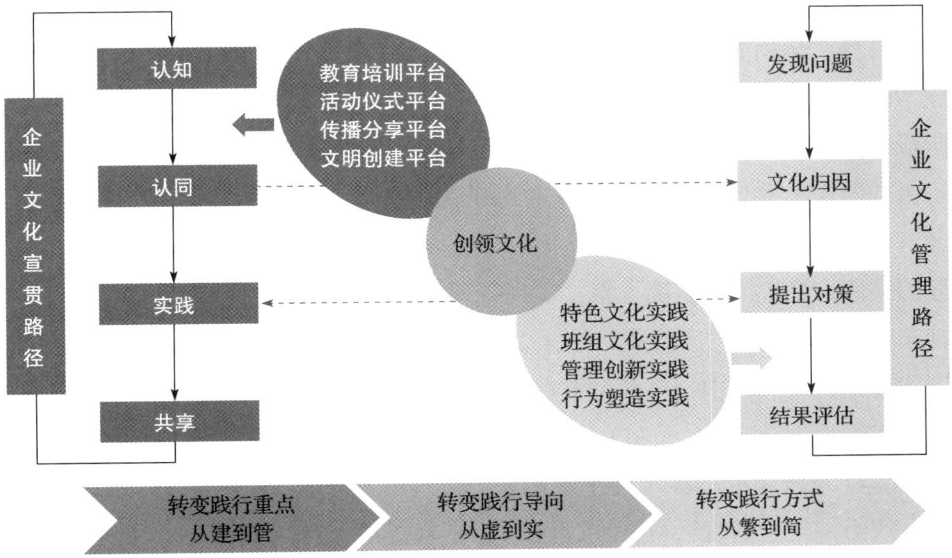

图1 神东企业文化“双维度”践行模式

管理维度聚焦问题解决和管理提升，遵循“发现问题—文化归因—提出对策—结果评估，通过特色文化实践、班组文化实践、管理创新实践、行为塑造实践四项措施，推动管理变革与升级。

文化宣贯维度的四大平台，以入脑、入心、入行、入境为目标。搭建公司、矿井、区队层面的教育平台，以宣教、新闻、研讨、会议、专题培训等方式，立体推进，深化理念的认知与认同；借助企业文化中心、矿级单位载体，搭建企业文化活动仪式平台，统筹开展道德讲堂、好人选树、大国工匠评选、神东好故事宣讲等丰富多彩、参与广泛的活动，激活员工内心能量；搭建传播推广平台，不断完善文化考核评价机制，总结、筛选践行过程中的优秀经验和故事案例，并通过新媒体、交流会、文化节等方式进行交流分享，加强横向、纵向联动，以点带面，带动企业文化建设水平的整体提升；搭建文明创建平台，借助文明单位、文明班组、文明员工等特有的精神文明创建载体，将神东精神显现化，促进神东精神的传承。

文化管理维度以“制度与文化相融、党建与文化相融、管理实践与文化相融”为目标，坚持问题导向，从四个方面进行实践探索，真正做到以企业文化指导管理行为，以管理行为践行文化理念。一是开展特色文化实践，基层单位基于自身文化积淀、管理提升的需要，开展特色子文化或专项子文化建设，形成本单位文化落地的有效做法；二是推进班组文化实践，根据班组建设所处的阶段与管理水平，采取试点先行、重点打造等策略，激活基层活力团队，增强班组的凝聚力和向心力；三是探索管理创新实践，从企业改革、管理、创新、经营等环节中发现最根本、最典型、最重要、最普遍的问题，从文化角度探寻原因，制订系统性的解决方案，实现管理提升；四是深化行为塑造实践，依照神东“责任”“安全”“效能”“执行”“成本”“纪律”六个方面的行为要求，对照找差距，聚焦其中一至两个重点，制订行为转变的方案，进行系统提升，促进员工行为的转变。

（二）厘清践行思路及践行重点

致力“三个转变”，推动文化践行。一是转变践行重点，从建到管，把工作重心从企业文化建设放到企业文化管理上来，摒弃“重理念创新不重实践改进”的传统思维，重点解决过去文化和管理“两张皮”的问题；二是转变践行导向，从虚到实，基层单位重在践行，开展任何一项文化管理活动，都要以是否有益于企业安全发展，有益于企业管理提升，有益于员工素养提升为标准；三是转变践行方式，从繁到简，改变过去面面俱到、浅尝辄止的践行方式，鼓励基层单位根据自身实际选择一至两个重点开展企业文化实践，在原有实践的基础上进行总结提升，做出精品和特色。

把握“三个要点”，确保践行效果。一是把握好出发点，基层单位首先回答“有什么、缺什么、补什么”的问题，找到自己的提升方向；二是把握好切入点，基层单位文化践行中要结合本单位实际，找到符合自身特色、体现管理意图、员工普遍接受的路径和载体为切入点，重点突破，实现以点带面；三是把握好落脚点，文化践行要坚持以人为本，积极探索与时俱进的管理方式，切实解决人的主动性问题，真正达到以文化人的目的。

突出“四个特点”，明确践行要求。一是一主多元。由于业务不一样、发展阶段不一样、文化关键影响因素不一样，下属单位形成了不同的文化特质。神东明确提出在“一主多元”原则的统一指导下，各单位结合业务性质、人员特征、管理特点等因素，积极探索适合本单位的文化践行路径。二是融入管理。神东各单位对照企业价值理念的倡导与行为守则的要求，查找在安全生产、成本管控、业务流程、队伍建设、宣传教育、信息化建设等方面存在的问题，聚焦管理、营运机制方面的短板，进行全面、深入的梳理分析，寻找背后的文化成因，提出管理提升对策。三是统一规划。强化企业文化主责部门的计划管理与服务协调职能，发挥把方向、搭平台、促行动、评效能的作用，神东对二级单位的特色践行工作进行指导，建设过程中的问题及时关注与解决，经验亮点及时挖掘与分享。四是自主践行。神东统筹指导，基层单位推进实施，全员主动践行，共同推动文化深植落地。通过建立科学的考评机制，完善“项目拉动、分享交流”的推进机制，注重引入信息化手段，发挥标杆的示范引领作用，调动基层单位开展文化管理实践的积极性；鼓励基层单位结合自身实际，立足“企业发展与员工成长”双提升的需求，创新企业文化践行路径，搭建丰富的企业文化建设载体，推动神东文化落地。

（三）文化践行应用成果

1. 成果一：神东文化践行应用模式研究

在前期进行深度访谈调研30多家单位的基础上，对各单位的文化践行经验进行总结提炼，系统梳理了神东在文化践行应用方面的经验，并从理性分析的角度，高度概括总结出神东在文化践行应用方面的模式。

构建了神东文化“双维度”践行模式，并从模式内涵、践行思路与关键点、模式主要特点三个方面，概述了神东文化“双维度”践行模式的结构和内容，分析了“双维度”践行模式应用过程中所遵循的思路和关键要素，以及“双维度”践行模式整体特点。全面分析了如何按照“双维度”践行路径，在特色子文化、专项文化、班组文化建设、学习创新、管理提升、服务提升、精神传承实践等方面开展文化践行。

文化“双维度”践行模式的创新性主要体现在：一是从大量践行案例中进行分析，从理论的层面上进行架构，搭建了文化“双维度”践行模型，实现了文化践行从感性认知到理性认知的认识突破；二是“双维度”践行模式理顺了神东文化的践行路径，为神东各单位开展文化践行工作提供了思路；三是“双维度”践行模式，将神东企业文化建设的深度，从理念层面的构建与传播，进一步推向企业文化与管理实践的深度融合。

2. 成果二：榆家梁煤矿班组文化建设模式研究

通过多次深度访谈、深入研讨和多轮修改提升，系统梳理了榆家梁煤矿在班组文化建设方面的模式和经验，形成了《“三自赋能、六措八法”——榆家梁煤矿班组文化建设模式》，实现了榆家梁煤矿班组文化建设模式的系统化、理论化。

提出了“赋能”班组建设模式的总体思路、特点、意义，以及推行该模式的相关理论基础，解析了全面激活班组的赋能模式的思路与精髓；提出区队赋能“六措”，梳理了矿井如何从组织、执行、学习、管理、心力、文化六个维度为区队进行赋能，充分调动起各区队开展班组建设的积极性；完善班组赋能“八法”，从班组建设如何通过“四抓”（即抓班长、抓团队、抓标杆、抓方法）、“四激活”（即激活进取心、激活责任心、激活自尊心、激活自信心），赋予班组和员工相应的自主权和主动权，激活班组的能量。构建了“赋能”班组支撑体系，从路径、平台和机制方面描述了如何为“赋能”班组建设提供相应的支撑。

“赋能”班组建设模式的创新性主要体现在：一是把“三自”理念与“赋能”理论结合，应用于班组文化建设，总结了区队六措、班组八法的班组建设方法论，形成了独特的“榆家梁模式”；二是全面梳理了榆家梁煤矿班组建设经验，使长期在实践中形成的散落经验，梳理形成系统的、分层推进思路与方法；三是有效塑造了榆家梁煤矿班组建设品牌，为榆家梁煤矿班组建设品牌的传播推广，奠定了良好的基础。

3. 成果三：梳理总结《神东文化践行应用案例集》

在充分调研的基础上，选取在企业文化践行方面卓有成效的一批基层单位，明确该单位在企业文化实践方面的特色经验，并进行二次挖掘，采用项目组与基层单位特色经验主创团队共同提炼的方式，总结其成功经验、特色做法，形成案例，汇编成案例集。

总结在神东文化引领下，各基层单位在经营发展、党建创新、管理改进、文化践行、特色子文化建设、班组文化建设等方面最具实效与创新性的典型经验，重点体现本单位的创新思路与特色做法，凸显文化对安全生产、经营管理的促进作用。每一个案例都包含背景介绍、基本做法、成效与启示三部分。背景介绍点明基于解决什么问题而提出本案例，并概括说明本单位企业文化创新实践方面的亮点所在；基本做法阐述本单位主要采取了哪些措施，要求点面结合，既突出亮点，又呈现整体工作布局；成效与启示总结本案例对本单位哪些工作起到了积极作用，突出实际成效和对下一步工作的启示。

案例集的创新性体现在：形成了以榆家梁煤矿班组文化建设、寸草塔二矿培训模式创新、哈拉沟煤矿品牌班组建设、补连塔煤矿连接文化建设、新闻中心新媒体运营、企业文化中心的文化产品与服务创新等一系列成熟的案例，探索了文化与管理融合的践行路径，创新出了企业文化践行的载体，使其在公司及行业内具有推广价值。

五、取得成效

（一）形成了特色鲜明的企业文化践行路径

通过多年的经验积淀和系统的梳理总结，神东集团明确了“双提升”目标、“双维度”路径和三个机制支撑，为公司深入开展企业文化建设，指导各单位的企业文化工作，提升整体企业文化建设水平提供了依据和指导。

（二）增强了企业的凝聚力和归属感

文化管理实践始终围绕神东文化的核心内涵开展，极大调动了各单位、各层级员工对神东的自豪感、归属感，同时实践又深植于各单位实际生产和管理中，激发了员工的创新活力和工作积极性，呈现出同心共建、全面开花的良好局面。

（三）促进了神东集团的高质量发展

通过安全专项文化、安全管理提升、廉洁文化建设、经营管理改进等相关载体建设，员工队伍的安全素养、安全风险意识、遵章守纪意识、经营管理思路都有了很大的提升，为神东集团高质量发展提供了强大精神支撑。

（四）塑造了一系列神东文化品牌

在文化践行过程中，涌现出了榆家梁煤矿班组文化建设、上湾煤矿“安全文化+风险预控”安全管理实践模式、哈拉沟煤矿品牌班组建设、物资供应中心“启航志愿服务”、新闻中心新媒体运营等具有影响力的文化品牌，被主流媒体多次报道，塑造了神东集团良好的社会形象。

四川省旅投集团整体薪酬体系设计咨询项目

汉哲管理咨询（北京）股份有限公司　方勇

汉哲管理咨询（北京）股份有限公司（以下简称汉哲咨询），成立于2003年（2008年更名），2015年7月21日登陆全国中小企业股份转让系统，成为中国管理咨询领域首批公众公司之一，率先进入中国管理咨询业资本化时代。

咨询服务是汉哲咨询的核心业务，汉哲咨询同步运营“汉哲管理咨询”与“汉哲人力资源顾问”两大品牌。自创立以来，汉哲咨询已服务企事业单位千余家。当前，汉哲咨询拥有全资、控股及关联类管理咨询机构8家，资本、商学、软件企业3家，在北京、上海、成都设有3大运营中心，在天津、深圳、南昌、南宁、西安、武汉、济南设有办事处，服务网络覆盖全国。

汉哲咨询作为中国企业联合会管理咨询委员会副主任委员单位，是中国企业联合会评选的中国管理咨询50强企业之一，并先后获得“中国著名管理咨询品牌”“中国管理咨询行业最具影响力十大品牌机构”“中国管理咨询行业最具公信力典范品牌”“2016值得信赖的中国管理咨询机构”“中国人力资源开发与管理优秀服务商”“2017中国十佳管理咨询诚信服务机构”“2017中国产品创新品牌”等数十个荣誉称号。

本案例项目组成员

方勇，汉哲管理咨询（北京）股份有限公司事业部咨询总监，高级咨询顾问，国际注册管理咨询师。具有15年以上的企业中高层管理经验，6年以上管理咨询经验，主持、推动50余家企业的管理变革咨询项目。

其他成员：孙超、姚祥辉、王力康、陈玉欢

导读

四川省旅投集团成立于2017年4月，是四川省委省政府批准组建的大型旅游旗舰型企业集团，肩负着推动四川由文化大省、旅游大省向文化强省、旅游强省跨越的重要使命。

面对旅游行业的快速发展与变化，集团紧跟行业发展，制订了“1363”战略规划。在这一战略规划下，已经运行了两年的集团薪酬体系已不能适应行业的快速变化和集团的发展需要，集团内部薪酬管理的深层次问题已经制约到业务的高效开展。与此同时，四川省国资委出台了省属国企工资改革的系列办法，省旅投集团亟须结合企业发展进行管理变革。

基于以上原因，汉哲项目组为省旅投集团提供集团整体薪酬体系设计服务，全面优化省旅投集团下属公司负责人薪酬与绩效管理、集团员工薪酬管理、集团工资总额管理、子公司薪酬管控等内容，为集团整体薪酬管理的规范化、科学化、市场化打下了较好的基础。

四川省旅投集团整体薪酬体系设计咨询项目

汉哲管理咨询（北京）股份有限公司　方勇

一、项目背景

（一）客户基本情况

四川省旅游投资集团有限责任公司（以下简称省旅投集团或集团），成立于2017年4月，注册资本71.68亿元，是四川省委省政府批准组建的大型旅游旗舰型企业集团，肩负着推动四川由文化大省、旅游大省向文化强省、旅游强省跨越的重要使命。

省旅投集团以“服务健康快乐，创造美好生活”为使命愿景，秉承“创新、卓越、美丽、开放”的企业文化，大力实施“1363”战略，致力于建设成为全国一流、世界知名的现代旅游服务业投资商和运营商。集团重点发挥“三个平台”作用，即文旅产业转型发展平台、文旅资源战略整合平台和国有资本文旅投资平台。集团业务涵盖酒店、景区、航空旅游、商贸发展、文化体育、大健康六大板块，着力打造旅游金融、旅游规划、智慧旅游三大业务支撑。2017年和2018年，集团连续入选“中国饭店集团60强”榜单，位列第23位。2019年，集团被四川省委省政府命名为第一批“四川省文化旅游产业优秀龙头企业”。

集团旗下现有四川省锦弘集团有限责任公司、四川省人民政府金牛宾馆、四川旅投锦江酒店有限责任公司、四川旅投旅游创新开发有限责任公司、四川旅投航空旅游有限责任公司、四川旅投商贸发展有限责任公司、四川旅投股权基金管理有限公司、四川旅游发展集团有限责任公司8家二级子公司，拥有锦江宾馆、四川国旅、四川青旅等近80家三级子公司。

（二）行业发展情况

随着中国经济的快速发展，中国普通民众的旅游需求得到了空前的激发，旅游行业也进入大众旅游时代，这些因素为旅游产业的发展带来了全新的机遇和挑战。发展方式上，产业边界不断突破，产业要素不断聚合，产业整合与融合成为现实格局；发展动力上，正从资源和要素驱动转向科技创新驱动，以适应消费迭代和产业升级的现实要求；地域空间上，广大中西部地区和乡村正成为旅游投资和产业发展的主战场，“一带一路”倡议、京津冀协同发展和长江经济带发展等国家战略极大拓展了旅游企业的战略空间。此外，人工智能和大数据等新科技、新模式和新业态正改变着旅游业的既有发展模式和产业格局。

（三）国资政策情况

2019年3月，四川省国资委发布了一系列政策文件，进一步完善了国有企业工资总额监管体制，便于充分调动国有企业职工的积极性、主动性和创造性；进一步完善了省属国企负责人的激励与约束机制，明确了省属国企负责人考核方法，从而引导省属国有企业实现高质量发展，做强、做优、做大国有资本。

（四）项目咨询需求

面对旅游行业的快速发展与变化，集团紧跟行业发展，制订“1363”战略规划。在规划指引下，省旅投集团明确了发展方向与要求。在此基本情况下，如何构建承接集团发展战略的人力资源发展战略，如何更高效地调动员工的积极性、主动性，将集团价值与员工价值一体化，激发员工活力，提升组织人才竞争力，已成为集团迫切需要解决的问题。

与此同时，四川省国资委关于国有企业工资总额与国企负责人经营业绩考核办法的发布也要求省旅投集团尽快建立符合国资管理政策要求的、具有自身特色的工资总额管理与下属单位负责人薪酬与经营业绩考核管理办法。

二、调研诊断与分析

（一）调研方法与诊断框架

项目组采用了中高层访谈、员工问卷调查、内外部资料分析、外部对标等方式进行了全方位的调研。集团人力资源部全程协调并深度参与项目推进，确保了项目调研的全面性。

1. 中高层访谈

本次中高层访谈覆盖集团本部中高层管理人员、基层核心员工以及下属子公司经营班子和人力资源负责人，访谈工作得到了不同层级员工的积极配合，为项目组提供了准确、全面的基础信息。

2. 员工问卷调研

在中高层访谈的基础上，项目组对基层员工进行了问卷调查，涵盖了集团及子公司所有基层人员，问卷回收率达到 80% 以上，充分满足了分析样本的要求。

3. 内外部资料分析

项目组查阅、研读了大量资料，包括省旅投集团及各下属公司提供的内部资料，以及汉哲的咨询案例和标杆资料，项目组特别对四川省国资委发布的政策文件进行了深度研讨与分析，对四川省国资管理的政策要求有了更深刻的理解，为后续方案设计的科学开展提供了充分保证。

4. 外部对标研究

基于省旅投集团处于竞争性行业的基本情况，项目组选取了行业内不同所有制性质的标杆企业进行对标研究，充分借鉴对标企业在薪酬体系建设与管理方面的方法和理念。

（二）诊断结论与方案思路

经过调研，项目组充分认识到省旅投集团自 2017 年成立以来，在保持业务稳定、人员稳定的前提下，持续进行资产重组与整合，初步建立了相对科学的产业与发展布局，取得了一系列瞩目成绩，获得了政府的高度认可，为四川省经济和社会发展做出了突出贡献。

但是，由于集团是对原来国有的数量众多的楼堂馆所及相关经营业务的整合，管理上带着历史包袱，经营上市场化水平不足，经营与发展压力还相当巨大。

1. 产品结构的转型与优化

省旅投集团下一步需要深入考虑如何从传统的旅游企业向文化旅游、康养旅游、高端旅游发展的转变，由资源和要素驱动转向科技创新驱动，以适应消费迭代和产业升级的现实要求。

2. 管理体系的转型与优化

省旅投集团成立时间较短，整合、管理的下属公司既有20世纪50年代的宾馆，也有新成立的公司，还有收购的上市公司。针对各下属公司规模不同、机制不同、性质不同的情况，集团尚缺少科学、规范化的顶层设计。下一步，构建全面的集团管控体系是省旅投集团管理体系转型与优化的重点。

3. 人力资源的转型与优化

面对新的发展战略，省旅投集团在人力资源的岗位管理、培训管理、人才管理、薪酬管理与绩效管理的规范性上还有待进一步加强。同时，在集团的人力资源顶层制度设计上也有待进一步完善。

4. 资源的进一步整合

省旅投集团专业板块下管理的下属公司各业务领域分散，多而不强，没有形成合力。下一步，如何整合内部资源，创新发展模式，获得优势业务的突破是集团需要重点解决的突出问题。

基于以上调研、分析与判断，项目组认为，在人力资源管理方面，省旅投集团有待解决以下三个方面的核心问题。

（1）人岗匹配问题。

集团岗位体系缺乏系统梳理规范和科学设计，员工能力与岗位要求不匹配，员工职业发展通道不顺畅。

（2）薪酬体系问题。

集团定薪主要依据职务层级，对于岗位价值、能力水平、业绩表现等现代付薪因素考虑不多或有考虑但缺乏显性标准；薪酬结构有待进一步完善，绩效工资占比虽然较大但浮动并不充分，对于员工积极性的调动作用不大。

（3）绩效体系问题。

集团绩效考核管理尚未形成体系，缺少对绩效指标的选择与判断标准，绩效应用不足，对于工作的指挥棒作用相对弱化。

基于以上关于调研诊断总结与问题分析，项目组提出三大举措（见图1），以期通过人力资源管理体系的优化，保障集团“1363”战略目标顺利实现。

具体举措		举措内容
举措一	抓好以岗位为核心的人力资源基础管理工作	根据岗位性质和特点进行分类，划分岗位序列，并应用科学的岗位价值评估方法进行岗位评价，形成合理的岗位层级体系计管理和专业双通道，建立配套的评价机制和人才培养机制。加强内部人员合理流动，提高人岗匹配程度
举措二	建立清晰的薪酬策略，基于公司的实际承受能力，以标准化为着眼点，逐步优化	优化薪酬结构，充分体现岗位定薪、能力加薪、绩效调薪的薪酬管理思路。逐步建立清晰的薪酬策略，形成岗位、能力、绩效相结合的结构化薪酬模式，着眼于实现薪酬管理的标准化和自动化，以及薪酬竞争力的提升
举措三	推动以公司战略和岗位为核心的全面绩效管理	实现绩效管理与公司战略接轨，同时兼顾岗位职责，确保了绩效考核对公司管理的支撑性、可操作性，以及对现实工作的指导意义。实施分类考核，优化考核频率，建立清晰的考核标准，同时做好指标测量的配套工作

图 1　诊断举措与建议

三、解决方案设计框架

（一）薪酬体系设计目标

1. 达成一个要求

通过合理确定市场化薪酬水平，建立符合集团战略定位和业务发展的薪酬管理体系；结合各下属公司行业特点、规模及经营状况等，健全薪酬管理机制，既要体现集团的管控要求，又要突显市场竞争力。

2. 实现三个公平

内部公平：相对于集团内部其他员工的薪酬是公平的；外部公平（竞争力）：相对于外部相似岗位员工的薪酬是公平的；自我公平（激励性）：员工个人的薪酬与贡献相比是公平的。

3. 做到三个匹配

个人薪酬与岗位相对价值相匹配；个人薪酬与绩效相匹配；薪酬总额与集团效益相匹配。

（二）薪酬体系设计原则

1. 公平性原则

薪酬以体现工资的外部公平、内部公平为导向，按劳分配、效率优先，以工作绩效作为薪酬分配的重要依据，提高员工的满意度。

2. 竞争性原则

薪酬以提高集团市场竞争力和对人才的吸引激励为导向，保持关键岗位总体薪酬水平的市场竞争力，以吸引和储备人才。

3. 激励性原则

薪酬制度的设计以激励为导向，通过绩效工资等激励性薪酬单元的设计激发员工的工作积极性，并通过序列划分，开放多条薪酬通道，使不同岗位的员工有薪酬晋升机会。

4. 经济性原则

薪酬须与集团的经济效益和经济承受能力保持一致，以促进集团的可持续发展。

5. 平衡性原则

薪酬设计以稳定为前提，在优化调整薪酬机制时，本着基于现实、尊重历史和面向未来的原则，避免激化矛盾给集团带来不稳定和风险，确保平稳过渡和方案落地。

（三）员工薪酬体系设计

1. 员工薪酬体系设计思路

将岗位价值、任职者个人能力和绩效评价相结合，全面参考外部市场薪酬水平的“3P1M”薪酬体系（见图 2）。

2. 岗位体系优化

（1）岗位设置优化。

在岗位设置方面，以集团战略、工作任务和工作目标为依据进行设置；业务类似的岗位不再重设，以减少管理数量与管理宽度；部门内岗位尽量减少行政分级，更多以职业能力分级管理；岗位定位清晰，职责界定明确，避免职责交叉或遗漏。

图 2 “3P1M”薪酬体系模型

（2）岗位编制优化。

在岗位编制方面，首先，进行编制总量控制，年度员工薪酬总额应满足本单位薪酬总额控制标准；其次，按人才利用最大化，坚持满负荷设岗、一岗多职定编，从实际出发，科学分析工作负荷度和员工潜力；最后，要确保业务与职能部门人员编制比例合理，严禁任意增加职能编制。

（3）岗位层级优化。

集团及二级单位总部等管理型总部设置三级管理层级（高层管理、中层管理、基层员工），一线业务单位设置四级管理层级（高层管理、中层管理、基层管理和基层员工)(见图 3）。

3. 职业发展通道构建

按照岗位工作性质、工作职能差异，将集团所有岗位划分为不同的序列，将不同的序列分别归类到管理通道和专业通道，从而构建员工职业发展双通道。其中，管理通道包括高层管理和中层管理序列，专业通道包括职能序列、运营序列、营销序列、技能序列、工程序列、服务序列和工勤序列 7 个序列。

在员工职业发展通道的基础上，建立各职级任职资格标准，组织实施对员工的能力评定，进而确定每个员工在其岗位序列中所处的能力等级。

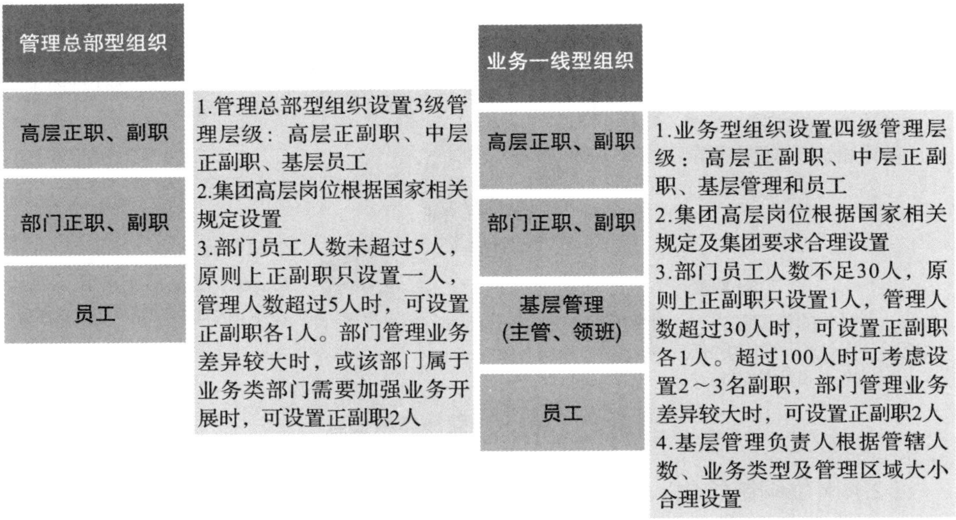

图 3　岗位层级模型

员工职业发展通道包括纵向的职务或能力等级晋升和横向的跨公司岗位转换。通过纵、横向的发展，丰富员工职业发展的通道，使员工获得更多的发展机会（见表 1）。

表 1　员工能力等级转换表

管理通道			专业通道					
管理序列			运营、职能序列			技能、服务、工勤序列		
A	B	C	A	B	C	A	B	C
M4			P6					
M3			P5	P6				
M2	M4		P4	P5	P6	P6	P6	P6
M1	M3		P3	P4	P5	P5	P5	P5
	M2	M4	P2	P3	P4	P4	P4	P4
	M1	M3	P1	P2	P3	P3	P3	P3
		M2		P1	P2	P2	P2	P2
		M1			P1	P1	P1	P1

注：本表中横向对应关系仅在本序列内部转换，跨序列各职级无对应关系。

4. 宽带薪酬体系

在完成岗位价值评估与员工职业发展通道构建的基础上，设计宽带薪酬体系（见表2）。其中，岗位价值确定所在岗位员工薪酬起始基准，员工职业发展通道的高度确定该岗位员工薪酬发展高度，任职者个人绩效考核结果确定员工薪酬发展宽带，从而最终实现岗位价值、个人能力与绩效表现的科学结合。

表2　岗位、能力与绩效结合宽带薪酬体系

薪酬等级	岗位等级	能力等级	薪档						
			1档	2档	3档	4档	5档	6档	7档
12									
11									
10									
9									
8		高级经理							
7		经理							
6		资深专员							
5		高级专员							
4		专员							
3	会计岗	文员							
2									
1									

（四）下属公司领导班子薪酬管理设计

1. 下属公司领导班子薪酬体系设计原则

（1）坚持市场化改革的方向。以市场为基础，以业绩为导向，注重与同行业同规模企业进行效益薪酬双对标，薪酬能高能低。

（2）坚持激励与约束相结合。坚持激励要足、约束要严，使薪酬分配与集团战略目标和发展阶段相适应，与职业风险和岗位价值相匹配，与量化经营业绩相挂钩。

（3）坚持短期效益与中长期目标相结合。集团对下属子公司领导班子人员实行契约化管理，通过签订经营业绩合同，明确各下属子公司领导班子人员的年度任务和任期目标，强化中长期激励，促进集团可持续发展。

2. 下属公司领导班子薪酬体系

（1）薪酬结构。

下属子公司领导班子人员薪酬结构由基本年薪、绩效年薪、任期激励和超额利润奖励组成。

①基本年薪。基本年薪是下属子公司领导班子人员的年度基本收入，由集团根据其归属公司薪酬体系，并综合考虑公司规模、效益水平、经营责任和经营风险、同行业同类型企业的薪酬情况、职工收入水平等因素综合确定。

②绩效年薪。绩效年薪是下属子公司领导班子人员与年度经营业绩考核结果相联系的浮动收入，经营业绩考核与公司发展阶段密切相关（见表3），并占不同权重。

表3　企业发展阶段考核指标分配表

维度	与业绩关联度比重	与经营业绩关联度分析											
		投资期				并行期				运营期			
		高	中	低	无	高	中	低	无	高	中	低	无
		100%	50%	10%	0%	100%	50%	10%	0%	100%	50%	10%	0%
业务拓展	5				0		2.5			5			
成本管控	4	4					2				2		
运营管理	3			0.3			1.5				1.5		
风险控制	2			0.2			1				1		
基础管理	1			0.1			0.5				0.5		
合计	15	4.6				7.5				10			
经营业绩指标权重		30%				50%				70%			
管理指标权重		70%				50%				30%			
结论说明		1. 投资期经营业绩指标权重不超过30% 2. 并行期经营业绩指标与管理指标权重分别为50%（常规情况下控制偏差±10%，即40%，50%，60%） 3. 运营期管理指标权重不超过30%											

③任期激励。任期激励薪酬的基数原则上不低于各下属子公司领导班子人员年度平均薪酬总水平的20%，但最高不超过50%（见表4）。

表 4　任期激励系数表

绩效等级	绩效得分	任期激励
A	110 ～ 120	年平均薪酬总额的 50%
B	≥ 100，<110	年平均薪酬总额的 30%
C	≥ 80，<99	年平均薪酬总额的 20%
D	≥ 60，<79	0
E	0 ～ 59	0

④超额利润奖励。超额利润奖励是在所属公司当年所获利润总额超过年度利润总额目标的前提下，依据相应超出目标的比例，分区间计算并提取的用于所属公司领导班子人员激励的超额奖励包（见表 5）。下属子公司领导班子人员个人超额利润奖励与个人角色、年度绩效考核结果挂钩。

表 5　超额利润奖励表

超额区间（X）	超额比例（D）	奖励系数（Z）	奖励包
150% ≤ X < 200%	（X–150%）/150%	10%	S × D × Z
200% ≤ X < 250%		20%	
250% ≤ X < 300%		30%	
X > 300%		30%	
说明：超额奖励基数为所有领导班子成员年薪总额（S）			

（2）薪酬水平。

下属子公司领导班子人员薪酬水平应充分考虑企业规模、经营难度、盈利状况、市场化程度、人才市场情况，根据与“同行业、同规模、同职位、同业绩”企业的对标，并统筹考虑集团内部其他管理人员薪酬水平、职工工资水平等因素综合确定，注重业绩和薪酬双对标，原则上不高于市场 75 分位值，市场化程度特别高的，集团可以根据效益完成情况适度提高薪酬水平。

下属子公司领导班子人员薪酬水平与其绩效考核紧密挂钩，薪酬总额增长幅度原则上不得超过所在公司实际经营效益（剔除会计政策调整、非经常性损益等因素，下同）增长幅度；如所在公司实际经营效益下降，其薪酬总额应适度调减。所在公司职工平均工资未增长的，高管人员薪酬水平不得增长。

下属子公司领导班子人员薪酬水平应与业绩贡献、岗位职责、风险压力、个人能力等要素相匹配。集团在对每位下属子公司领导班子人员进行岗位价值评估的基础上，根据其经营业绩考核结果兑现薪酬，合理拉开收入差距。

（五）集团工资总额管理设计

1. 工资总额设计原则

（1）坚持工资总额分级管理的原则。集团对下属各二级子公司的工资总额实行总量调控，下属各二级子公司对其下属子公司的工资总额实行分级总额调控管理。

（2）坚持以市场化改革为方向，合理调节收入分配关系。在发挥市场调节企业收入分配作用的基础上，逐步实现企业职工工资水平与劳动力市场价位相衔接，合理调节板块间、企业间和企业内部各类人员的收入分配关系。

（3）坚持以经济效益为导向。健全职工工资与经济效益同向联动、能增能减的机制，在经济效益增长和劳动生产率提高的同时，实现劳动报酬同步提高。

（4）坚持实行过程管控原则。在加强工资总额年度预算管理的同时，做好工资总额的过程管理、动态监控和年度清算管理工作。

（5）坚持依法合规原则。工资总额各项目的使用和管理严格执行国家政策和集团公司制度规定。

2. 工资总额预算管理

（1）工资总额预算基数。

工资总额预算基数以审计机构清算并经省国资委确认的上年度工资总额为基础，同时核减超提超发工资部分及其他一次性因素后确定。一次性因素包括退出合并报表企业的工资总额、对子公司管理团队的超额利润奖励、特殊贡献奖励等。

（2）工资总额预算标准。

集团根据各下属公司经济效益目标实际完成情况及人工成本总额增减情况、人均效能、国有资产保值增值率等指标合理编制各下属公司本年度预算管理额度。当年度新成立公司的工资总额不计入工资总额的基数进行效益联动。

各下属公司效益工资部分根据集团当年年度整体效益工资总额，结合工资总额内部分配方案，最终确定各下属公司当年年度工资总额预算数。

（3）利润总额财务预算值分类。

工资总额档位根据当年度利润总额预计完成值较上年度利润总额决算值的增减程度确定不同的档位水平。利润总额财务预算值按照先进程度设置为三档。

利润总额财务预算值不得低于集团下达指标值且与上一年度决算值保持同口径。若因集团战略规划、业务布局或资产整合等原因导致利润总额发生变化的，工资总额档位原则上按第二档处理。若当年因整体市场变化、经济下降或不可抗因素导致集团整体利润下降，各下属公司档位以省国资委确定的集团薪酬档位为准。若上年度未完成集团利润指标的，第二年度档位原则上定为第二档，若上年度未完成集团利润指标且为负的，第二年度档位定为第三档。

（4）工资总额增长幅度。

集团根据各下属公司上年度利润总额财务决算值较上年度利润总额预算值增减程度选择挡位，根据不同的档位确定其效益工资增长幅度。企业减亏时利润总额增长幅度减半计算，若企业人事费用率、人工成本利润率、人均效能等指标较行业水平偏低时（一般在25分位值以下），效益增幅再减半。工资总额效益工资部分的增长幅度与增加值均应低于利润总额的增长幅度与增加值。

结合上述要求，编制工资总额预算表（见表6）。

表6　工资总额预算备案表

项　　目	行次	上年实际	本年预算	增减率
一、企业基本情况	1	—	—	—
（一）企业总户数（户）	2			
其中：二级子企业户数（户）	3			
（二）职工年平均人数（人）	4			
1. 在岗职工平均人数（人）	5			
2. 离岗仍保留劳动关系职工平均人数（人）	6			
（三）职工工资总额（万元）	7			
1. 在岗职工工资总额	8			

续表

项　　目	行次	上年实际	本年预算	增减率
2. 保留关系职工工资总额	9			
（四）职工平均工资（万元 / 人）	10			
1. 在岗职工平均工资	11			
2. 保留关系职工平均工资	12			
二、企业工资总额预算情况	13	—	—	—
（一）经确认的上年度工资基数（万元）	14			
1. 上年度经确认的工资总额（万元）	15			
2. 基数调整（万元）	16			
（二）功能性企业结构化工资	17			
1. 效益性工资基数（万元）	18			
2. 功能性工资基数（万元）	19			
（三）工资总额预算增长额（万元）	20			
1. 效益工资增减额（万元）	21			—
2. 功能工资增减额（万元）	22			—
3. 成建制组织机构变化增减额（万元）	23			
三、企业经济效益等指标预算情况	24	—	—	—
（一）利润总额预计完成值（万元）	25			
（二）利润总额财务预算值档次	26			—
（三）人工成本利润率（%）	27			
其中：行业对标数	28		—	—
（四）人事费用率（%）	29			
其中：行业对标数	30		—	—
四、企业集团本部工资总额预算情况	31	—	—	—
（一）集团本部职工工资总额（万元）	32			
（二）集团本部职工平均人数（人）	33			
（三）集团本部职工平均工资（万元 / 人）	34			
（四）集团负责人薪酬（万元）	35			
五、人工成本补充资料	36	—	—	—
（一）其他从业人员平均人数（人）	37			
（二）其他从业人员工资总额（万元）	38			
（三）劳务派遣平均人数（人）	39			
（四）劳务派遣人员合同总额（万元）	40			

3. 工资总额内部分配管理

工资总额基数确定后，结合各二级子公司战略地位、公司发展阶段、上年度利润总额及业绩指标完成情况、人力成本增幅较利润总额增幅情况、薪酬档位、劳动生产率等因素，进行工资总额二次分配的核定。

4. 工资总额清算管理

（1）清算依据和标准。

工资总额清算根据年度利润总额实际完成值较利润总额目标值的增减程度进行确定。利润总额实际完成值以审计报告数据为准。

（2）工资总额清算超额。

集团工资清算总额与预算总额不一致时，由集团总部及下属各二级子公司对超额部分进行承担与分配。根据下属各二级子公司清算效益工资总额占比及效益变动率占比计算超额效益工资分配合计平均值，核定实际承担金额。

四、评估与总结

本项目案例介绍主要集中于省旅投集团整体薪酬体系设计的介绍，实际工作中，项目组还为客户进行了集团管控权限的梳理、集团人岗匹配分析、关键人力资源制度流程设计等相关工作。目前项目成果在客户处已经落地实施，为省旅投集团的人力资源管理优化起到了较好的推进作用。具体说明如下：

第一，建立了相对科学的定岗、定编的方法。在科学定岗定编的基础上，明晰了岗位与能力的区别，构建了人岗匹配分析模型，为在全集团进行人岗匹配提供了系统的工具与机制。

第二，构建了以岗位价值、个人能力、绩效评价相结合的宽带薪酬体系，改变了以前单一能力维度的定薪模式，让基层人员的薪酬管理能更充分地发挥激励作用，从而更有效地推动集团各项业务工作的开展。

第三，完善了下属公司负责人薪酬与绩效管理办法，在下属负责人薪酬与绩效管理中全面引入分类管理的理念，并应用到下属公司不同发展阶段的考核分类和下属公司领导班子成员考核分类当中，同时，在薪酬结构中引入市场化的超额激励概念，进一步提升了下属公司负责人经营管理工作的主观能动性。

第四，在国资委工资总额管理要求的基础上，进一步完善了工资总额预算方法，根据下属公司情况构建工资总额二次分配模型，让工资总额管理更符合实际要求。同时，设计了工资总额清算模型，从而确保对工资总额清算时发生超额与差额的情况进行科学处理与清算。

省旅投集团整体薪酬体系设计涉及面广，对广大员工利益影响程度深，是关系到集团战略实现与稳定发展的重要管理举措，在整个项目的推进过程中，省旅投集团董事长任丁、副总经理魏红霞、人力资源部部长王黎、人力资源部各位同事、集团各部门负责人、下属公司负责人及下属公司人力资源部同事给予了项目充分的配合与支持，从而保证了项目高效、快速地推进与顺利完成。

人力资源管理是一个持续优化和提升的工作，本次咨询项目只是省旅投集团管理变革的一个中间节点，随着集团战略的推进与实施，以及集团管理的规范与提升，省旅投集团的人力资源变革必将往更深入、更科学的方向发展。在此过程中，汉哲项目组也将一如既往地予以关注与支持，以期与省旅投集团共同发展与成长。

助力唐人神集团打造全产业链布局项目

华夏基石产业服务集团有限公司　杨智宇

华夏基石产业服务集团有限公司（以下简称华夏基石）脱胎于华夏基石管理咨询集团，传承华夏基石管理咨询集团优良的文化血脉，勠力深耕中国本土市场，致力于整合传播全球先进管理理念和最优实践成果，并推进其在中国企业管理实践中的运用。与此同时，不断总结研究中国管理实践，提出了一系列对于中国企业具有实际意义和原创性的管理方法与工具，并在对国内外先进管理智力成果进行研究的基础上加以创新，开发具有独立知识产权文化产品和服务，将“为客户创造价值，与客户共同成长”的理念落于实处，其管理产品与咨询服务成果得到了业内的高度认可。

华夏基石依托在管理咨询、产业布局、资本整合、行业研究和助力公益等领域的至臻能力，为企业提供全链条管理咨询和产业开发服务，致力于帮助高速成长的中国企业全方位整合资源，全面提升综合经营管理能力，有力助推企业完成蜕变和资本化过程，铸就一批中国企业成长为新时代骄子。

本案例项目组成员

杨智宇，华夏基石合伙人、国际劳工（ILO）SIYB 导师、管理学硕士。多家上市公司常年顾问。专长领域：战略规划、商业模式、人力资源体系建设等，在唐人神集团项目担任项目总监，主持项目的整体推进落地。

其他成员：王锐坤、孙慧博、张君婷、王澈、周源、梁祯、张旭

导读

2019年，唐人神集团（以下简称唐人神）提出了“313追梦工程”，计划用12年的时间，把企业打造成为营业收入1000亿元，饲料销量1000万吨，生猪养殖1000万头，净利润30亿元的生猪全产业链领导者。通过咨询公司的诊断发现，唐人神集团要实现“313追梦工程”，在产业要素资源、组织机构、人才激励、人力资源机制、企业文化建设、营销能力、产业资本运营等方面还存在一定的短板和不足。2019年，华夏基石通过“咨询服务＋产业资源服务”的模式，以及通过战略解码、事业合伙人机制设计、高能组织设计、人力资源体系设计、产业资源对接等方式，全方位提升唐人神集团组织能力。在非洲猪瘟不利的局面下，帮助客户实现归属上市公司净利润增长47.78%的优异业绩，并与唐人神续签了2020—2022年咨询服务合同。

助力唐人神集团打造全产业链布局项目

华夏基石产业服务集团有限公司　杨智宇

一、项目的背景

（一）行业背景

2019 年是生猪养殖业跌宕起伏的一年，这一年生猪产能降幅达 40%，多少养殖户覆灭又复活，复活又覆灭，非洲猪瘟对每年消耗 7 亿头生猪、占全球 51% 生猪产能的中国，造成了巨大的冲击。

面对非洲猪瘟的巨大冲击，唐人神集团董事长陶一山曾说："唐人神很多年前提前布局了全产业链发展模式，现在非洲猪瘟形势下体现出了优势。如果只是当初的饲料一个板块布局，非洲猪瘟来了真的无法应对。现在是五大板块齐头并进，饲料受到了冲击，养殖反倒有了更大的盈利，生鲜和肉品也有了更好的发展。"

确实，唐人神坚持多年的全产业链经营在此役中有了充分的价值体现。2019 年的非洲猪瘟起到了两大作用，第一个是生猪全产业链经营的试金石，能够真正检验出全产业链发展模式是否能够抗住经济逆周期，是否能够抗住不期而遇的黑天鹅（如非洲猪瘟、新冠肺炎、禽流感等）。第二个是给了能够守住，不被猪瘟冲击到的养猪企业一个极大的盈利机会。因为面对猪肉价格史无前例的冲高，守住了，就会有巨大的盈利。据不完全统计，能够守住不被猪瘟冲击的养殖户，利润空间会达到原来的 6 倍以上，中大型养殖企业也会达到 5 倍以上。

（二）唐人神的战略布局

"313 追梦工程"：用 12 年时间，在唐人神迎来第四个猪年时，将要实现销售收入过 1000 亿元、饲料销量过 1000 万吨、生猪养殖过 1000 万头，实现利润 30 亿元的目标。即为唐人神"313 追梦工程"——TRS313 追梦工程（见图 1）。

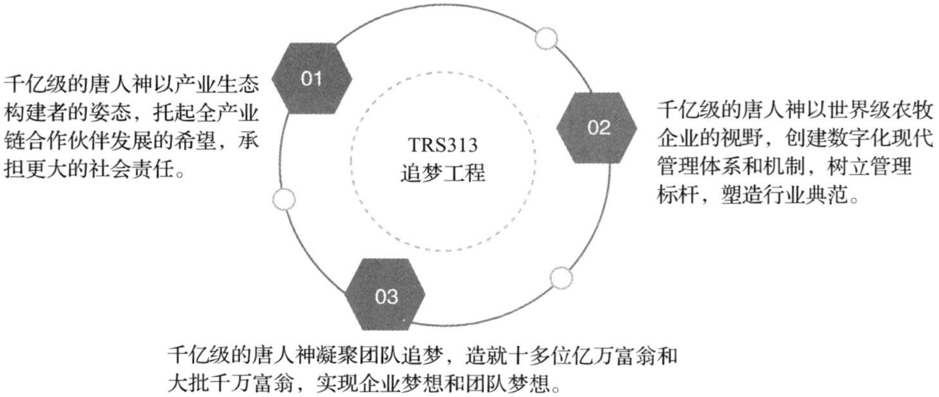

图 1 “TRS313 追梦工程”绘就千亿级企业蓝图

“313 追梦工程”为唐人神和产业伙伴绘就了一个宏大的企业发展蓝图。该蓝图在唐人神有其长远的牵引价值，唐人神及其核心团队、合作伙伴与产业要素协同追梦，共同打造“生态工程、体系工程和创富工程”。

（三）华夏基石与唐人神集团合作背景

为了确保唐人神“313 追梦工程”有效落地，实现从“梦想工程—战略地图—实施路径—寻找入口—掌握方法论”的路径，唐人神与华夏基石四家国内外知名咨询机构合作，从战略解读、项目实施、方法论设计、制度更新、流程优化、团队赋能等多个方面全面提升企业能力，打造高能团队组织。其中，华夏基石主要负责战略解码、高能组织设计、人力资源机制优化、事业合伙人方案设计等方面。

二、问题诊断分析

（一）组织诊断

项目初期，华夏基石组织专家团队，从资料分析、数据分析和内部访谈三个角度入手，对唐人神进行了系统的组织诊断。

资料分析：通过调阅唐人神内部资料和华夏基石行业研究报告 73 份，分析了唐人神的财务、业务和内部管理现状，并与行业头部企业进行了对标分析。

数据分析：调研分析了 57 份财务报表和业务数据，运用华夏基石大数据分析平台，深入分析了唐人神的发展现状和存在的问题。

内部访谈：华夏基石专家通过与唐人神高管、事业部业务负责人、职能负责人和业务骨干 57 人一对一的访谈，结合资料和数据分析的结果，对唐人神战略、组织、业务、机制等方面存在的问题，进行了深入沟通。

（二）诊断结果

经过 20 天的诊断分析，华夏基石组织内部分析和研讨，形成了《十二年，破茧成蝶，从优秀的唐人神到卓越的唐人神》综合诊断报告（见图 2）。

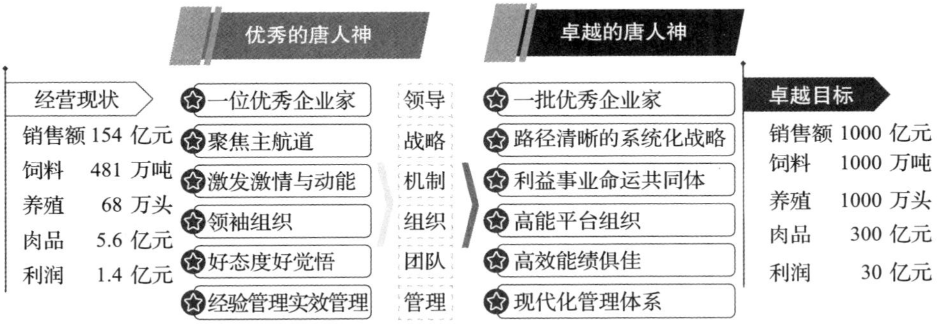

图 2　从优秀的唐人神到卓越的唐人神

诊断报告既肯定了唐人神 30 年来取得的成就和行业地位，也深刻地指出了唐人神实现“313 追梦工程”存在的问题和短板。

1. 战略规划

公司战略落地机制缺失，虽然明确了远期战略目标，但缺乏中短期的 3 ～ 5 年规划，对员工来说，“313 追梦工程”战略深入人心，管理层对于如何分解形成自己的思考，迫切需要统一思路、统一路径。

2. 组织运营

当前唐人神总部的矩阵式管理模式已初具平台化组织的雏形，但管理模式尚在摸索阶段，造成授权体系不明确；专线与事业部、事业部内部及事业部与总部职能划分尚不能完全体现平台化组织的业务流程要求，部分条线存在职能重叠、职责边界不清和流程不顺畅的问题。组织结构对战略的支撑不到位，组织结构尚需转型以符合业务发展的实际要求，组织结构较为臃肿，遇事相互推诿，易引起内部矛盾。

3. 产业链整合与协同

产业链基本完备，在饲料、种猪繁育模块具备优势，生猪屠宰与肉品加工环节有一定的基础，但还有较大的提升空间；兽药、生猪育肥刚起步，尚处于试水期；渠道与消费端亟须进行产业协同整合。

4. 人力资源管理

唐人神人力资源管理基础比较薄弱，尤其是人力资源顶层设计、人才发展、干部管理基本处于缺失状态。人力资源规划工作尚未开展，缺失表现为基于战略或业务理解上的相关规划，对人力资源管理角色定位仍旧停留在“管理”，而非“服务”，人才价值尚未最大化，由于没有统一的人力资源核心理念，导致不同的管理者对人才的管理方式和能力参差不齐。

（三）基于组织诊断的解决方案

基于唐人神集团组织诊断的结论，华夏基石提出了系统化的解决方案（见图 3）。

评估维度	现状概述
“313追梦工程”战略落地机制	“313追梦工程”战略目标深入人心、振奋人心，相应的落地配套机制尚未建立
产业链要素资源协同	产业链基本完备，在饲料、种猪繁育模块具备优势，生猪屠宰与肉品加工环节有一定的基础，但还有较大的提升空间；兽药、生猪育肥刚起步，尚处于试水期；渠道与消费端亟须进行产业协同整合
高能平台化组织	**组织架构：**当前集团总部的矩阵式管理模式已初具平台化组织的雏形，但管理模式尚在摸索阶段，造成授权体系不明确 **组织营运能力：**组织综合运营能力较薄弱 **人力资源管理及人才队伍建设：**企业文化力强，但科学的人力资源管理能力尚处于人事管理阶段，用于支撑“313追梦工程”的人才出现断层

华夏基石解决方案：

1. 顶层设计规划及落地机制建设。组建战略落地小组，搭建战略落地机制；对“313追梦工程”战略目标进行分阶段解读，明确实施路径
2. 逐步搭建高能平台化组织。构建远期赋能型组织平台及组织平台运行机制，并根据企业实际现状对当前组织进行过渡期调整；并对企业当前薄弱的环节（绩效考核、干部建设）进行辅导提升
3. 搭建事业合伙人机制。建立人才激励制度，激活团队战斗力，打造唐人神高能铁军

图 3 现状概述与解决方案

2019年，华夏基石基于组织诊断，从战略解码、事业合伙人机制和高能平台化组织建设三个维度提供解决方案。

三、解决方案思路框架

（一）战略解码

1. 整体战略

唐人神“313追梦工程”的整体发展宏图（见图4）可以归纳为“生态工程、体系工程、创富工程”。

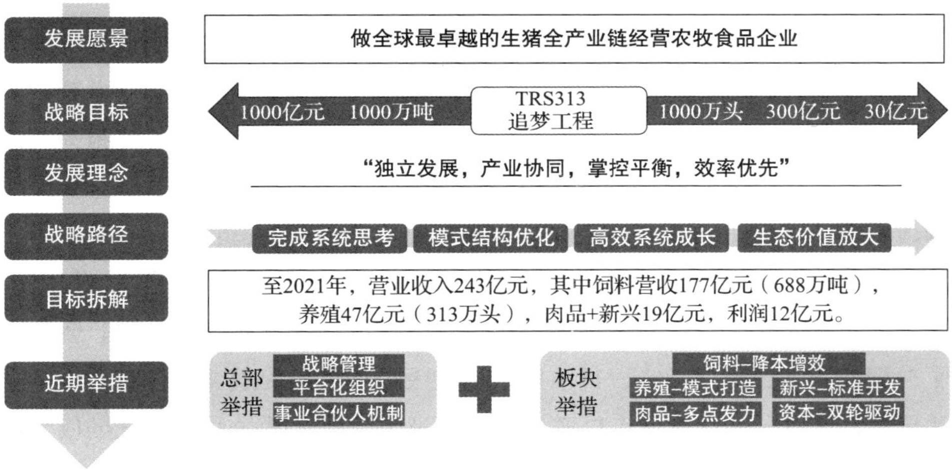

图4 唐人神发展宏图

（1）生态工程。

从发展策略来看，以产业生态化为核心思想，考虑生态各要素资源的核心利益主旨，让生态伙伴有更好的价值实现，真正做到为事业合伙人赋能和创造价值，不以自我为中心，才能真正成为产业要素组织者和产业生态布局者。在针对业务进行规划和布局的过程中，唐人神的产业布局规划和资本运营规划作为尤其突出的重点被提出，按照华夏基石新六化（战略生态化、组织平台化、人才合伙人、要素资源社会化、领导赋能化、运营数字化）的逻辑，业务循环、资本循环和产业循环是企业发展相辅相成的三大体系，必须形成一个完整的闭环来思考。

（2）体系工程。

对标世界产业史进程，行业集中度在这一阶段都在加快步伐，非洲猪瘟则更加促进了这一进程。在这一集中度不断加强的过程中，一些高速成长的优质企业会发展成行业巨头，成为千亿产业级和世界级企业。而这一过程中必然打造出体系化的世界标杆。

唐人神凭借猪肉精饲料、小猪料、特水青蛙料，喝山泉、听音乐、吹空调的龙华肉品，以及荣获“国家科技进步二等奖”的湘氏腊肉、香肠，立足休闲餐饮的小风唐连锁等核心产品和业务在全产业链完成布局。秉承“爱，信任，承诺”长期主义价值观，在战略生态化、组织平台化、人才合伙化的统一布局下，绘制发展战略地图，规划实施战略路径，成立转型升级营运办公室专项推动各项战略落地工作。并通过集团和业务单元各级项目制运作，推动大战略落地。在大刀阔斧的改进过程中，发挥核心优势，不断改进系统化管理能力，利用长板，打造标杆体系。

按照著名管理学家、华夏基石领衔专家施炜博士对唐人神的评价是：“由于发展过快，在企业成长导航的系统成长期的‘功课’还没有做完，就进入了分蘖成长期，这样一来，目前要做的是一边补足系统成长期该补的课，一边要将分蘖成长期的体系工程建起来。”这个论断得到陶一山董事长的极大认同，并将其作为唐人神体系工程建设的主要指导思路。由于唐人神早期是饲料为主的发展，以产品优势和业务优势见长，随着中国农业和制造业的工业化发展浪潮，迅速地成长起来，企业营收规模和利润规模都达到了相当大的体量。养殖、肉品、新兴（餐饮和鲜肉连锁）、发展（资本运营）板块的发展在质素和规模上较饲料板块差距还很大，集团的平台能力一方面待加强，另一方面运营饲料的思维和模式比较固化。因此，一方面在跨越系统成长期向分蘖成长期的过程中，系统化管理体系需要全面加强；另一方面支撑五大业务的平台支撑能力需待加强，从思维、管理模式、机制体系上需要有一个全方位的调整。唐人神千亿级企业的打造过程，即是一个庞大的体系工程，也会是一个经典的标杆工程。

（3）创富工程。

过去的企业家是带着一群患难与共的兄弟在商战中打拼，打出的江山由大家共享。过去能够很好地在一个机会窗口、一个资源缺口或一个信息不对称点获利。在当前的"人本智合"时代，机会窗日趋放大，以及随着资源全球化、全社会的无缝衔接、信息链进一步全息化的到来，再想单点突破以资源/信息差获益可能性已经极小，而"人"正成为"智合"的根本。

唐人神在产业生态化布局过程中，首先想到是生态中的合伙人，他们最先应该享受到产业增值的红利。同时，让企业内共创、共享、共担的事业合伙人共享企业增长的红利。还要让产业各要素提供方，从农田到餐桌，从那些玉米、大豆的种植户，饲料加工，经销商，生猪养殖户，动物免疫，屠宰场，肉品加工销售，餐饮企业，各资本投资方，各产业协同者等能够在这个生态增值中受益。能够让核心推动者，参与者和贡献者，企业团队，外部合伙人打造出一个共赢的未来，能有一批亿万富翁产生，能有一大批千万富翁产生。这就是"利他主义"，只有"利他"才能更好地利己，因此，唐人神将"313 追梦工程"打造成一个创富工程，与合作伙伴共赢未来。

2. 各业务板块发展战略

按照长期发展规划，在"313 追梦工程"指导下，围绕饲料、养殖、肉品、新兴、发展五大业务板块，实现全产业链布局。

（1）饲料板块。

成熟业务降本增效，以 3 年为一个阶段，小步快跑，创新迭代，通过 12 年发展，饲料产能超过 1000 万吨。在未来通过与产业生态伙伴合作的模式全面发展，在内部进一步优化产能和降本增效，与种植和养殖进行联动，更好布局生态养殖模式。在猪禽鱼反刍几大板块形成合理布局，提高市场占有率等核心举措（见图 5）。

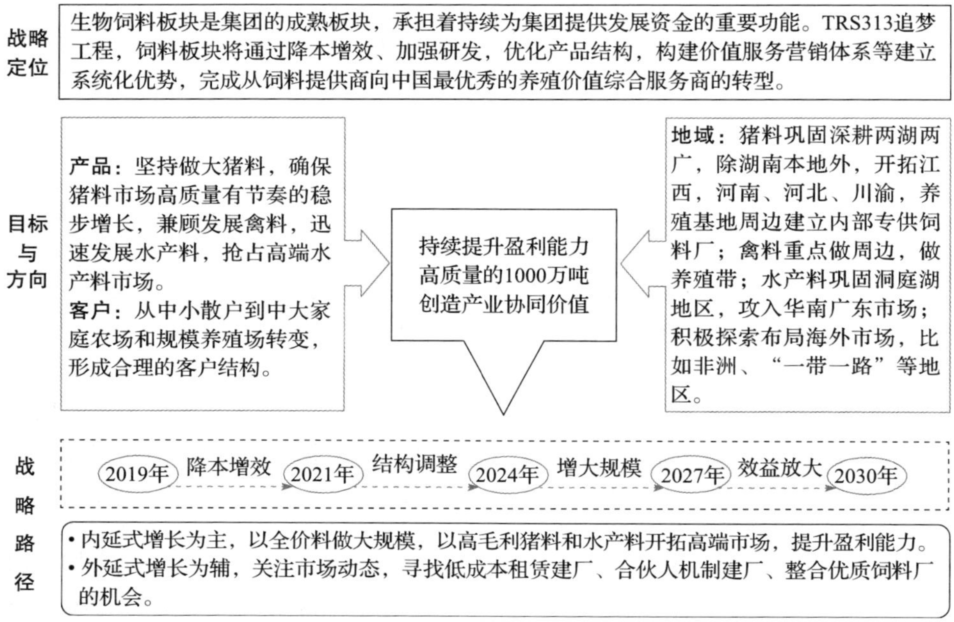

图5　生物饲料板块战略解读——做中国最优秀的养殖价值综合服务商

（2）养殖板块。

推动成长业务，实现优质优价和生态布局。通过12年努力，生猪出栏量超过1000万头。保持种猪优质基因，发挥养殖饲料与环境的优势，利用基因与环境不断改变肉质，形成市场的优质优价。继续发挥唐人神养殖的“5+1”创新模式。布局生猪养殖产业生态战略，协同整合联盟生态资源，在政府扶贫、助农等工程中发挥龙头优势，全面布局。与肉品、连锁业务形成联动，通过消费端数据反馈，优化养殖（见图6）。

（3）肉品板块。

打造大单品，树立品牌，走向全国。通过12年努力，打造一个品牌肉品的唐人神，肉品销售额达到300亿元以上。以十八栋腊肉和湘式香肠为大单品，重塑唐人神湖南经典品牌，进而走向全国市场。通过对顾客口味的进一步掌握，反馈给研发端，进一步为渠道提供更好的美味产品。打破原先的渠道反馈信息和备货供应的被动模式，形成C2B2B2C的完整闭环。成为用户一线数据的掌握者、运营者和产业协同的组织者（见图7）。

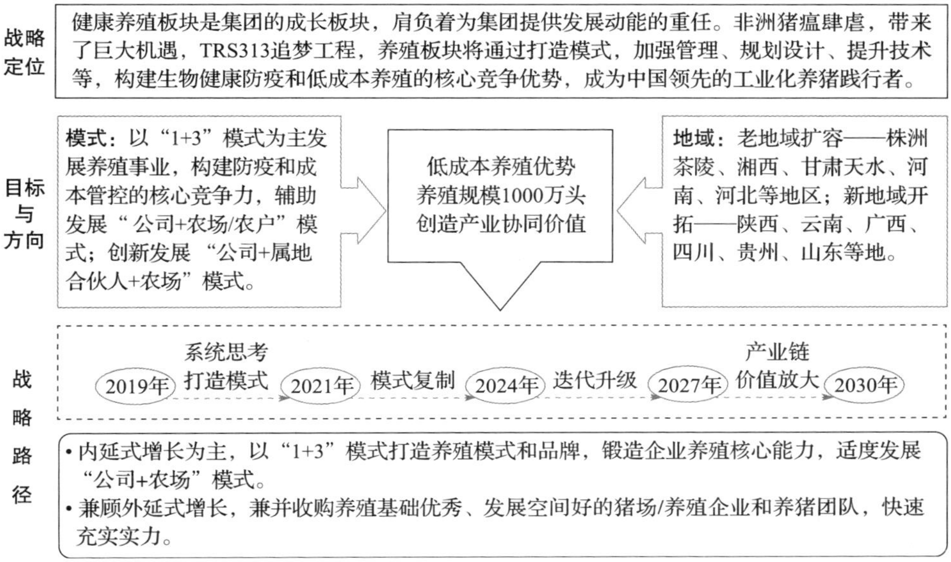

图 6　健康养殖板块战略——做中国领先的工业化养猪践行者

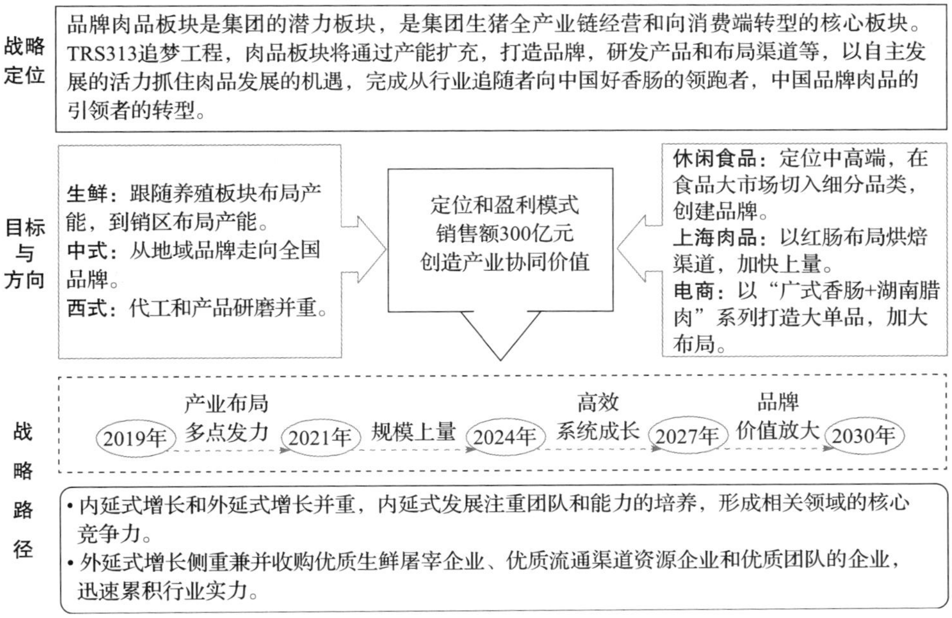

图 7　品牌肉品板块战略——做中国好香肠的领跑者和中国品牌肉品的引领者

（4）新兴板块。

促进生态合作，打造标杆，拉动上游。以精致化运营小风唐打造标杆。同时，餐饮板块通过与产业生态合作或资本并购优质餐饮连锁企业，在唐人神大战略方向下，整合产业要素资源，拉动大消费端，实现从农田到餐桌的全产业链发展。此板块为迭代和创新板块不设目标，由董事长直接统筹规划，布局消费端，未来能够起到对前端生态的巨大拉动作用（见图 8）。

餐饮连锁是集团的新兴业务，为集团未来发展提供新的盈利增长点。TRS313追梦工程，餐饮板块将通过经营模式探索、管理模式积累、产品结构试错、基础数据沉淀等重要举措，夯实餐饮板块的基础，形成自身的核心竞争力。

1 永和大王模式	2 老乡鸡模式	3 新四方模式
经营模式：注重国人的饮食偏好，强调早餐营养的重要性，有自身特色，合理的利用经营时间与门店成本，主打早餐，同时兼顾午餐和晚餐 **时间阶段：**聚焦早餐，兼顾午餐、晚餐 **适用地段：**商场、社区、火车站等 **消费对象：**白领阶层、普通居民 **投资性质：**适合中型、大型投资 **代表性企业：**永和大王、嘉和一品、庆丰包子等	**经营模式：**售卖各种商务套餐，品种大多是鸡肉、猪肉、牛肉等各种组合套餐，以及各类汤点。中央厨房加工好各类食材，顾客点餐后进行配菜，微加工出菜 **时间阶段：**聚焦午餐与晚餐 **适用地段：**商场、购物中心、写字楼、火车站等 **消费对象：**白领阶层或商务人士 **投资性质：**适合中型、大型投资 **代表性企业：**老乡鸡、吉野家，真功夫等	**经营模式：**其经营方式比较灵活，按需所供，随客下菜，由顾客自由挑选，服务人员打餐或者顾客自助打餐 **时间阶段：**综合早餐、午餐、晚餐 **适用地段：**商业区、工业区、学校区、集贸市场、居民社区等 **消费对象：**收入较低的打工者和居民家庭 **投资性质：**适合小资金投资 **代表性企业：**宁波新四方

图 8　新兴板块 – 餐饮连锁战略——打造标准化中式商务快餐品牌

（5）发展板块。

以“三大循环”协同为基础，促进生态建设。唐人神发展板块与产业生态板块协同发展，共创业务循环、资本循环和产业循环协同，打造农牧和生猪全产业链领军企业（见图 9）。

（二）事业合伙人机制

1. 事业合伙人机制的核心理念

（1）文化铸魂。

坚持唐人神“爱、信任、承诺”的长期价值观，以“厚德博学、产品超群、顾客价值、业绩导向”四大文化为支柱，贯彻“产业生态化、组织平台资本发展板块是集团重要的功能板块，定位为“资本发展平台+赋能+分布式经营体”。在TRS313追梦工程中，资本发展板块将通过投资并购、产业合作、投后管理等举措助力集团各产业发展，成为集团实现跨越发展的重要助推器，完成从行业参与者向中国农牧行业最优秀的资本运作专家转型。

<table>
<tr><th>目标</th><th>板块</th><th>资本运营逻辑</th><th>整合合作任务方向</th><th>关键举措</th></tr>
<tr><td rowspan="13">支持集团战略目标实现和产业发展，完成并购企业并且营收不低于50亿元</td><td rowspan="4">饲料板块</td><td rowspan="4">并购整合，降低成本，利用好资本市场和衍生品工具</td><td>有核心技术的饲料厂</td><td rowspan="13">1.明确资本发展板块发展思路，延揽人才，构建推动资本和业务双轮驱动的核心能力

2.与集团其他产业板块协同，建立项目长期跟踪机制；围绕战略生态，积极进行整合并购，探索建立多种合作模式

3.利用上市公司平台，开展资本运作，为集团发展提供资金和资源支持

4.引进专业人才，加强制度流程管理，建立科学的投资决策程序，有效化解各项风险</td></tr>
<tr><td>高端水产料企业</td></tr>
<tr><td>宠物食品企业</td></tr>
<tr><td>当地有资源、关系的地域合伙人</td></tr>
<tr><td rowspan="4">养殖板块</td><td rowspan="4">利用政府产业引导基金、政策性银行、扶贫基金融资，快速圈地，降低风险</td><td>中大规模的养殖场</td></tr>
<tr><td>高端种猪技术公司或团队</td></tr>
<tr><td>四位一体轻资产养猪模式</td></tr>
<tr><td>“公司+农户/农场”养猪团队</td></tr>
<tr><td rowspan="3">肉品板块</td><td rowspan="3">掌控品牌，做好营销，与下游利益捆绑（事业合伙人）</td><td>优质屠宰厂</td></tr>
<tr><td>优质食品企业</td></tr>
<tr><td>优质流通渠道企业</td></tr>
<tr><td rowspan="2">新兴板块</td><td rowspan="2">设立产业基金做投资孵化</td><td>优质餐饮企业</td></tr>
<tr><td>优质生鲜渠道企业</td></tr>
</table>

图 9　资本发展板块战略——中国农牧行业最优秀的资本运作专家

化、人才合伙化、要素资源资本化”的经营原则，打造“赢球为王、优胜劣汰、团队协作”的高能团队组织。

（2）价值为纲。

以价值为纲，以客户为中心，以奋斗者为本，事业合伙人通过奋斗分享增量价值。坚持共识、共创、共享、共担，通过抱团打天下实现企业和合伙人的利益最大化；坚持“在哪里创造价值，就在哪里分配”的原则，形成利益共同体、事业共同体和命运共同体。

（3）机制保障。

通过一系列法律文件的设计，确保事业合伙人的合法权益，实现动态调整，杜绝“搭便车”行为，鼓励为公司持续创造价值的奋斗者，规范事业合伙人的操作，所有行为能够符合上市公司的规范，经得起审计。

2. 事业合伙人的交易结构

（1）总部及事业部合伙人。

总部及事业部合伙人是公司的命运共同体，通过奋斗实现唐人神整体市值增长，分享市值增长带来的收益。

总部及事业部合伙人主要通过员工持股计划实现，员工按员工持股计划购买唐人神部分库存股（购入价格低于市价），并约定一定的业绩承诺逐年解锁的方式兑现，达成业绩目标的员工可享受库存股购入价格与市价的差价收益，具体架构如图 10 所示。

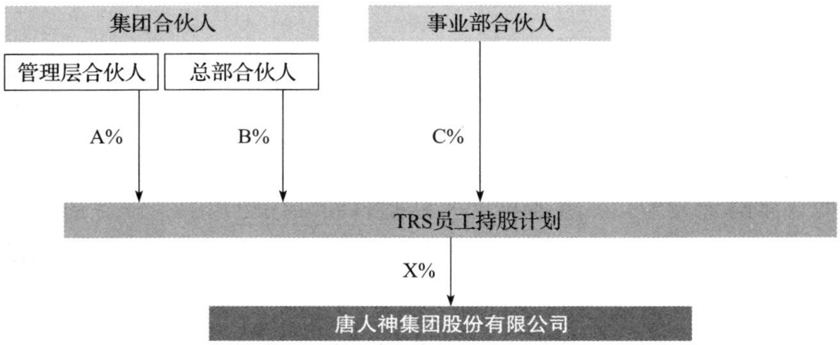

图 10　总部及事业部合伙人

（2）子公司合伙人。

子公司合伙人是公司的事业共同体，通过项目制经营体的方式，分享所在公司利润增量带来的价值。

子公司合伙人通过与唐人神指定机构合资成立销售公司，并约定业绩目标，公司达成业绩目标以上的部分，由合伙人和公司按照股权比例分享，具体架构如图 11 所示。

（3）外部合伙人。

①“公司 + 农户”养殖外部合伙人。唐人神与属地经销商、养殖板块区域管理骨干成立合资公司，唐人神通过较小比例的出资成立区域养殖公司，给予经销商较大比例股权，从而实现低风险的快速拓展，充分调动经销商推广“公司 + 农户”养殖模式，待区域业务发展成熟后，通过回购方式逐步提高区域养殖公司的持股比例，实现合伙人的退出和上市公司资产的保值增值，具体架构如图 12 所示。

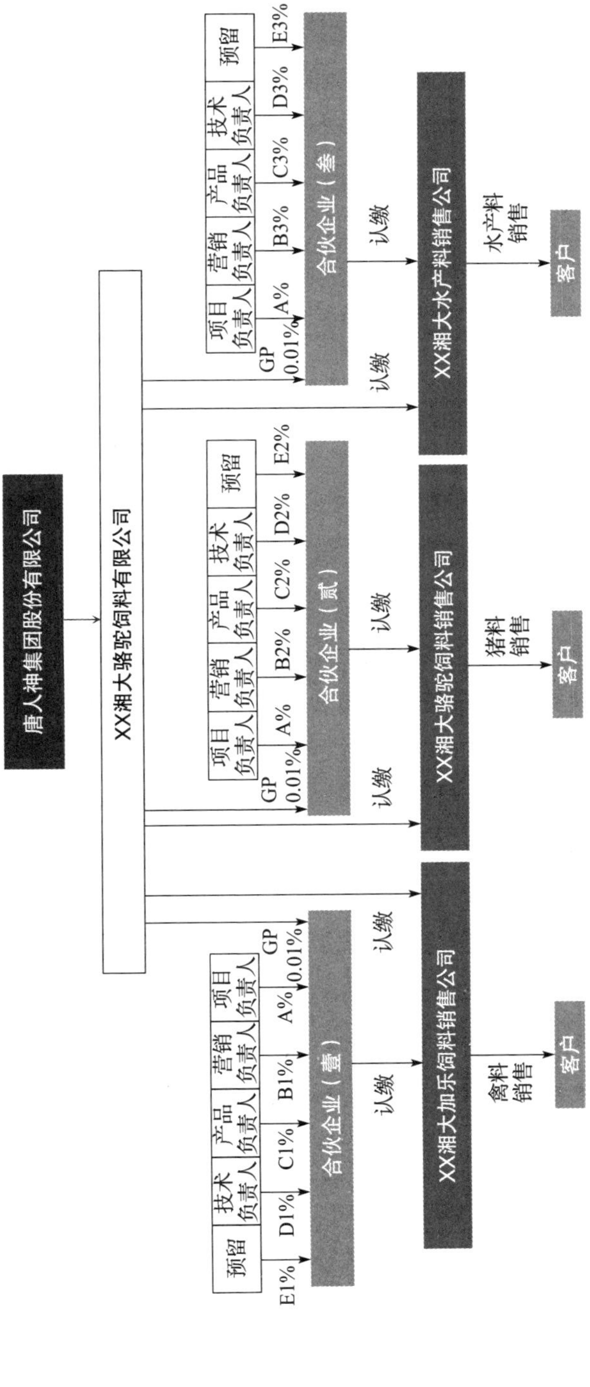
唐人神集团股份有限公司
XX湘大骆驼饲料有限公司
预留
技术负责人
产品负责人
营销负责人
项目负责人
E1%
D1%
C1%
B1%
A%
GP 0.01%
合伙企业（壹）
认缴
认缴
XX湘大加乐饲料销售公司
禽料销售
客户
GP 0.01%
A%
B2%
C2%
D2%
E2%
合伙企业（贰）
认缴
认缴
XX湘大骆驼饲料销售公司
猪料销售
客户
GP 0.01%
A%
B3%
C3%
D3%
E3%
合伙企业（叁）
认缴
认缴
XX湘大水产料销售公司
水产料销售
客户

图 11　子公司合伙人

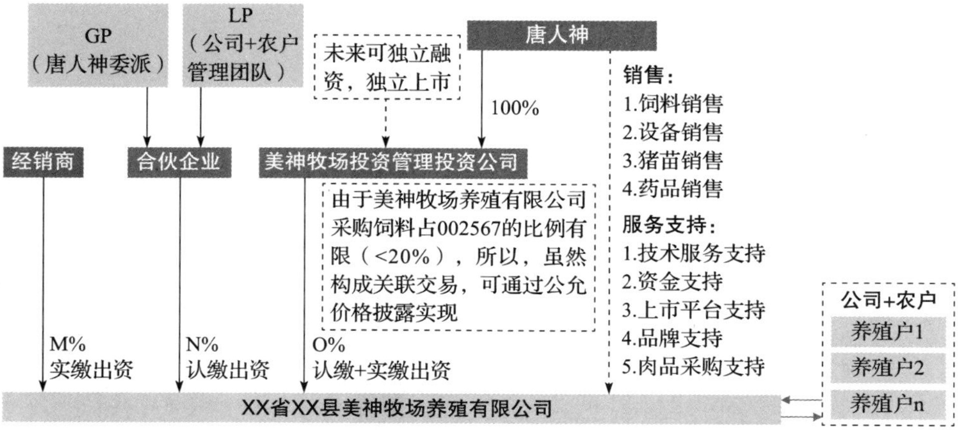

图 12 "公司 + 农户"养殖外部合伙人

②技术专家合伙人。技术专家合伙人主要是农牧行业紧缺核心技术的外部专家或团队。由唐人神与政府产业基金共同出资，打造产业孵化平台，通过合资公司的形式支持专家或团队将技术转化为可以落地应用的成果，并根据成果的应用方式采取回购股权或支付技术服务费的方式实现技术成果的变现，具体架构如图 13 所示。

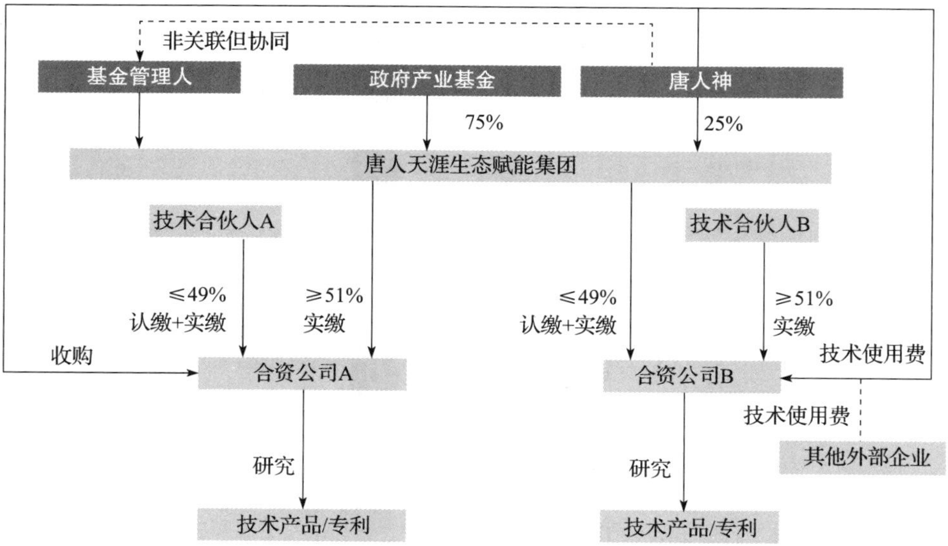

图 13 技术专家合伙人

（三）高能平台化组织建设

1. 高能组织设计的原则

（1）组织设计要基于“产业生态化、组织平台化、人才合伙人化、领导赋能化、要素资源社会化和营运数字化”的经营原则；

（2）组织设计要支撑“TRS313 追梦工程”的大战略规划；

（3）组织设计要适应产业环境和发展趋势；

（4）组织设计要构建“平台赋能 + 项目制经营体”的赛马机制；

（5）组织设计要解决唐人神组织结构存在的核心问题，配套唐人神特色方法论。

2. 高能组织设计的理念

（1）由以领袖为核心转变为以客户为中心（见图 14），让听得见炮声的人呼唤炮火。

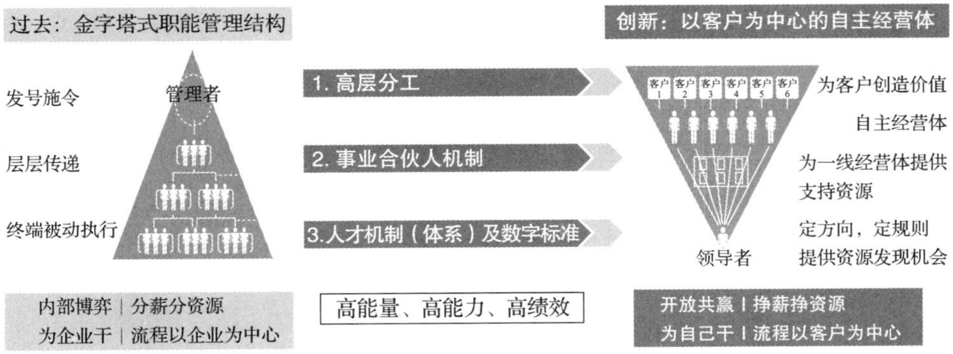

图 14　以领袖为核心转变为以客户为中心

（2）明确顶层的分工，董事长和总裁各有侧重，董事长主抓业务方向，总裁主抓体系运营（见图 15）。

（3）建立基于业务场景的矩阵管理模式，避免矩阵管理官僚化（见图 16）。

（4）明确集团管控模式，建立赛马机制，鼓励各事业部、子公司主动创造更高的业绩，在管控模式上，根据业务发展的不同阶段设置不同的管控模式，该管的管，该放的放（见图 17）。

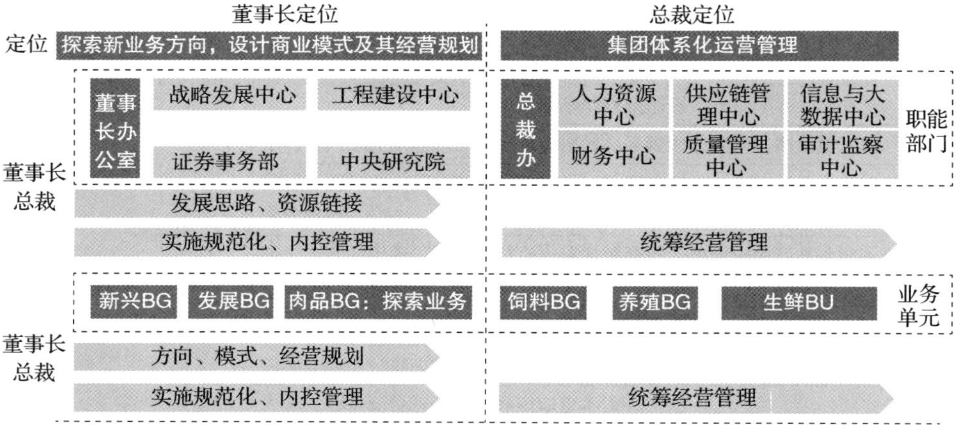

图 15　明确顶层分工

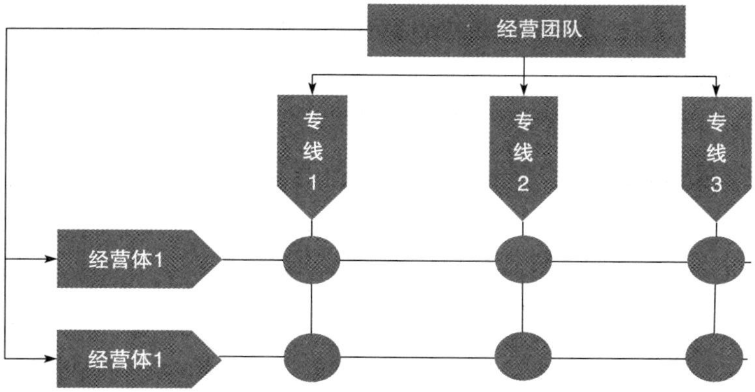

图 16　基于业务场景的矩阵管理模式

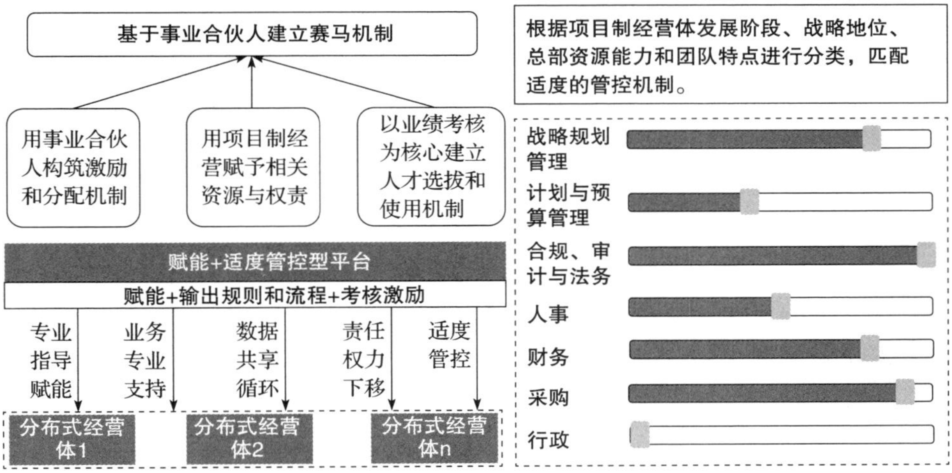

图 17　基于“平台赋能 + 项目制经营体”赛马机制，建立集团管理模式

（5）总部和事业部的组织架构逐步演进，由高能化封闭组织逐步演进为生态化组织（见图 18）。

阶段	一、内塑能力，打造平台	二、内外兼修，双轨并行	三、战略生态，组织平台
转变	由矩阵式组织转型到高能平台化组织	内部平台组织强化和外部生态支撑构建	基于生态化战略的平台化组织成型
内涵	1.加强总部建设，打造赋能平台和职能平台 2.事业部作为辅助平台 3.以项目制和事业合伙人机制激活分布式经营体 4.以唐人天涯生态公司和战略协同，但非关联的研究院和产业基金为抓手，架设基于未来和生态的平台组织结构	1.总部形成能力沉淀和人才沉淀，平台组织成型 2.随着业务发展，部分业务赋能平台下沉事业部 3.建立项目制经营体赛马机制，形成良性循环 4.打通内部的平台化组织与外部基于生态的平台化组织 5.事业合伙人机制激活内外主体	1.总部将运营职能向事业部转移，转变成投资管控型总部，加强监管和流程建设等 2.事业部做实，并发展出赋能平台和职能平台 3.唐人天涯生态撬动企业内外资源，构建产业生态 4.组织演化为完全生态化战略的平台化组织

图 18　生态化组织构建及演进路径

四、项目的成果和业绩

（一）战略解码

华夏基石交付了《唐人神集团走向千亿级卓越企业战略解读报告》，并组织了两次大规模战略研讨，通过以上交付，唐人神明确了：

（1）313 追梦工程整体的目标和实现路径。

（2）各业务板块短期和中长期的发展战略和实施路径。

（3）掌握了战略解码工具的使用方法，未来唐人神具备自行更新战略目标的能力。

唐人神董事长在第二次战略研讨会后评价说："创业 30 年以来，我从来没有想得这么明白过"。

（二）事业合伙人

1. 3 批子公司合伙人

从 2019 年 5 月华夏基石团队进场以来，7 月 31 日，唐人神首批经甄选的来自 8 家单位的精英人才共计 49 人，完成方向对齐，意愿对齐，目标对齐，在万豪酒店大会堂完成庄严的宣誓仪式、封酒仪式，签约合伙人业绩承诺书，成为事业合伙人。

乘势而上，9 月 30 日，第二批来自 25 家单位的精英人才共计 95 人在唐人神国际厅大会堂完成庄严的宣誓仪式，成为事业合伙人。

你追我赶，12 月 30 日，第三批来自 16 家单位的精英人才共计 111 人在徐记海鲜大酒楼大宴会厅完成庄严的宣誓仪式，成为事业合伙人。

努力不虚，事业合伙人机制半年内即取得了不菲的成绩，顶着巨大的非洲猪瘟冲击，很多省甚至猪都死了 70%，饲料卖到哪里去都是个大难题，即使在如此艰难的条件下，2019 年 12 月 30 日唐人神第一批事业合伙人团队超 80% 的单位完成战略任务。

在株洲徐记海鲜酒楼为第一批事业合伙人开启封坛酒，举行庆功晚宴。

2. 一批集团及事业部合伙人

职能单元的力量是企业的坚实后盾，在企业进入系统成长期后，中后台的能力建设是企业的核心命题，真正的大企业，实际上都在打造自身的“平台力”，因此必须给中后台人才一个施展才华的舞台，才能更好地支撑前台，更好的承载“313追梦工程”。

通过员工持股计划的形式，利用唐人神上市公司平台的优势，将中后台的中高层也纳入了事业合伙人计划。

3. 一大批外部合伙人

唐人神组建了唐人天涯生态发展公司，围绕猪禽鱼反刍的养殖生态，展开产业要素合伙化的进程。以唐人神上市公司的平台为载体和强大的信誉背书，同养猪育种专家院士建立专家合伙人关系，与饲料经销商建立渠道合伙人关系，与养殖地方投资者建立属地合伙人关系。通过交易结构和未来利益共享机制的合理设计，最优化布局唐人神的生态布局，逐渐打造一大批产业合伙人。

（三）高能组织设计

华夏基石不仅完成了高能组织理念的普及和辅导，更帮客户从组织架构，运行机制等多个方面实现了落地和交付，具体如下：

（1）完成了唐人神集团层面的组织设计、部门职责分工和权限设计。

（2）完成了组织调整后负责人的任命。

（3）完成了配套组织设计的职业发展通道、薪酬体系和绩效管理体系的设计。

（4）通过外部调研，提出了未来组织演变和各事业部组织设计的思路和建议。

（四）华夏基石咨询项目的整体成果

（1）助力客户在非洲猪瘟不利的情况下，80%的签约单位超额实现业绩目标，集团整体利润同比增长47%。

（2）明确了唐人神集团未来发展的方向和思路，各事业部和职能部门对“313追梦工程”有了深刻清晰的理解，能够按照计划推进“313追梦工程”的落实。

（3）通过与咨询公司的互动，提升了唐人神团队、特别是高管团队的系统思考能力和眼界。

（4）通过引入事业合伙人激励机制，极大地调动了团队的积极性，加入合伙人计划的员工心态发生了质的变化，能够主动为企业提出改进建议，减少浪费，个别单位落实事业合伙人机制当月就实现利润增长 30%，一些从未盈利的单位实现了盈利。

（5）通过机制和法律文件的引入，唐人神内部普遍加强了合法合规性的思考，企业运营方式更加健康合规。

五、唐人神项目的启示

唐人神的生猪全产业链运作为农牧企业经营管理带来的 5 点启示。

（一）未来农牧龙头企业的经营逻辑，必然从“经营企业”转到经营“产业生态”

（1）要惠及生态伙伴，将生态伙伴长期价值增值作为生态经营的核心要义；

（2）形成 C2B2B2C 的核心经营思维，处于生态圈中的组织者，必须从用户出发，掌握用户的核心需求，打造围绕数据，围绕需求价值的产品和服务解决方案，通过渠道或传播端再服务到客户消费端，端到端拉通，打破原有”研产供销“的单链式思维和运行逻辑。

（3）农牧产业生态的布局逻辑是做大消费端，形成厚利端拉动，因为农牧产业越靠近消费者盈利空间越大，全产业链的经营逻辑在于大消费端的拉动。

（二）去中心化，长板理论，利他主义是建立产业生态的核心基础

形成产业组织者的平台效应，去除中心化思维，赋能产业合作伙伴，成为生态的服务者；发挥自身长板，弥补产业合伙人的短板和不足，相互协同；以利他主义为发心，真正做到产业互助共赢。

（三）企业必须抓牢主航道，适时寻找第二航道、第三航道，立牢主业根基，再求长远发展

一些企业在看准未来趋势后，偏执于“对未来的精准判断”，全面冒进，往往主业丢了，时机又投入过早。忽略主业的过早“ ALL IN”，主业没抓好，

“未来之星”业务也失了根基。因此企业要像唐人神一样，牢牢把握饲料业务的核心优势和盈利根基，逐步开展养殖、肉品业务。在非洲猪瘟形势下，饲料受到很大冲击，守住了养殖和肉品，反而从“危”转“机”，迎来第二航道和第三航道的发力腾飞。

（四）事业合伙人机制是时代的产物，是布局产业生态、连接要素资源、激活内部团队、吸引外部英才的核心机制

为什么说事业合伙人是时代的产物呢？回顾工业时代，最著名的一个体系是“流程再造”，在当初的一个100年间，哈默的“流程再造”给企业带来了十数万亿级的产能优化价值。工业机械化时代的效率最优机制是带来最大社会效能的核心，流程再造起到了至关重要的作用。在即将到来的智能时代，最核心的要素是智力和知识，其核心要素就是人，只有实现了“人本智合”，才能催生最大的效用价值。因此，事业合伙人机制应运而生。通过企业盈利价值和未来资本价值的增值分享，共同奋斗的机制打造，未来愿景的文化重塑，才能够激活内部核心团队，连接产业生态合作者，助力企业再登新高，再造未来。

（五）面对随时可能出现的“黑天鹅”或“灰犀牛”，最关键的应对之策还在于“体系”和“创新”

体系是根基，创新是灵魂。就像一个赛车手，在高速行车中，每一个陡坡和急转弯都可能是“黑天鹅”，靠什么去战胜，只有车技。企业也是一样，面对非洲猪瘟、禽流感、新冠肺炎疫情、人畜同危的严峻形势，只有靠企业家和核心团队多年来打造的这架战车，逢山开路遇水搭桥，才能真正地战胜困难，转危为安。这架战车是什么？是多年形成的团队不屈不挠、永不言败的奋斗文化，是多年积蓄的坚持到底、贯彻到位的执行机制。就是陶一山董事长曾提到的“我们承认我们的问题，但是，我们永不言败”。

A 公司并购 B 公司后的变革管理咨询实践

南京东方智业管理顾问公司　张守伦

南京东方智业管理顾问公司（以下简称东方智业）创立于 1996 年，由国内有丰富理论和实践经验的管理专家及职业咨询顾问组成。公司成立 20 多年来，始终以“凝聚中外管理智慧，解决企业实际问题”为宗旨，坚持“客户的成功才是我们的成功”的经营理念，已成功为数百家企业提供了战略、组织与流程、人力资源、企业文化、大规模定制化人才培养工程等综合管理咨询服务。

本案例项目组成员

张守伦，现为东方智业总裁，国际注册管理咨询师（CMC）、全国中小企业管理咨询服务专家、工商管理硕士。15 年以上企业中高管与管理咨询经验，企业管理实战经验丰富，曾担任雨润集团、三胞集团和德兰集团等企业的集团人力资源高级经理、集团人力资源总监和产业平台 COO（全面主持产业平台工作）等职。

其他成员：成立

导读

B 公司曾经是厨电行业内的第一阵营公司，但随着近几年竞争对手的迅猛发展和自身的经营管理不善，B 公司逐渐被其他竞争对手赶超甚至被远远甩在身后，最终在 2017 年被上市公司 A 公司并购。

A 公司在并购 B 公司后，派出团队进驻 B 公司进行接管，但在长达半年多的时间里，接管工作一直难有实质性进展，原因之一是遭遇来自原有公司内部的种种不理解、排斥甚至抵制，整个并购后的重组工作（业务重组与管理重组）处于停滞不前的状态。在这种情况下，A 公司考虑引入外部咨询机构，协助其并购整合团队进行并购 B 公司后的重组工作，考虑到东方智业是 A 公司的长期合作伙伴，并且在 A 公司的发展历程中多次为其提供管理咨询服务，取得非常好的效果，因此 A 公司邀请东方智业就并购 B 公司后的整合工作为其提供相应的咨询服务。东方智业成立了并购后的整合咨询小组，并与 A 公司接管小组一道进驻 B 公司，开展了为期两年的并购后重组工程（一年为驻场咨询期，一年为辅导期）。

经过双方两年的共同努力，并购后的重组基本完成，达到了 A 公司预期目标，东方智业也再次得到 A 公司的高度认可。

A 公司并购 B 公司后的变革管理咨询实践

南京东方智业管理顾问公司　张守伦

一、项目背景

B 公司创立于 1984 年，30 多年以来始终坚守匠人精神，专业生产吸油烟机、燃气灶具、集成灶、消毒柜、电烤箱、电蒸炉、微波炉、洗碗机、热水器、壁挂炉等家用厨房电器产品。从 1996 年起，B 公司常年在市场综合占有率、市场销售份额、市场覆盖面三项指标名列全国同行第一。B 公司的商标也成为中国驰名商标，先后被评为“中国驰名商标”“亚洲品牌 500 强”“最具价值家居电器品牌”，成为厨电领域唯一拥有三大“中国名牌产品”的“第一品牌”，入选“CCTV 中国品牌榜”。

然而，近几年随着老板、方太、美的等竞争品牌的迅猛发展，加上企业自身的经营管理不善，导致屡屡出现问题，B 公司逐渐被其他竞争对手赶超甚至被远远甩在身后，最终在 2017 年被上市公司 A 公司并购。

东方智业咨询项目组进驻 B 公司后，按照以下咨询思路展开了工作。

二、变革管理咨询思路

东方智业认为，企业并购后的业务重组与管理重组，实际上是一个系统化的变革工程，需要有明确的指导思想、科学的整体规划、策略性的方法设计与适宜的氛围营造，它涉及意识观念、体制机制、发展战略、组织流程、人力资源、企业文化与品牌形象等多个方面。

东方智业根据 B 公司的具体情况，结合东方智业多年来研究实践形成的企业变革的理论与方法，为 B 公司并购后的系统性变革设计了专门的变革模型，简称“变革十三步法”，如图 1 所示。

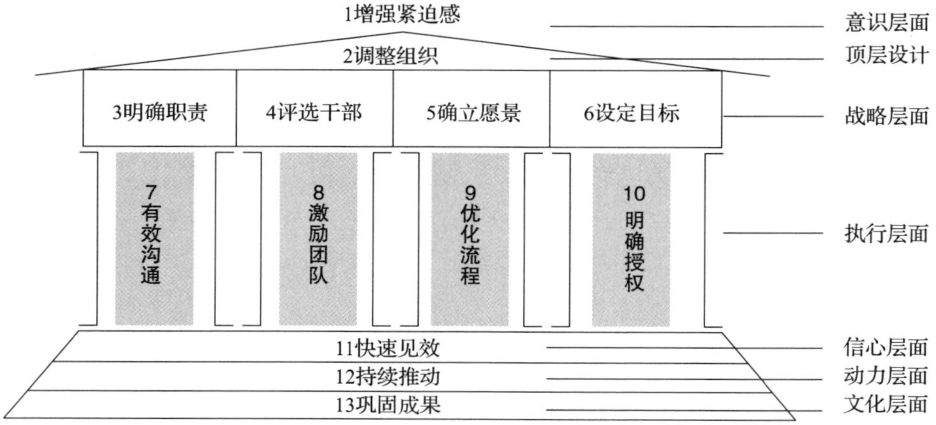

图 1　企业系统性管理变革“十三步法”

第一步，增强紧迫感。通过调研诊断、“邀请客户，登台诉苦”等方式，深入揭示、分析和反思企业问题，提升企业内部对变革必要性和紧迫性的认知。

第二步，调整组织。通过企业组织架构的调整，从组织分工上改变企业现状，由此改变权责关系。

第三步，明确职责。通过梳理各级组织职能与岗位职责，对交叉、错位、缺失的职责重新界定，使职责归位、到位。

第四步，评选干部。通过关键人才盘点、任职资格体系、干部 360 度测评、述职等方式，对企业中高层人员进行系统评估，从遴选合适人选到合适的岗位任职，并筛选出不胜任员工。

第五步，确立愿景。通过企业使命、愿景、价值观的重塑，凝聚人心、鼓舞士气，内部形成健康向上、充满生机与活力的氛围。

第六步，设定目标。通过战略解码、战略地图等方式，设定企业总体目标并向下进行分解，形成“千斤重担人人挑，人人头上有指标”的局面。

第七步，有效沟通。通过周工作计划与总结、一对一面对面、月度经营分析会和项目组阶段性宣贯与培训等多种方式，加强企业内部的上传下达和有效沟通，不断向员工传达公司变革的思路与举措。

第八步，激励团队。通过薪酬体系调整、专项激励方案和职业发展路径规划等方式，传递企业核心价值观，明确企业激励导向，激发员工工作积极性。

第九步，优化流程。通过对企业内部业务活动流程的梳理与优化，提高运营效率与降低成本。

第十步，明确授权。通过对企业审核审批流程的优化，进一步提高内部办事效率，降低沟通和管理成本，激活各个层级。

第十一步，快速见效。方案制订通过后，即快速落地执行，先易后难，力求短期内快速呈现效果。

第十二步，持续推动。变革管理的成功绝非一朝一夕能够完成，需要根据企业未来发展的规划，配套推动内部管理变革。

第十三步，巩固成果。在变革管理出现阶段性成果时，需要分析与固化成果，将好的经验传承下来，融入文化、制度等之中。对于产生的问题，要分析产生的原因，提出改善的思路与做法，通过新的机制、文化与闭环管理，保障变革的持续性。

三、变革管理过程设计与落地

（一）增强变革紧迫感

本次 B 公司变革管理咨询伊始，A 公司团队、东方智业项目组和 B 公司高管团队共同成立 B 公司创新与变革委员会（以下简称委员会），全面推动 B 公司创新与变革。同时，为增加变革紧迫感，委员会采取以下三种方式推动：

1. 全面调研诊断

任何管理变革的成功都离不开对问题的深度认知和反思，因此在开始正式变革管理工作前，由东方智业主导，对 B 公司进行全面调研诊断，通过东方智业全息管理体系诊断模型（见图 2）及配套工具与方法，系统了解、揭示和分析 B 公司当前存在的问题，并提出解决思路。

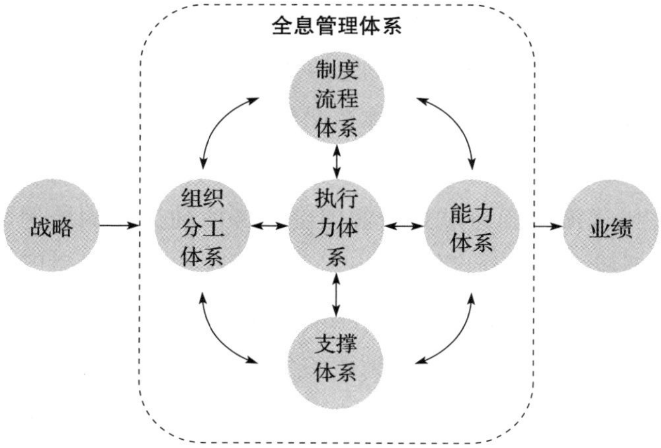

图 2　全息管理体系诊断模型

通过全面调研诊断，东方智业认为 B 公司当前存在的主要问题有：

（1）从经营业绩来看，近几年 B 公司销售额没有明显增长，市场份额一路下滑，无论是销售体量、增长率、净利率和人均产出，还是销售费用率和管理费用率，与行业其他标杆企业相比，均存在较大差距，部分指标甚至还呈现逐年恶化的趋势。

（2）战略方面，战略方向和目标的缺失，导致 B 公司上下都缺乏方向感、紧迫感和工作压力，缺乏行动计划和持续推进的战略举措，让企业无法进行有效的资源整合和资源配置。

（3）执行力体系方面，无论是目标计划体系的构建，还是目标的跟踪、评估、分析、调整与改进，B 公司几乎是一片空白，导致公司阶段性的一些经营目标只能流于想法，各部门的工作计划无法真正起到互相支撑和配合作用；另一方面，与目标计划体系相配套的落地手段——会议管理机制、督办机制、监察机制和报表体系等也没有构建起来，不能为公司目标的实现提供有效保障。

（4）组织体系方面，B 公司的组织架构设置不合理，内部诸多部门均存在职能缺失、错位与弱化的现象，导致员工在日常工作中经常扯皮推诿，企业无法形成有效合力，严重制约企业发展，许多事看似“做了”却又“做不到位”，很多工作看似有人做，实则无人负责，组织目标难以有效实现。

（5）制度流程方面，B 公司过去的成功离不开以创始人为核心的领导团队对企业的管理与奉献，这种管理更多依赖这一批核心成员的个人能力，然而随着企业发展，以往的工作开展方式及其沿袭出来的处事习惯，使得企业很多重大决策和重要制度流程无法得到有效的传达和执行，员工的做法和领导层的想法相差甚远。

（6）B 公司在经营管理主价值链各个环节上的能力表现均存在缺失或不足的情况，在产品规划、技术研发、工业设计、原辅材料采购、供应商管理、生产控制、仓储物流管理、营销管理等方面存在着诸多问题，经常出现断货、新品研发拖沓不及时等现象。

（7）B 公司在人力资源管理、信息化管理、财务管理、企业文化等方面存在较为严重的职能弱化现象，不能正确、有效地引导员工朝着企业希望的目标前进，也无法让员工按照企业希望的行为规范和标准从事生产经营活动，因此造成人才流失严重、员工士气低落等不良现象。

系统分析 B 公司当前问题后，东方智业提出管理变革创新十三步法的总体思路，并通过和创新与变革委员会其他成员的沟通，最终确定整体时间安排，如图 3 所示。

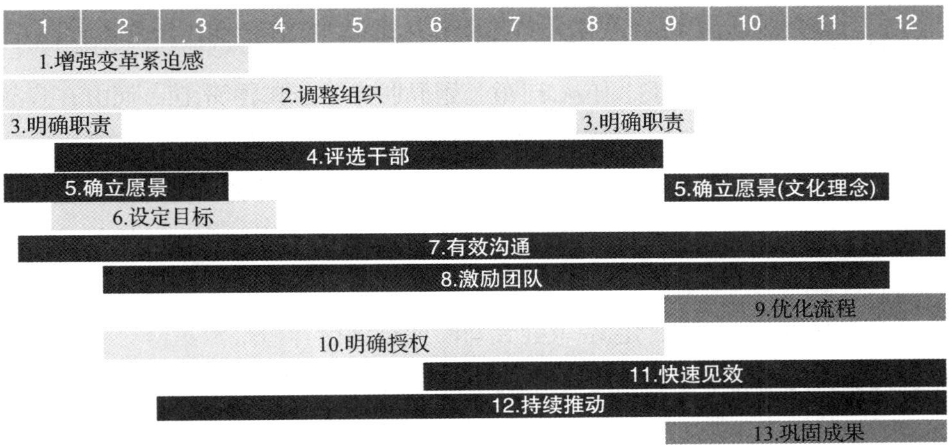

图 3　B 公司创新与变革总体时间安排计划表

2. 代理商会议

为让 B 公司内部人员尤其是营销和研发系统内的管理者认识到 B 公司以及自身存在的问题，充分理解创新与变革的必要性和必然性，委员会邀请 B 公司各地代理商来到集团总部，与总部管理人员面对面沟通与交流，从代理商的角度充分阐述 B 公司存在的问题，对 B 公司的现状进行剖析，让 B 公司干部员工直面问题，形成压力。

3. 召开以“创新与变革”为主题的动员大会

B 公司内部通过一系列高层会议和宣讲与宣贯活动，增加变革紧迫感。A 公司董事长讲述 A 公司过往艰辛与成功经验，为 B 公司全体员工鼓舞士气；B 公司原董事长分析 B 公司自身存在的问题，传递创新与变革的决心；东方智业系统阐述创新与变革的方法与原则；B 公司新任总裁分析厨电行业的整体竞争环境，提出未来 5 年 B 公司的发展目标，凝心聚力。通过这一系列动员活动，正式拉开了 B 公司“创新与变革”的序幕——创新与变革，再造 B 公司。

（二）调整组织

通过全面调研诊断，东方智业认为 B 公司的现行组织主要存在以下问题：

（1）组织架构层次不清，一级、二级和三级组织无法区分；

（2）组织臃肿，总部机构官僚化；

（3）部门职能划分交叉、错位、缺失现象严重；

（4）存在人岗不匹配，如从未做过营销的人员被委以营销核心岗位；

（5）核心职能分散，资源不集中。

为解决上述问题，东方智业确定“后端服务前端，外部评价内部”的总体组织设计原则，并对组织结构进行了调整。

通过组织架构的调整，重点解决了下列问题：

（1）明确组织层级，定义一级组织和二级组织；

（2）大力精简二级组织的数量，从 56 个二级组织减少到 30 个；

（3）将原来分散的职能统一，提升资源的协同性；

（4）进一步完善部门职能，补齐必要的职能；

（5）合理进行人岗匹配，合适的人任命在合适的岗位；

（6）建立并发布了《组织与岗位管理规范》，明确组织设置原则和岗位管理原则，为后续构建人力资源体系打好基础，为薪酬管理、绩效管理和员工职业生涯发展指明方向。

（三）明确职责

明确整体组织架构后，东方智业组织 B 公司各部门开展职能职责梳理培训，梳理各级组织职能与岗位职责，对交叉、错位、缺失的职能职责重新界定，并根据组织设置与部门职能搭建 B 公司的职位体系，最终通过《职位管理办法》、人事任命调整、岗位说明书编写与发布的方式，理顺部门职能和岗位职责。

通过明确职能职责，达到了以下几方面的目的：

（1）明确各部门职能，减少后续实际经营管理过程中的推诿扯皮。

（2）建立岗位说明书，为员工的工作提供具体指导。

（3）建立多元化的职位体系和晋升通道，有利于员工职业生涯发展。

（四）评选干部

组织架构和职责清晰后，紧接着就是对干部的遴选工作：遴选合适的人到合适的岗位任职，并筛选出不胜任员工。为确保人才评估的科学性与合理性，东方智业建立胜任力评估模型（见表 1 和表 2）对干部进行评估。

表 1　胜任力评估维度（示例）

	基本素质	专业素质	行为素质
1	教育背景	专业知识	卓越执行
2	专业经验	专业技能	以客为尊
3	……	……	……

通过对干部的评选工作，做到：

（1）了解企业人才总体现状，明确序列内不同层级岗位的胜任能力要求，后续可有针对性地开展员工培养和发展计划。

（2）通过明确任职能力要求，让员工了解自身能力优势与不足，激发员工提升自我的内驱力，了解企业的职业发展路径，并加以践行。

表 2　胜任力评估方法（示例）

评估对象（除电商、营销驻外）	职类	人数	评估方式		参评人员	结果运用
中层（70人）	M2		现场述职	根据述职及提问环节，三方进行胜任力综合评估	部门总监 运营总监 HR总监 咨询顾问	公司层面横向排名
	P3					
基层员工（250人）	M1		岗位职责调查	由部门总监及部门经理按照胜任力维度进行评分，并现场排名。对争议较大的安排面谈评估	部门总监 部门经理	在部门内部SABCD排名
	P1					
	P2					
	A					

（五）确立愿景

针对企业缺乏方向和目标的问题，东方智业先从确立 B 公司的使命愿景、价值观着手，通过资料研阅、问卷调查、研讨会和提炼确认的方式，最终进行明确。

通过对未来发展愿景的研讨与明确，做到：

（1）使得 B 公司可以通过新愿景凝聚人心和鼓舞士气，为变革与未来大发展指明方向。

（2）通过完善企业文化理念体系，将创新与变革上升到企业文化的层面，为 B 公司创新与变革的推进提供思想指引，为后续制度、流程等的制订打下基础。

（3）使运用文化的力量和非经济的手段对员工进行管理成为可能，有利于塑造企业健康向上、充满生机与活力的内部氛围。

（六）确定目标

愿景确定的是企业发展的长期奋斗方向和目标。为保证长期目标的实现，企业还需进行短中期目标的确定与分解。针对 B 公司缺乏目标导向的问题，东方智业帮助 B 公司建立了目标体系，包括基于愿景的未来五年总体发展目标和根据总体发展目标向下进行分解的年度目标和部门目标，并通过签订目标责任书和个人收益挂钩的形式，强化 B 公司整体经营的目标导向，充分调动各部门员工的工作积极性。

通过目标的明确，确定了未来五年内 B 公司发展目标，并将目标按时间维度在部门层面进行分解，使企业自上而下能够层层传递压力，形成“千斤重担人人挑，人人头上有指标”的目标导向文化。

（七）有效沟通

东方智业与 B 公司领导层一起，通过阶段性的宣贯与培训，不断向员工传达公司变革的思路与举措，并通过会议管理制度、周工作计划与总结、一对一面对面沟通，以及月度经营分析会等多种方式的建立和推动，为 B 公司构建持续有效的沟通机制，推进 B 公司的变革落地。

通过企业内部沟通机制的建立与推动，做到：

（1）通过多种沟通渠道和沟通机制能够保证 B 公司上传下达的顺畅。

（2）通过有效沟通的推动，有利于管理内耗的减少和问题的提前发现与及时解决。

（八）激励团队

在员工激励方面，针对全面调研诊断中发现的“干多干少一个样”“多做多错不如不做”“员工调薪仅能依靠级别上升，调整缺乏科学通道”等问题，东方智业帮助 B 公司进行如下改进：

（1）东方智业为 B 公司设立双通道的职业发展路径，强调专业能力的提升也可以在企业获得更好的发展，而非只能依靠管理级别的提升，明确了员工多元化职业生涯发展方向。

（2）设计全新的薪酬方案，调整薪酬结构，加大绩效奖励部分，明确绩效导向。

（3）针对营销和研发部门设置专项奖励，强调市场和客户导向，一切以定量化的业绩结果进行评价，充分调动员工积极性。

通过团队激励机制的改革和推动，实现：

（1）建立健全 B 公司的薪酬体系，以绩效结果为导向，提高绩效工资占比，并根据职位类别和性质的不同进行分级分类激励。

（2）通过激励的指挥棒作用，为员工指明努力提升的方向，激发员工的工作积极性。

（3）进一步传递 B 公司的全新核心价值观——贡献为本，贡献决定价值。

（九）优化流程

为提升 B 公司内部运营效率，在通过目标和激励充分调动员工积极性后，东方智业又对 B 公司所有部门的业务活动进行系统性梳理，以规范、降本与提高效率为导向，同时兼顾风险控制，优先对重要且紧急的流程进行优化并形成固化的制度文件，让 B 公司在体制机制方面允许员工充分发挥能力，表现自我。

通过流程的梳理与完善，实现：

（1）系统性地梳理、澄清与 B 公司总体流程之间关系，让创新与变革管理从流程上找到突破口与落脚点。

（2）根据重要且紧急的原则，筛选优化关键流程，提高运营效率，降低成本，为下一步审核审批权限的优化与完善奠定基础。

（3）变革不是一蹴而就的，流程优化需要一定的过程。优秀的流程取决于卓越实践的反馈，东方智业为 B 公司的流程管理与流程管理文化的建立和推动奠定基础和基调，让 B 公司可以根据实际需要，对最佳实践进行系统性梳理，并固化成制度流程，之后再根据新实践的产生不断进行优化。

（十）明确授权

企业内部审核审批流程的长短和快慢是影响企业经营效率的重要一环，因此在上一步优化流程的同时，东方智业也针对全面调研诊断中发现 B 公司的“审核审批流程节点过多”“流程节点耗时长”“流程缺乏事先沟通经常被退回重新发起”“一件事情多次重复审核”等问题进行完善。

（1）减少流程审核审批节点，部门内部流转流程不超 3 个，跨部门的不超 5 个。

（2）所有流程节点审核审批责任人须在 24 小时内完成相应的审核审批。

（3）不能在流程运行过程中反复驳回，单个流程运行过程中总驳回次数不能超过两次。

（4）审核审批流程的设置要注重效率和风险，重前不重后，能够在事前控制的尽可能在事前控制，各项经营活动重视事前的审核和审批，减少事后的审核和审批环节。

通过审核审批流程的梳理与优化，实现：

（1）减少直线职能制组织架构的不利影响，使 B 公司内部层层有决策、层层有担当；

（2）促进权责的结合，提高组织的运营效率；

（3）尽量减少高层管理者的日常决策工作，提高管理者的管理效率。

（十一）快速见效

东方智业在 B 公司创新与变革过程中，始终坚持以快速见效为导向设计方案，方案设计通过后立刻推动执行，因此 B 公司的创新与变革在短期内取得了明显效果，企业内部和外部都明显感受到这种变化，如图 4 所示。

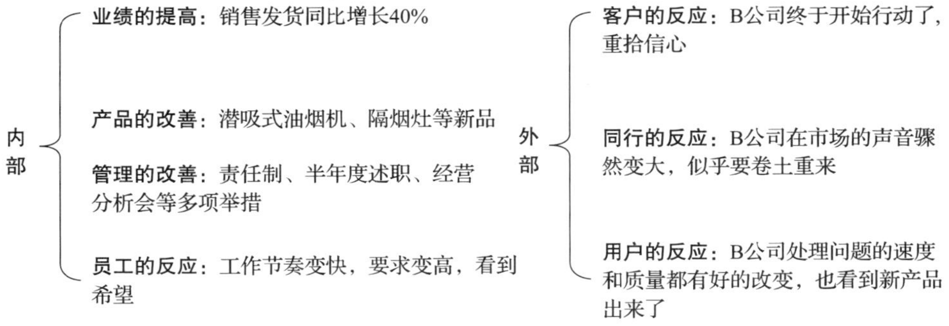

图 4　B 公司创新与变革阶段性成果反馈（示例）

通过方案的设计与快速推动执行，实现：

（1）短期内给改革者和广大员工以充分的信心，更加认同改革的必要性，并拥护改革进而更主动地参与改革。

（2）有利于克服 B 公司前期碰到的历史问题，进一步激发企业活力。

（十二）持续推动

B 公司的创新与变革虽然取得了阶段性不错的效果，但管理变革成功绝非一朝一夕之功，因此东方智业牵头组织 B 公司继续开展如下工作：

（1）根据经营管理需要不断进行组织架构与人员的调整，持续深入地推动变革，用“三刀法”根治 B 公司旧疾，如图 5 所示。

第一刀：青龙偃月刀，也是最重的一刀，专取上将首级。
第二刀：斩马刀，公司已经指明了方向，结果由于坐骑听不懂还乱跑的马，必须换了马才能再往前跑。
第三刀：小李飞刀，组织和人员哪里还有问题就直接飞刀过去，指哪打哪。

图 5　B 公司组织架构及人员调整“三刀法”

（2）制订三年战略规划与行动计划，既着眼于眼前又放眼全局，通过公司层面整体战略目标和关键举措的确定，业务层面品类、渠道和产品策略的确定，以及各部门行动计划的逐级分级落实，将 B 公司创新与变革的长期持续推动和短期的阶段性改进有效结合。

通过组织及人员的持续调整和三年战略规划与行动计划的建立，做到：

（1）使各级人员都能够知晓 B 公司内部的共同目标，进而可以增强企业的凝聚力和行动力；

（2）使组织架构设计和资源整合更具有目的性和原则性，进而可以保持组织机构与战略的匹配性，有利于实现资源价值最大化；

（3）从容应对市场变化，有利于 B 公司改进决策方法，提高风险控制能力和市场应变能力，进而有利于提升持久竞争力。

（十三）巩固成果

在第一年的驻场咨询项目周期内，B 公司的创新与变革已经取得可喜成果，这些成果不断鼓舞着团队士气，增强团队对变革的信心。由于第一年是变革的元年，真正变革成果将在后续的几年中体现出来，因此在后续一年的时间里，项目组采取咨询辅导的形式帮助 B 公司继续落实和扩大创新与变革成果，全力推进良性整改机制，全面提升内生发展能力。

四、实施效果

A 公司并购 B 公司后的变革管理咨询，从最初调研到最终辅导期结束，历时 24 个月，在这期间，通过东方智业项目组、A 公司和 B 公司所有人员的共同努力，从变革管理十三步法的第一步开始，一步一个脚印走到了最后，最终实现了 A 公司并购 B 公司后的整体重组和管理变革，为知名厨电品牌 B 公司再创辉煌重新注入新的活力。

（一）经营稳健，经营业绩显著提高

在创新与变革元年和第二年，B 公司经历了行业市场的转型升级和内部经营管理调整的双重压力，然而通过整体创新与变革项目的推动，在 B 公司上下一心，抗住压力，苦练内功的同时，积极开拓市场、扩大销售，整体业绩增长远超行业增长速度，和过去几年经营业绩相比焕然一新。

（二）内部运营效率提升

在 B 公司创新与变革推动过程中，内部运营效率的提升是重中之重，绝大部分咨询方案的设计和推动都离不开以运营效率提升为核心原则，最终也取得了不错的效果，比如：合作伙伴对供货及时性和产品质量的投诉明显下降，总部部门内部和跨部门沟通的壁垒显著下降，后端服务部门对前端业务部门的支持和服务效率明显提升，OA 系统中的流程运行效率大幅提高等，这也成为 B 公司业绩突飞猛进的重要原因之一。

（三）员工意识观念和行为的改变

企业变革管理的最终实现，归根到底还是需要依靠人来实现，而要想提升内部人员的工作状态和绩效表现，最重要也是最难的是打破内部人员的固有认知。在 B 公司创新与变革推进过程中，通过 A 公司高层、B 公司高层和东方智业项目组持续不断地共同努力，强调创新与变革的必要性与紧迫性，树立“能者上，庸者下”的用人理念，以市场和客户为经营导向，建立成本与效率导向的基本核心原则，并通过大会宣讲、阶段性方案的制订、宣贯与执行落地，将这些指导思想一一转化为现实，让员工从“不置可否、驻足观望甚至是有些抵触”的状态，逐步转变成为 B 公司推动创新与变革的积极分子，改变想法、改变行为，最终实现企业发展的突破。

五、总结

A 公司并购 B 公司后的变革管理咨询，重点解决了 A 公司在并购 B 公司后，如何快速实现对 B 公司在业务和管理上的快速有效整合，让 B 公司这一曾经的厨电龙头企业，从过去几年深陷经营管理泥潭无法自拔的状态中走出来，重新焕发活力，努力实现既定增长目标，也为 A 公司在并购完成后的业绩表现添砖加瓦。

令人欣慰的是，上述目标已经基本实现。

国合通用测试评价认证股份公司战略规划设计项目

北京市长城企业战略研究所　贾源淇

北京市长城企业战略研究所（以下简称长城所）成立于1993年，系国内知名社会智库，在国内外具有较大影响力的新经济专业咨询公司，拥有400余名项目经理和咨询师团队，3000多名外部专家，先后在宁波、武汉、广州、天津等15个城市建立了业务中心。服务企业客户1000余家，高新区客户150余家，业务覆盖全国近200个城市和高新区。

长城所在园区发展战略、新兴产业培育、创新创业咨询、高成长企业咨询等方面具有较强实力。围绕新经济的发展，形成了"企业—产业—区域""三观结合"的业务轴心，以及创新创业、数字经济、国际化、平台化四个特色业务。

根植于中国本土，长城所对中国转型经济条件下企业的发展问题具有深刻的理解，深入研究了新经济的理论和方法，积累了丰富的咨询经验和行业经验，关于中国制造、创新经济、高新园区、瞪羚企业和独角兽企业等方面的研究成果，引起了国内外媒体、学术界和产业界的广泛关注。

本案例项目组成员

贾源淇，长城所企业战略咨询高级项目经理，北京交通大学企业管理专业硕士研究生学历。具有多年的战略咨询经验，先后主导参与多家大型国有企业的战略规划设计、组织及薪酬设计工作，企业咨询经验丰富。

其他成员：杨雪英、段鹏举、张文杰、李熙

导读

国合通用测试评价认证股份公司（以下简称国合通测）为有研科技集团有限公司的二级公司，自2018年10月起与长城所开展战略咨询合作。

2017年，国合通测中标工信部“国家新材料测试评价平台——主中心”建设项目，作为唯一承载实体，国合通测亟须思考如何借助主中心建设带来的契机，增强自身的竞争优势，在原有的有色金属材料检测业务上进行领域及业务的拓展，并重新梳理其战略定位与目标。在此背景下，项目组深入企业调研，并整合行业专家资源，运用战略管理理论、咨询工具、GEI新经济咨询方法等，对企业所处的内外部环境进行科学研判，与企业高层管理者共同研讨、打磨适应未来发展的总体战略、业务战略与职能支持工作。并协助客户进行战略方案的宣贯，使得战略规划得以有效落地实施。

国合通用测试评价认证股份公司战略规划设计项目

北京市长城企业战略研究所　贾源淇

一、项目背景

国合通用测试评价认证股份公司（以下简称国合通测）隶属于国资委直属中央企业有研科技集团有限公司，于2017年8月在北京成立，注册资本5亿元，拥有7家下属公司，并为国企改革“双百企业”，业务覆盖检验检测、检测仪器设备开发、技术培训与产品认证等方面，从属于科技服务业。

国合通测的全资子公司国标（北京）检验认证有限公司，前身为成立于1952年的北京有色金属研究总院分析测试技术研究所，专精于有色金属材料检测60余年，处于有色金属材料检测领域领先地位。同时，国合通测于2017年12月中标工信部“国家新材料测试评价平台——主中心”建设项目，作为主中心建设的唯一承载实体，在新材料分析测试领域及区域资源整合上拥有较高的位势。未来，国合通测需思考如何借助主中心建设带来的契机，增强自身的竞争优势，并重新梳理其战略定位与目标，明确业务发展重点。

2018年10月，国合通测委托长城战略咨询（以下简称GEI）提供战略规划咨询支持。本次咨询计划重点实现四个方面的目标：一是明确国合通测发展定位和目标；二是梳理和优化业务板块，明确业务发展重点和层次；三是明确拓展的检测领域和区域；四是梳理公司发展与主平台建设关系，以及与全资子公司（同在北京开展检测业务）之间的关系。

二、项目诊断与分析

“国合通用测试评价认证股份公司战略规划设计项目”是GEI企业战略咨

询的典型项目，主要通过深度介入式咨询，为客户提供战略规划设计及实施路径，并协助客户有步骤地开展与实施，实现长城战略咨询“与客户共同成长”的咨询价值。该项目采用GEI典型的概念设计法与OSTW拉长板研究分析方法。

（一）诊断思路

GEI典型的OSTW研究分析方法的重点是推动传统意义下的“SWOT”矩阵式分析，向新经济条件下的“OSTW”倒金字塔分析框架转变（见图1）。原来的战略是以补短板为主，现在的战略是以抓机会、拉长板为主。为了抓住机会，企业要善于发现符合机会的自身长板，立足长板制订激发企业创新发展的战略。抓机会（O）是新经济发展最核心的要素，将与研究对象密切相关的各种外部机会（O）和内部优势（S）、威胁（T）和劣势（W）等，通过解构和再构，以及系统分析，对研究对象所处的情景进行全面、系统、精准的研究，以此制订相应的发展战略、措施和对策。

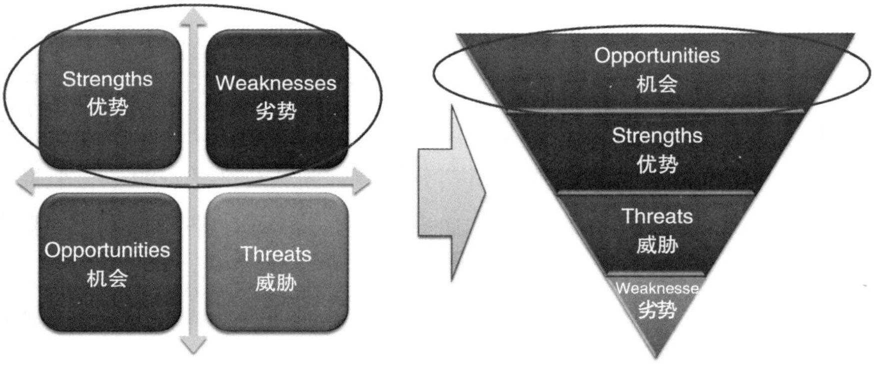

图1　从SWOT到OSTW

整个项目运作期从2018年10月至2019年8月，由长城所与国合通测形成联合项目组。在战略形势研判与诊断阶段，运用GEI典型的OSTW研究分析方法，结合案头资料研究、内部访谈调研、专题调研、外部走访调研与标杆企业研究等方式，以及采用管理咨询工具与方法，形成国合通测外部发展形势研判与内部资源能力分析。

（二）国内外检测行业分析思路与结论

项目组通过PEST分析、国内外检验检测行业分析等方式，寻找国合通测面临的发展机会（O）与威胁（T）。基于案头资料研究发现，我国检验检测市场起步较发达国家晚200年，发达国家检测市场的发展历程和趋势一定程度上能代表我国检测市场的未来发展方向。因此，长城战略咨询项目组重点分析了国外检测行业发展历程、阶段，国际检测巨头发展路径，以及国际检测未来的发展趋势，为国内检测市场研究提供借鉴。国内检测市场分析重点以行业价值链剖析为基础，结合国内检测行业发展历程、市场规模，运用五力模型进行产业竞争分析，判断国内检测行业发展趋势。

同时，通过外部走访调研与专家头脑风暴会的形式，加深对检测行业的理解与分析，会同国合通测中层管理人员共同开展标杆企业访谈，引入长城所内外部材料测试专家资源，定期召开头脑风暴会，对于检测行业特征、企业发展关键点、突破点等有了深入的认知。

1. 全球检测市场呈持续增长态势，但增速放缓且有所波动，行业集中度较低

全球检测市场规模从2010年的860亿欧元增长至2018年的1750亿欧元，复合增速达9.3%，行业增速呈现波动态势，预计2020年市场规模将超过2000亿欧元，保持年均增速8%。此外，由于检测行业各细分领域差别较大，且地域特性明显，全球检测行业集中度较低，2018年行业前十大检测公司市场占有率不足20%，如图2所示。

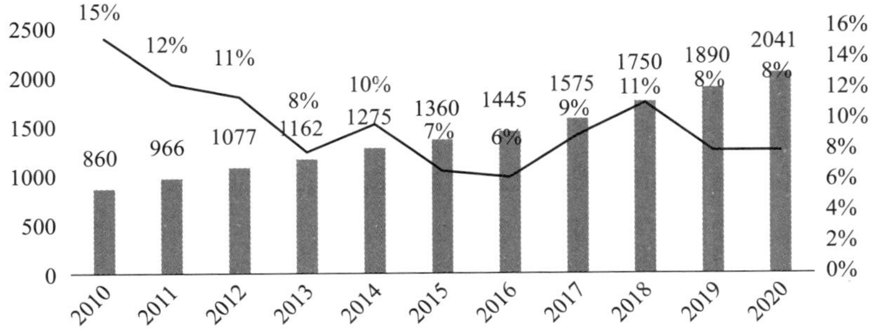

图2　全球检测市场发展现状[①]

① 数据来源：国家市场监管总局。

2. 近年来全球检测巨头的内生增长速度已非常缓慢，外延并购成为其业绩增长的主要来源

国外检测行业起源于18世纪初，历经3个世纪的发展已进入成熟期，主要表现为检测机构业务范围已深入到社会生产和活动的各个环节，由单一业务向多元化业务扩展，通过兼并收购不断推进并完善全球化布局，逐步提高市场份额和影响力。

3. 全球检测市场增速放缓态势下，中国市场以其独特的发展模式而潜力巨大，预计2020年中国将成为全球检测市场规模最大的地区

检测行业的市场规模与经济体量和GDP增速相关。据IHS预测，2020年检测市场规模最大的三个地区依次为中国（590亿欧元）、欧洲（400亿欧元）和美国（340亿欧元）。不同于欧洲和美国以市场为主导的发展模式，中国市场是以政府为主导的发展模式，近年来随着政策的放开，以及外资和民营机构的推动，企业内部检测需求和政府机构“法检”需求逐渐转向第三方检测，空间逐步释放，中国市场表现出强劲的发展潜力。

4. 政策推动下我国检测行业重组整合与规模化发展趋势显现

（1）检测机构数量不断增长，且九成以上机构规模较小。

国家市场监督管理总局数据显示，截至2018年年底，全国认证认可检验检测机构达到39472家，较2017年增加8.66%。从机构规模来看，2018年，从业人数在100以下的检验检测机构数量38023家，占机构总数的96.3%，绝大多数检验检测机构规模偏小。

（2）在政策持续推动检测行业整合的情况下，检验检测机构朝规模化发展。

2014年起，国家出台多项政策鼓励检测机构进行整合，实现资源共享，行业进入了整合期。2014—2016年，中央机构编制委员会办公室、国家质量监督检验检疫总局（现已更名为国家市场监督管理总局）、国家认证认可监督管理委员会相继发布《关于整合检验检测认证机构的实施意见》《全国质检系统检验检测认证机构整合指导意见》，推进具备条件的经营性检验检测认证事业单位与行政部门脱钩、转企改制，并于2020年基本完成改革任务，形成一

批知名的综合性检验检测认证集团。2014 年以来，事业单位制检验检测机构占比由 42.5% 下降至 28%[①]。2016 年《认证认可检验检测发展“十三五”规划》提出支持检验检测认证规模化发展，加快各级各类业务相同、相近的检验检测认证机构整合。

5. 我国检测行业发展动能充沛，市场活跃度高

（1）新兴检测领域业务增长迅速，传统检测领域增长放缓。

国家市场监督管理总局数据显示，2018 年电子电器、机械（含汽车）、新材料、医学、电力、能源、软件、信息化等新兴检验检测领域共实现收入 457.07 亿元，同比增长 20.45%，增幅较上年提高 3.36 个百分点。而传统的建筑工程、材料、环境与环保（不包括环境监测）、食品、机动车、农产业等领域营业收入增速为 9.08%，增速较上年减少 2.55 个百分点。

（2）市场逐步放开，民营和外资机构增长迅速且竞争力较强。

从机构数量来看，国家市场监督管理总局数据显示，2018 年我国检测机构中民营机构数量占比接近 50%，同比增长 16.1%，显著高于整体检验检测机构 8.7% 的增速。外资机构为 336 家，同比增长 53.6%。从机构营收贡献来看，2018 年国内检测机构平均年营业收入为 712.84 万元，而外资检测机构平均年营业收入高达 5973.21 万元，是行业均值的 8.4 倍，国有检测机构平均年营业收入为 873.53 万元，民营检测机构为 483.22 万元。外资检测机构年收入显著高于国有和民营机构，具有更强竞争力。

（3）在技术创新和资本力量推动下，国内检测机构通过并购整合扩大企业检测领域覆盖面。

我国大多数检验检测机构属于专精型机构，服务于某一特定领域。近年来，多数专精型的大型检测机构尝试向多领域拓展，多领域检测机构则向全领域拓展；中型检测机构的发展方向是合并或收购小型检测机构，以寻求规模化效应；小型机构则面临倒闭和被收购的局面（如图 3 所示）。

① 国家市场监督管理总局 2018 年数据。

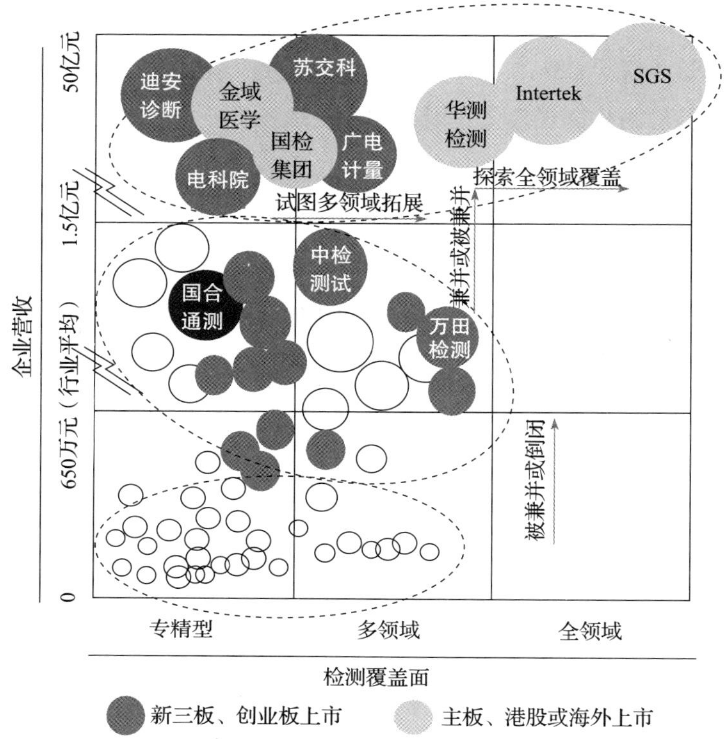

图 3　国内检测市场竞争情况

6. 我国检测行业呈现结构多元化和互联网化发展趋势

（1）业务结构多元化。

《认证认可检验检测发展“十三五”规划》支持从业机构向提供检验检测认证“一站式”服务（涵盖计量、质量、标准、检验检测、认证、培训等基础服务），以及“一体化”解决方案方向发展。

（2）互联网探索。

在信息技术快速发展的时代，检测机构已开展互联网探索，如科研伴侣检测网，以构建电商平台的方式实现线上线下业务的融合，通过扩大公司业务宣传途径为检测业务引流，但此种模式机构局限于广告宣传、咨询、订单和支付模式，并未有效实现产业的效率提升。借助云计算、大数据分析等互联网新技术进行商业模式的创新和企业运营模式的创新，是目前探索的方向，期望通过上述手段实现数据指导服务，以数据驱动业务提升。

（三）标杆企业研究思路与内容

结合国合通测发展阶段与特征，项目组选择了3家基准企业进行了个案研究，并进行了基准企业并购专题研究，为国合通测经验借鉴提供了翔实的案例支撑（见图4）。根据国合通测的企业性质、主营业务、发展方向等，结合行业发展特点，选取代表行业整体发展趋势的国际大型检测机构SGS，以及性质相似、发展速度较快、行业知名度较高的广电计量和国检集团作为基准，对其发展历程、业务模式、管理模式、区域布局等进行深入分析，为国合通测提供经验借鉴（见图5）。

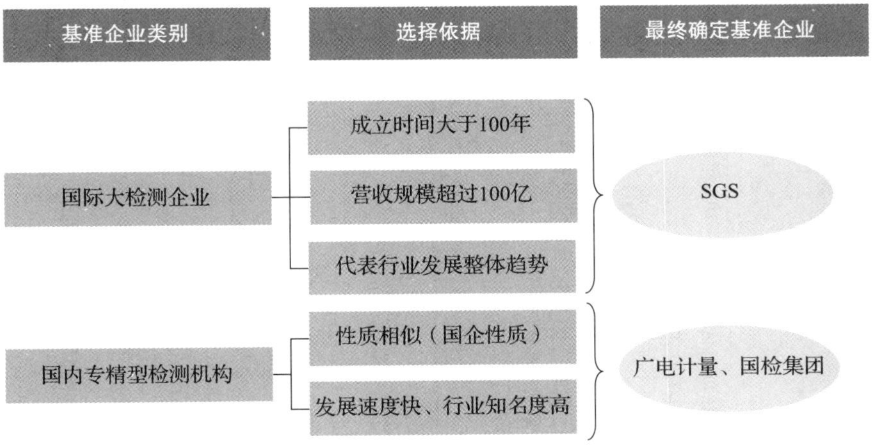

图4　基准企业选择依据

1. 适应环境，紧抓外部发展机遇

SGS从单一的谷物检验领域逐步实现向全品类检测覆盖，最主要的原因是其紧抓外部发展机遇，进行领域及业务产品线的多元化，并借助品牌及资金优势，逐步做大做强，发展为国际检测巨头。

国检集团积极推进跨区域布局战略，其在全国的布局思路是以建材建工主业为核心进行有限多元化，在建筑工程场地半径500公里内建立分子公司。

2. 整合内部技术与营销资源，集中拓展

广电计量通过不断的创新突破，形成了良好的拓展模式，即以市场为导

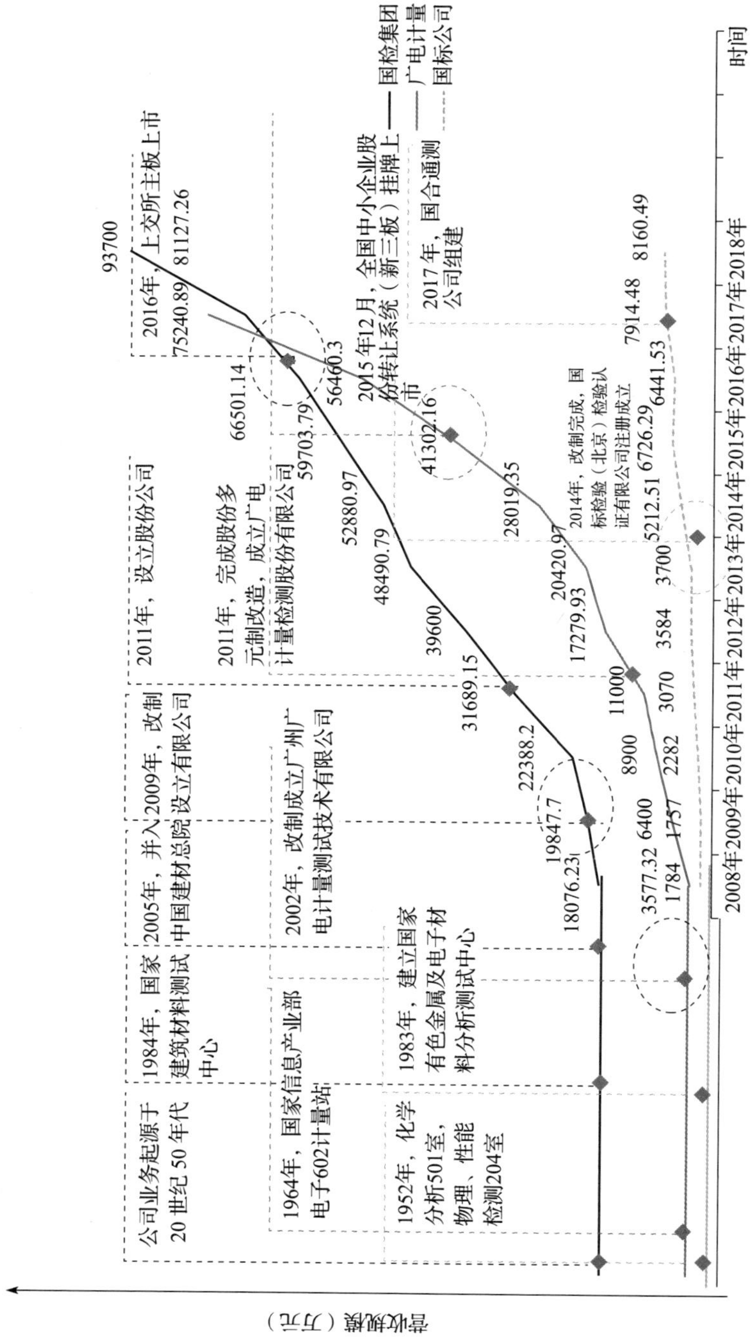

图5　国合通测与国检集团、广电计量发展历程对比

向，由技术来驱动大客户的开拓。依托一支由专家和骨干为核心的专业技术团队，深入调研大客户的技术需求，定制个性化的一站式技术服务解决方案，不断开拓行业内大企业客户。

3. 优化管理，加强保障

SGS 采取矩阵式管理模式以适应快节奏的并购，以事业部统筹区域，并以区域协调的形式进行管理；广电计量实行全过程质量管控体系，通过对全国各检测基地实验室进行不定期检查和组织实验室间比对等活动，积极推进质量信息化建设，实现全过程的数据化、模板化和标准化。

（四）国合通测公司内部诊断思路

为更好地分析和挖掘国合通测内部资源能力，厘清发展优势（S）与劣势（W），长城战略咨询开展了为期一个月的深入调研，共调研有研集团、国合通测及下属子公司的中高层管理人员及核心人员共 52 人。通过内部访谈调研与收集的客户资料分析，项目组形成了国合通测内部优劣势的主要诊断结论：

1. 专精于有色金属材料检测业务，处于该领域领先地位

国合通测全资子公司国标检验前身为成立于 1952 年的北京有色金属研究总院分析测试技术研究所，专精于有色金属材料检测 60 余年，管理并运营着国家有色金属及电子材料分析测试中心（1983 年由原国家科委批准建立）和国家有色金属质量监督检验中心（1985 年由国家质量技术监督局批准建立），并于 1992 年通过计量认证（CMA），2001 年通过中国合格评定国家认可委员会（CNAS）认可，处于有色金属材料检测领域领先地位。

2. 强大的专家团队和长期的技术积累带来的技术优势

国标检验有着扎实的技术积累和强大的专家团队，共有国务院特殊津贴专家 4 名，正副高级技术人员 57 名，国家注册 CNAS 评审员 17 名，博士学历专业技术人员 23 名。并拥有工业有色金属及半导体材料产品质量控制及评价实验室、国家有色金属产品质量公共服务平台、有色金属标准样品定点研制单位、有色金属失效分析行业重点实验室。强大的专家团队为其奠定了技术优势，在专利及各项科研成果方面均处于有色金属检测行业前列。

3. 控股股东有研集团带来的综合性实力和强大的品牌、技术等支持

国合通测控股股东有研集团在资金、品牌和技术上为国合通测提供强有力的支持。资金方面，有研集团 2017 年出资 4 亿元成立国合通测；品牌方面，国合通测借助有研集团的品牌，申请国家研究项目，与集团内各科研机构进行科研合作；技术方面，有研集团拥有 14 个国家级研究中心和实验室，能够为国合通测业务拓展提供相关服务。

4. 依托国家新材料测试评价平台，国合通测在整合新材料检测行业资源方面具备优势

2017 年 12 月，国合通测中标“国家新材料测试评价平台 – 主中心”。作为承建单位，承担平台管理和运营职能；负责组织技术开发和标准编制、服务能力建设、主中心建设、运营和数据中心建设、培训服务体系建设等；受工信部委托，组织区域中心和行业中心的申报、评审和管理等。国合通测作为新材料测试评价平台主中心的建设单位，拥有强大的政策、资金、设备资源优势。

5. 党的领导和国有企业综合性改革带来的内生发展动力

国合通测入选国有企业综合性改革“双百行动”，以全面加强党的领导、党的建设为引领，在混合所有制改革、推进股权多元化及探索中长期激励机制等方面享有政策的支持，为其成长为一个现代化的科技服务企业奠定了坚实的政策优势，为国合通测提供了内生发展动力。

6. 国合通测劣势简要总结

国合通测存在区域管理能力不足、业务结构较单一、人才潜力未充分释放及市场销售能力不足等短板。

（五）建立定期研讨机制，打磨概念设计方案

基于前期调研与研究，项目组形成了对检验检测行业发展现状、未来趋势的判断，以及大量标杆企业经验借鉴。调研结束后，项目组进行了概念设计，并与国合通测高层管理团队进行了首次头脑风暴会，讨论了行业发展特征与趋势，分析了内部资源能力。首次汇报后，双方达成一致，概念设计阶段建立每周一次的研讨机制，每周一项目组与国合通测高层就关键问题进行确认，

形成《国合通测战略规划讨论要点和问题清单》，并由长城战略咨询项目组提供研究和论证，双方共同探讨，反复打磨，最终形成了概念设计方案，明确了发展定位（见图 6）。

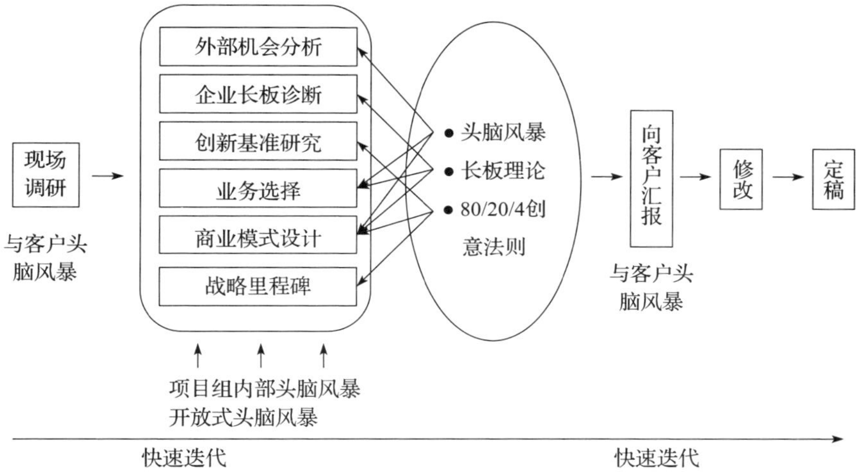

图 6　概念设计过程

该项目采用 GEI 典型的概念设计法，即通过与所内领导、所内外专家和客户进行不同层次的交流与沟通，最终提出具有创新性的项目方案框架（见图 7），并实现与客户就项目核心构想达成共识的目标。经过项目组与国合通测高层为期一个月的讨论和方案打磨，形成了《国合通测战略规划纲要》和《行业领域专题》《行业细分市场》《基准企业研究》《内部诊断》4 个研究子报告。

基于战略形势研判结果，运用 GEI 典型的 OSTW 研究分析方法，以抓机会、拉长板为主，结合宏观环境分析、行业分析结论，以及标杆企业研究结论，在多重机遇之下，国合通测可充分借助承担国家新材料测试评价平台建设任务的契机和“双百行动”带来的混合所有制改革机遇，充分发挥自身优势，快速发展，明确重点发展的检测材料类型与业务发展策略。

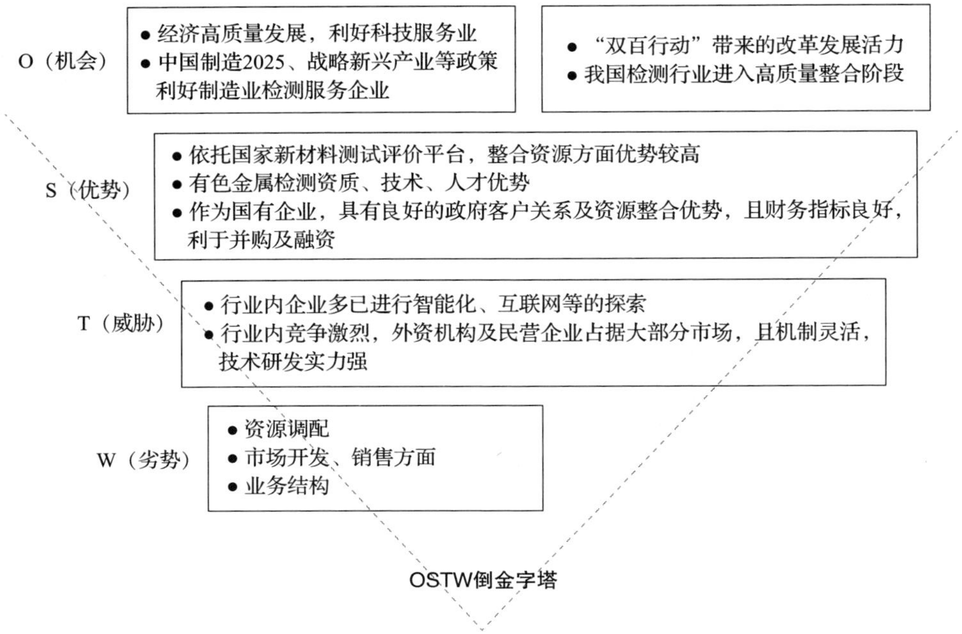

图 7　GEI“OSTW”倒金字塔分析框架

三、解决方案的设计框架

（一）战略定位

长城战略咨询组通过对检测服务产业链及横向行业的分解，提出国合通测四种可能的战略定位，并综合国合通测内部资源能力与四种定位下的市场发展潜力，论证其可行性（见图 8）。

战略愿景：成为国内领先的有色金属及其他金属材料全应用领域的平台服务商。

战略定位：快速做强金属材料检测业务，打造有色金属分析测试第一品牌，成为国内权威的第三方有色金属及金属材料检测机构。

（二）战略目标

因战略目标涉及商业机密，此处不予详述。

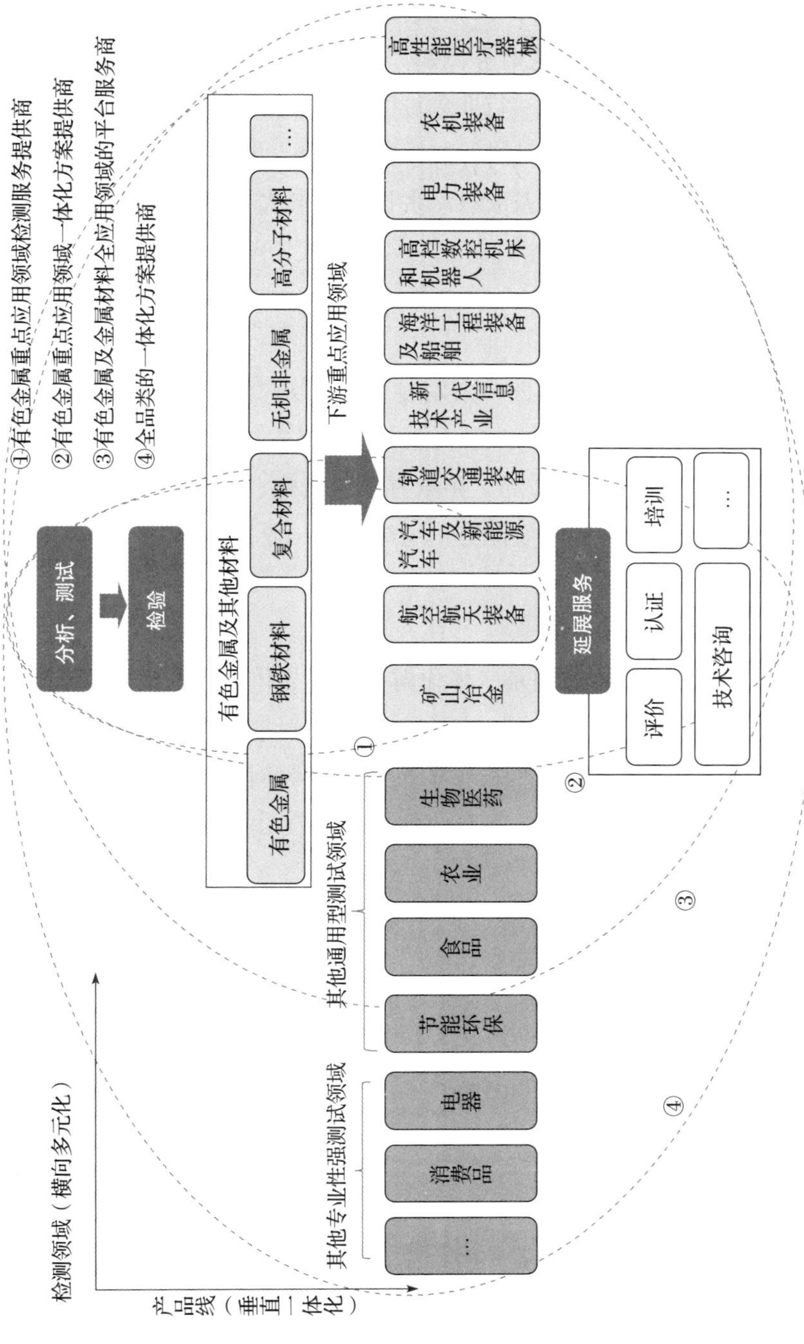
①有色金属重点应用领域检测服务提供商
②有色金属重点应用领域一体化方案提供商
③有色金属及金属材料全应用领域的平台服务商
④全品类的一体化方案提供商
分析、测试
检验
有色金属及其他材料
有色金属
钢铁材料
复合材料
无机非金属
高分子材料
…
下游重点应用领域
矿山冶金
航空航天装备
汽车 汽车及新能源
轨道交通装备
新一代信息技术产业
海洋工程装备及船舶
高档数控机床和机器人
电力装备
农机装备
高性能医疗器械
延展服务
评价
认证
培训
技术咨询
…
其他通用型测试领域
生物医药
农业
食品
节能环保
其他专业性强测试领域
电器
消费品
…
检测领域（横向多元化）
产品线（垂直一体化）
①
②
③
④

图 8　战略定位选择模型

为确保战略目标切实可行，长城战略项目组与国合通测高层建立了缜密的财务测算模型，并经过多轮财务测算、验证，最终形成五年内各子公司收入、利润数据，以及业务板块、行业领域的收入数据。

同时，建立了基于国家新材料测试评价平台主中心建设任务的融资需求及方案，确定了国合通测债权及股权融资比例、形式，并采用现金流折现法测算不同估值情况下的股权方案。

（三）战略发展思路

1. 实施思路

遵循“1338”发展思路，即一条发展主线（以有色金属和金属相关应用领域测试为核心，完成全国布局），三大业务架构（支柱业务、重点业务、培育业务），三个发展目标（全国布局、领域有限多元化、平台化），八项资源保障措施（管理型总部、主中心建设优势、组织结构、业务协同、资本运作、技术研发、人才保障、资质领先）。

2. 确定业务发展层次及重点

战略定位明确了国合通测是一体化解决方案提供者，面向目标客户群体，提供产品全生命周期的分析测试、评价、认证、培训、技术咨询等“一站式”服务，并确定支柱业务、拓展业务与培育业务，现阶段以支柱业务为基础，拓展业务为未来新的业务增长点，培育业务是未来公司业绩增长的重要补充。

3. 确定业务发展模式

明确目标客户群体特征，基于企业资源优势，确定主攻的市场方向及客户开发模式。

（四）领域和区域选择

检测行业领域和区域扩张的整体原则是：在国合通测前期业务稳定增长前提下，适时适度进行扩张。

1. 领域选择思路

领域布局方面，国合通测可根据资金及业务发展情况，伺机进入其他金属材料的应用领域，带来新的业务增长点，保障国合通测业务的持续发展。项目组确定了领域选择的逻辑，基于国合通测原有的在有色金属材料方面的优势，结合“中国制造 2025”重点发展的产业，选择了 10 个行业领域进行分析，从业务市场前景和业务发展能力两个维度对领域进行打分，并综合评定（见图 9）。通过对市场发展前景和内部发展能力分析，对伺机发展的行业领域进行评分，最终构建四个层面的领域拓展体系（见图 10）。

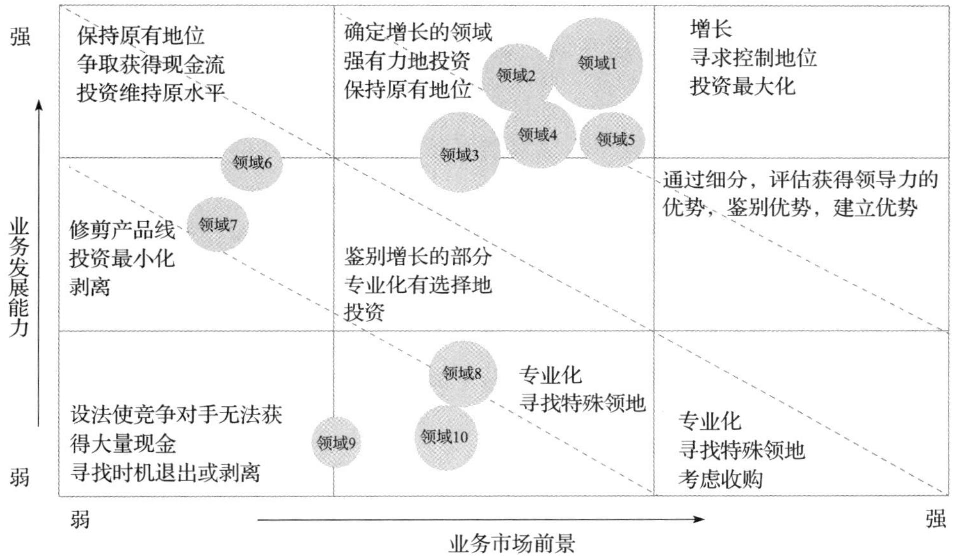

图 9　领域选择模型

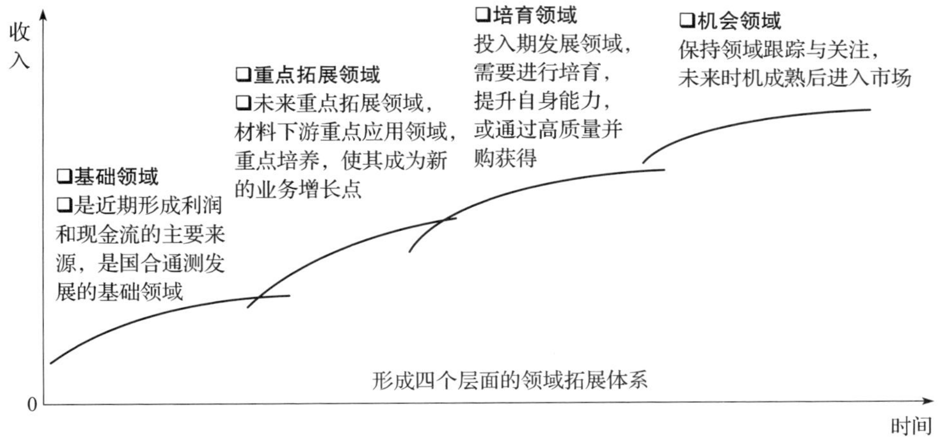

图 10　领域拓展体系构建示意图

2. 区域选择思路

区域布局方面，根据现有区域布局、业务开展及业务能力为基础，结合区域经济发达程度和产业成熟度，选择性进行全国布局，缩短服务半径，提升服务效率。建议区域布局分两个梯队进行（此处城市选择不详细展开）。

（五）业务发展路径

项目组与国合通测高层在研讨确定战略定位及目标后，召集多次会议，研讨确立战略规划落地的路径。最终基于客户开发策略、营销体系建设及服务能力提升三个方面进行国合通测业务发展路径设计，确保战略规划切实可行。

（六）战略保障

为保障战略规划顺利落地和实施，项目组建议国合通测完善组织保障和资源能力。一是组织保障层面，明确国合通测与主中心之间的关系，明晰总部职能定位及与子公司之间的关系，并进行组织架构的调整；二是从业务部门协同关系、投融资能力、技术研发能力、人才资源和资质资源角度加以提升。

四、项目实施成效与客户反馈

本着“与客户共同成长”的原则，项目运行期间，项目组深入客户内部，开展了广泛而深入的调研，精准把握客户需求。咨询过程中，客户既是项目的需求方，也是方案的重要建议方和落地实施方。前期项目组进行了大量的分析与研究工作，对国内外检测行业发展历程与趋势进行了深入分析与总结，并选取多家标杆企业研究，每周与客户进行研讨，并得到客户的好评，形成了指导其未来发展的业务规划与经营策略。为使规划方案更具有指导性和实操性，双方召开多次会议，进行方案的研讨和打磨，尤其是战略目标的制订过程，会同各业务部门、财务部，进行多轮测算和论证。

项目方案制订完成后，长城战略咨询项目组持续跟踪方案落地实施情况，并协助国合通测公司进行战略规划宣贯，从投资人、集团高层、分子公司中高层到普通员工，共举行了 6 次战略规划方案宣贯与解答会。

新兴际华集团管控优化项目

北京知本创业管理咨询有限公司　成方舟

北京知本创业管理咨询有限公司（以下简称知本咨询）是一家以管理技术为核心竞争力的管理咨询公司，汇集了由中国人民大学、北京大学等知名高校管理学研究专家与世界领先咨询机构高管共同组成的核心管理层和专家团队。曾获“2013 年度最受赞赏知识型企业”“2014—2018 年国内咨询公司 20 强企业”“2016 年值得信赖的中国管理咨询机构”“2018 年工信部国内咨询机构推荐名录”等荣誉。公司拥有以数百家大型企业为主体的客户群，是中国拥有最多原创管理技术的专业咨询机构之一。知本咨询在国企改革大数据方面已经有多年积累，重点跟踪政策发布机构、国有企业监管机构、国有产权交易所等动态信息，形成每日的国企改革情报跟踪监测能力，可以提供实时的国企改革最新动态信息。公司具有丰富的国企改革咨询经验，为数十家国有企业提供战略管理、管控模式、改革方案的项目咨询，服务的客户包括中海油集团、国机集团、新兴际华集团、国家电网等中央企业及其下属企业。

本案例项目组成员

成方舟，西安交通大学公共政策与管理学院研究生毕业，拥有丰富的企业管理咨询经验，包括陕文投集团“十三五”规划、陕鼓集团管控项目、西安工业投资集团有限公司战略发展规划项目、新兴际华集团管控优化等。擅长国有企业集团战略、制度、管控类项目设计，国有企业混合所有制改革与员工持股的方案设计。

其他成员：牛喜军、张军

导读

按照有关国有资本投资公司建设的相关政策要求，参考其他国有资本投资公司试点企业的成功经验，结合新兴际华集团的定位及发展目标，在广泛的内部调研基础上，总结形成了《新兴际华集团管控优化方案》，核心内容如下：

明确集团总部管控定位。基于产业高质量发展的要求，建设集团三级法人管控体制机制，明确各级主体责任：集团总部管资本运作，二级产业集团管资产经营，三级生产企业管生产运营。

集团总部治理机制优化。明确党委、董事会、经理层三个治理主体的工作定位，依据“科学划分治理主体权责，重大事项坚持集体决策”的基本原则，确定不同治理主体之间的权责边界，确定治理主体的沟通协调机制。

集团总部组织架构优化。贯彻三级管控体系中总部的定位要求，健全总部部室职能，建设总部部室队伍，提升总部部室能力；贯彻，按照国资委关于央企总部机关化问题专项整改要求，进行总部机关部室精简。

集团授权管理机制优化。按照国有资本投资公司的改革要求和授权管理的指导政策，匹配新兴际华集团的管控定位，明确了授权管理机制优化的重点：根据产业板块的行业特征、治理能力、管理基础进行下属企业分类，基于分类原则对具体事项和授权额度进行调整，定期评估二级产业板块的发展情况，调整授权。并对投资授权的管理机制进行了优化。

配套改革建议。建议新兴际华集团在管控之外进行系列配套改革工作，匹配国有资本投资公司定位和管控要求。

新兴际华集团管控优化项目

北京知本创业管理咨询有限公司　成方舟

一、项目的背景

（一）客户基本情况

新兴际华集团有限公司（以下简称新兴际华集团），前身为原总后生产及军需企业。目前作为国务院国资委监管的中央企业，是集资产管理、资本运营和生产经营于一体的大型国有独资公司。集团总部位于北京 CBD 财富金融中心。

新兴际华集团聚焦冶金、轻纺、装备、应急、医药、服务等板块。主要产品及业务包括球离心墨铸铁管及管件、钢格板、钢材、特种钢管、制造用钢、工程机械、纺织品、服装、染整、皮革皮鞋、橡胶制品、特种和专用车辆、油料器材、装具、医药及商贸服务等。

新兴际华集团系国家级创新型企业，是目前综合实力和技术水平位居世界前茅、产量销量居于世界首位的球墨铸铁管生产研发基地，世界最大的后勤军需品、职业装、职业鞋靴生产研发基地，国内最大的钢格板、高端纺织品生产研发基地；是外军军需品市场的主要采购、加工基地，拥有军需装备出口权；是国内首家获批将应急产业作为主业发展的中央企业；拥有国家级企业技术中心和军需品检测中心，拥有国家级企业博士后工作站。“新兴”和“际华”两大主品牌均跻身亚洲品牌 500 强。

新兴际华集团是首批董事会试点中央企业和首批国企深化改革试点单位。2018 年年底，新兴际华集团被纳入国有资本投资公司试点，实行三级法人体制。

（二）项目的需求

作为中央企业董事会行使高级管理人员选聘、业绩考核和薪酬管理职权试点单位之一，新兴际华集团持续推动改革创新，积累了丰富的改革经验，独具特色，始终走在国资国企改革创新前列。然而，随着市场经济形势的不断变化，改组成立国有资本投资公司工作中面临着各项问题和日趋复杂严峻的市场竞争环境，新兴际华集团领导班子上下敏锐地意识到自身亟须形成更加高效的管控模式。

在此基础上，新兴际华集团积极寻求突破，借助"外脑"，"开门"改革，经过深入全面调研、履行规范程序、科学审慎决策，确定了北京知本创业管理咨询公司作为管控改革咨询项目服务方，明确了改革"135"的核心需求：

首先，改革项目要思路明确。新兴际华集团管控改革，要深入贯彻国务院国资委关于国企改革顶层设计要求，结合国有资本投资公司建设目标、企业发展成长目标，以集团战略为引领，以管控优化为核心，坚持"发展出题目，改革做文章"的基本思路。

其次，改革项目要精准聚焦。一是聚焦发展方向，管控改革要服务于培育具有全球竞争力的世界一流企业，确立实体经济、科技创新、现代金融、人才团队协同发展的产业体系的整体目标；二是聚焦前进目标，管控改革要做到国家战略服务力提升，国有资本控制力提升，国际产业竞争力提升，国有资产增值力提升；三是聚焦主要问题，通过管控改革，系统解决做大实体经济的综合发展问题，突破产业转型升级过程中关键技术的"卡脖子"问题。

最后，改革项目要措施手段清晰明确，充分实施落地，具体包含了"能力筑基、路径引领、精准切入、重点突破、综合实施"五大举措。一是夯实基础，以做强实业根本、做优产业资本、做活专业人本为"发力点"；二是找准关键，以落实国企改革"1+N"文件精神为"金钥匙"；三是结合实际，以巩固培育铸管产业优势、恢复军需产业优势、培育新兴产业优势为"切入点"；四是抓住机遇，以中央企业"总部机关化"问题专项改革为"突破口"；五是明确原则，以综合运用改革措施，坚持市场化、扁平化、大部制、项目制为"大原则"。

（三）项目要实现的四大目标

管控改革项目的目标，从来不是埋首在制度流程文件的层峦叠嶂之间，更不是修订文件搭建高悬在上的“理想框架”，而应该是基于项目核心需求，扎根企业管理具体过程，通过深入调查企业发展中遇见的问题和困难，始于战略愿景，忠于改革初心，立于组织实际，行于发展道路，成于管理提升。

基于新兴际华集团的管控现状和问题，为满足未来的改革发展要求，通过管控体系优化，主要是要解决以下四大核心问题：

1. 管控定位

调整和明晰总部与下级公司的三层管控定位，明确各级管控主体的管控目标和模式，实现产业有序发展。

2. 治理优化

强化履职，明确责任。充分发挥党委领导作用和有效支撑董事会决策作用，聚焦经理层经营管理作用，规范治理机制，引领产业前进方向。

3. 组织建设

打造强总部，发挥职能管控作用，提升总部的管理指导、服务协调和专家支持能力，为实体产业发展持续输出价值。

4. 授权机制

依据国务院国资委对总部授权范围调整，根据产业板块发展阶段和行权能力，结合产业实际进行授权，调整权责划分界限，保证风险可控、活力充足。

二、项目的诊断与分析

（一）分析诊断的方法与过程

分析诊断过程中，采用了实地调研、访谈调研和文本分析的方法。项目团队走访了新兴际华集团下属所有二级企业，对各二级企业主要领导进行了调研交流，对 6 家三级企业生产车间、工作现场进行了调研。与总部全体领导班子成员、部室负责人约 30 位内部人员进行了沟通，就总部定位、现有管控问题、战略发展方向、考核评价方式、关键决策流程等问题进行了调研，针对不同访谈对象，事先准备开放式问题，根据交流内容灵活调整，获得了丰富的一手资料。

对客户提供的相关制度、领导讲话、年度总结进行了文本分析，与法律政策制度的要求进行对比，与具备相似背景的中央企业集团的管理经验进行对比，诊断新兴际华集团的管控中存在的共性问题与独特问题。

同时，针对重点问题，如党委会的前置研究流程、投资决策、股权代表考核方式、部门编制设置等问题，进行了专项研究，主要对比其他国有资本投资公司的管理经验，判断需要进行优化的主要方面。

（二）客户管控问题的诊断结论

通过前期深入调研访谈和资料研读，新兴际华集团目前在集团管控方面主要存在以下四个方面的问题：

1. 战略管控方面

集团总部在整体的发展战略规划方面控制力度不够，对二级板块战略管控不能完全落在实处。二级板块业务相互有交叉重叠，总部对二级板块的产业发展方向管控不足。

2. 总部治理方面

需要结合新时代、新要求和国资投资公司背景，明晰总部党委、董事会和经理层三大治理主体的决策权限和决策流程。

3. 管控能力方面

“小总部”模式在集团总部发展中发挥了一定作用，但对标高质量发展的要求，也产生了总部管控能力不足等问题，需要重新梳理总部管控模式，提升总部价值贡献能力。

4. 风险体系方面

总部缺乏整体性的风险规划，没有建立一体化的风险防控体系，产业运行监控、审计监督功能发挥不足。

三、解决方案的设计框架

（一）方案形成思路

依据国有资本投资公司相关政策要求，在充分借鉴对标其他试点单位经验的基础上，结合新兴际华集团实际情况，制订项目整体解决方案（见图 1）。

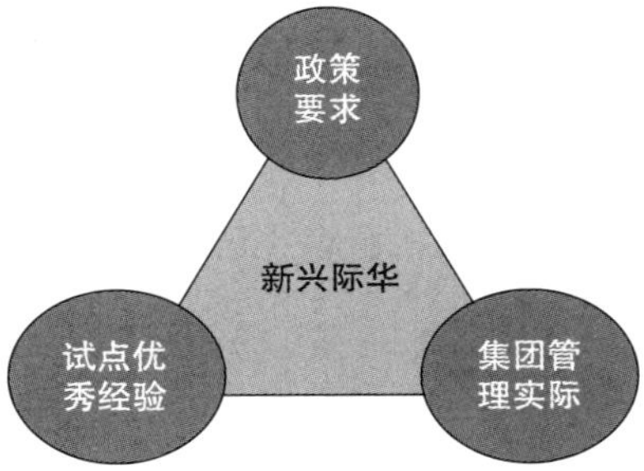

图 1　解决方案的形成思路

（二）项目“一纵一横一支撑”整体解决框架

1. 管控定位：形成集团三级法人功能定位及管控模式

基于国有资本投资公司功能定位要求，结合公司多元化协同发展管理需要，明确“集团总部－战略业务单元－生产经营单位”三级法人功能定位及管控模式。

集团总部作为资本层，承担战略决策、资本投资和风险防控三大主体功能，主要的功能体现在：发挥战略引领作用，把控产业投资方向，培育孵化新兴产业，促进产业板块协同，实现集团资源共享，切实紧抓风险管控等方面。其中，资本运作的管控要点包括以下几个方面：

（1）注意资本流动的调节：通过战略引导资本流动方向，规范资本流动过程。

（2）注重资本增值的实现：以强化投融资促进资本增值。

（3）把控不确定性的影响：通过全面监督来控制风险，通过强化管控来降低风险。

二级产业集团作为资产层，承担产业发展和资产整合功能，主要的功能是：产业发展实施主体，资源整合和资产配置，实施预算，项目管理和考核反馈。二级产业集团作为资产层进行资产经营的关注要点：

（1）以战略为引导。基于总部资本层的战略发展要求，明确自身资产经营的策略，配置资产，整合资源。

（2）组织资产流动。有序组织资产，开展投资和重组活动，形成产业聚焦态势，发挥规模效用和协同效用，以产业集团整体姿态高质量发展。

（3）全要素经营。资源资本化，盘活资产，多轮驱动，多角经营，将企业及其资产作为经营要素，对接市场，追求资产回报。

三级企业作为运营层，围绕产品投入、生产、销售、分配，着眼目标市场，以产品和服务为主要经营对象，以市场业务开展为导向，以生产流程优化为侧重，实现经营利润最大化。作为运营层，三级企业需要紧抓的核心功能主要是：

（1）管业务。基于资产配置现状，直接面对市场，通过对业务全过程的管控，做出敏捷反应，获取经营利润。运营层的权属关系受总部资本层的管控，生产资源和业务活动受产业集团资产层协同配置的影响。聚焦市场环境的分析研判，确保灵敏反应。投入生产要素，安排生产计划，组织与控制生产，控制质量与成本的控制，开展市场营销等。

（2）促协同。三级企业负责制定采购、生产和销售等具体的生产和市场活动计划，积极与同产业板块内其他运营主体进行协同，避免同质竞争，实现整体效率提升。打造产业“舰队”，提升整体利润回报。

（3）保生产。三级企业以生产作为企业发展的根基，将直接面对市场客户，通过持续提供优质的产品服务来获取市场回报，确保生产活动健康可持续发展。

2. 组织架构与总部职能：基于总部变强、突出核心的思路，优化集团总部组织结构及职能设置

结合新兴际华国有资本投资公司的总部功能定位，以总部变强、突出核心为思路，优化总部组织结构及职能设置。按照国资委关于中央企业总部机关化问题专项整治要求，进一步优化总部职能，强化总部管控，提升总部价值贡献，推动“小总部”向“强总部”变革，更好服从服务于高质量发展。主要设计思路如下：

（1）部门设置，以规范性要求为第一原则，遵照相关法律法规、文件精神，在党委领导下开展部门设置。

（2）采用大部制和一个部门、多块牌子的设置模式。除党委、纪委部门

外，设置6大部门，符合国资委关于中央企业去行政化的有关要求，留有进一步补充的空间。

（3）以强总部为原则，对标央企国资投资公司，优化部门设计和人员编制，促进总部职能管理和价值创造。

（4）明确部门在职能管理体系中的位置，强化沟通协调，匹配支撑机制。

（5）根据主要职能变化进行编制调整，按打造专业化职能服务、强化治理支撑的需求，根据职能调整内容、逐项增减。

3. 授权机制：基于动态评估的授权机制

在授权管理体系上，更加突出匹配管控定位，坚持“一企一策，分类授权”的原则，按照“投资权上移，经营权下移”的优化方向，进一步分类细化授权清单。各二级公司要依据调整后的管控定位、治理机制、组织架构和授权体系，做出自身相应的改革调整，协力提升集团整体管控治理效能，保障战略实施和预算执行。

根据对二级公司的分类方式，结合国资委对集团总部的授权范围，新兴际华集团总部对二级公司分别从人力资源管理、战略与风险管理、投融资与资产财务管理、经营管理四个方面开展授权范围调整和优化。

针对投资授权，对标其他主业相对集中、明晰、规模较大的中央企业，分析新兴际华集团现有投资授权状态和问题，提出相应调整建议，主要是对授权额度进行重新划分，体现产业与企业特点等分类依据。

4. 治理决策机制：理顺集团三大决策机构关系与权限分工

进一步明确党委在重大决策中的决定权、把关权、监督权，进一步明确董事会对重点工作的管控，强化专业委员会对董事会的支撑，进一步明确经理层对日常经营管理的聚焦，进一步落实领导班子成员的“职能管理”职责，在集团上下形成决策科学、执行坚决、监督有力的行权机制。

（1）进一步明确党委在重大决策中的决定权、把关权、监督权，对三类权利的事项范畴和实现程序进行梳理，并在此基础上，进一步明确领导班子的行权方式，由过去的分管板块模式向分管职能转换；同时，匹配党委重点工作会议机制，加强重大事项跟进与督办机制，实现党委对内部经营管理重点事项的整体领导。

（2）在党委领导下，优化集团领导班子行权方式。通过专业服务、职能管控的强化，发挥领导班子能力，打造强总部。

第一，结合总部职能管理体系，对集团总部领导班子进行分工调整，在集团总部与二级产业板块之间形成上下级职能间的管理联系。在集团领导班子领导下的职能部室，能够更好地发挥总部价值贡献作用，以职能服务的方式，促进产业高质量发展。

第二，要改善领导班子行权方式，促进“管职能”与“管产业”之间的平衡。一方面，班子成员直接分管职能部室，指导职能部门对相关职能工作进行研究统筹，对重点事项进行推进与控制；另一方面，通过职能管理职责的发挥，实现“管产业”，提升站位高度，加强对二级各产业的综合性调研，以强总部来有效管控并促进产业板块高质量发展，充分发挥各级主体的活力，实现权责利对等。

（3）在进一步明确国有资本投资公司的董事会管控重点的前提下，通过强化专业委员会对董事会决策作用的支撑，来实现董事会决策能力的提升。建立董事会听取经理层汇报的机制，定期听取经理层重点工作报告，对重大事项进行跟进和督导。

规范设置战略与投资、审计与风控、提名与薪酬考核等专业委员会，根据董事会管控重点，搭建董事会专业委员会体系，明确职责，规范构成，实现有效的决策支持。对关系到新兴际华全集团发展和管控的核心事项进行重点聚焦。

对专业委员会的关键职责进行界定。战略委员会的关键职责是：对长期战略规划进行研究和提供建议；对重大事项进行研究、提出建议，并落实检查；对集团整体发展战略的分解进行督导，并落实检查。审计风险委员会的关键职责是：提出外部审计机构的聘任建议和审计沟通；指导企业内部控制机制和制度建设，并实施监控；审核财务信息和内控制度；调查处理涉及经济问题的案件等。提名委员会的关键职责是：主要负责对公司董事和经理人员的资质和录用标准、遴选程序提出建议，对具体候选人提名和审议。薪酬考核委员会的关键职责是：薪酬政策、计划和方案的制订和实施监督；绩效评价标准、程序和主要评价体系的确定，对公司董事（除独立董事外）及高级管理人员的履职进行考评。

通过强化专业委员会作用的发挥，对董事会决策形成有效支撑。通过建立专业委员会办公室，实现董事会“长腿”，聚焦董事会应重点关注的发展关键问题。专业委员会办公室负责专业委员会和职能部门之间的协调，职能部门通过常设机构向专业委员会成员提供专业支持。

（4）强化经理层的执行作用，使经理层工作聚焦于日常经营管理，并保障经理层的经营自主权。依据《公司法》《董事会试点中央企业董事会规范运作暂行办法》《关于进一步完善国有企业法人治理结构的指导意见》《各管理层主要权责划分办法（集团公司版）》《“三重一大”决策事项清单》等法律、文件和公司内部制度文件要求。按照谨慎与效率相结合、权力与责任对等、重大经营问题集体决策的原则，在确保有效监控的前提下，明确界定董事会与经理层的职权范围界线。结合国务院国资委授权放权清单（2019年），以及新兴际华集团改革与发展需要，对董事会与经理层的职权范围进行梳理和界定。

（5）建设三大治理主体的沟通协调机制。

为有效发挥集团总部三大治理主体的职能作用，实现集团总部治理高效协同运转，需要建立起三大治理主体之间有效的沟通协调机制。主要包括：一是会议沟通机制，通过定期召开会议，党委、董事会、经理层成员共同对全局性、前瞻性、综合性问题进行研讨，广泛听取意见建议，凝聚各方共识；二是会议联动机制，在定位明确、程序规范前提下，有效协调会议议题和议程，缩减决策到执行的周期时间，提升管理实效；三是决策前充分讨论机制。针对重要专项议案，在正式会议讨论前，应以多种方式（会议或非正式沟通）听取各方意见，根据意见进行议案完善，提高议案的质量和决策效率；四是建立经理层工作汇报机制，定期向党委和董事会汇报决议执行情况和重点工作推进情况，提交书面报告或简报。

5. 风险防控与监管机制：围绕三条线健全监管机制

围绕审计监管、财务监管、纪检监察健全监管体系。

（1）审计监管。

针对二级上市公司的审计工作主要以评价职能为主，监督职能为辅。对非上市公司的审计工作应以监督职能为主，评价职能为辅，实施全方位、多层次的监督与审计。

（2）财务监管。

将财务监管贯穿计划、执行和结果评价的全过程，覆盖集团总部及其所属单位的各种业务和事项，并且关注重要业务事项和高风险领域。成立集团总部产业运行部，承担监控产业发展的职能，主要包括：对财务监管提供相应的信息和决策支持；参加经营分析会，并针对有关内容向经理层和资本财务部提出建议；参加预算沟通会，并针对会议有关问题向经理层和资本财务部提出建议。

（3）党委巡视与纪检监察监督体系。

建立巡视巡察上下联动的监督网，承接上级对巡视工作的任务和要求，指导二级公司对所属企业开展巡察工作。围绕党的政治建设、思想建设、组织建设、作风建设、纪律建设和夺取反腐败斗争压倒性胜利开展政治巡视，督促被巡视党组织强化管党治党政治责任，推动公司改革创新发展。

6. 优化股权代表（专职董监事）管理机制

结合授权及监督决策管理需要，健全股权代表（专职董事）队伍及配套管理体系。明确界定了股权代表的角色与作用，进一步规范股权代表任职资格和任免程序，界定股权代表的重点权限事项，优化了针对股权代表授权行权机制和考核办法。

（1）明确股权代表重点权限事项。

依据集团管控优化后分类授权相关权限，对以下5类决策事项按规定履职：投资项目、融资项目、资产与股权处置事项、对外捐赠或赞助、公司行使所投资企业股东权利所涉及的其他事项。

（2）股权代表管理办公室。

股权代表办公室主要负责对公司专职、兼职股权代表的履职服务和沟通协调，主要包括：提供办公必要的场地和条件，提供必要的履职保障，提供信息支持、文秘机要服务，负责股权代表在总部召集或参与的各类会议的会务服务，负责股权代表与党委、董事会、经理层、职能部门的统一沟通协调。

（3）建立派出董事、监事联席会议制度。

联席会议每年至少举行一次，由集团总部召集。派出董事、监事联席会议是集团总部所投资公司与集团总部进行信息交流的途径之一，派出董事、监事应当就总部所投资公司经营管理的热点和重点问题发表意见并听取他人意见。

（4）职能专业支撑机制。

总部层面：通过设立规范制度，建立机制，强化沟通，从职能专业层面支持股权代表开展研究，进行决策。

战略投资部：在战略规划、投资项目等方面积极与股权代表开展沟通，贯彻集团战略思路，研讨战略分解和投资项目等具体事项。

产业运行部：支持股权代表开展产业运行发展相关研究，提供必要的职能信息和人力支持，就二级产业集团运行事项开展对接沟通。

资本财务部：及时向股权代表反馈二级资本财务运行状况与结果，支持股权代表履职。

7. 经理层考核机制：在授权基础上优化经理层考核机制

在保证股东合法权益的前提下，按照中国特色现代国有企业制度的要求，“充分发挥党组织的领导作用、董事会的决策作用、经理层的经营管理作用”，明确经理层的“根据董事会授权负责国有资本日常投资运营”的职责定位，建立科学合理的董事会对经理层的授权制度。

对经理层考核的基本原则：坚持党管干部与企业治理结构规范运作双重要求。

经理层考核的工作要点：根据职能管理的要求开展考核工作。考核主体：董事会、提名委员会、薪酬绩效委员会；职能支撑部门：党委组织部（人力资源部）、战略规划部、产业运行部、资产财务部等职能部门；考核方式：全面绩效考核＋重点业务事项考核；经理层不再分管产业板块业务，结合全集团业绩指标进行考核，根据考核周期内各分管领导分管的职能工作事项的难度/重要性、对集团整体业绩提升的贡献度、职能战略与集团当期总体战略的契合度来确定权重；考核重点业务事项的执行完成情况包括重点投融资项目、创新项目、改革项目等；考核结果：考核结果与薪酬挂钩，根据职能工作特征，在绩效奖励部分体现差异化，开展重大专项工作奖励。

四、案例项目评估和绩效说明

（一）项目总结

新兴际华集团管控优化项目能够结合政策要求、行业经验、理论知识与新兴际华集团的管理实践，提出新兴际华集团落实党中央、国务院各项改革工作要求的具体行动方案。方案对国企改革的一系列政策把握准确，能够针对企业的现实管控困境提出有针对性的解决方案，项目成果有助于促进新兴际华集团以集团管控模式的优化，以及在集团管控过程中的持续贯彻，带动集团整体的高质量发展。

项目成果明确了管控整体结构的优化方向，从管控定位、治理主体关系定位、组织结构调整、授权管理机制优化等几个方面进行了管控模式的梳理优化，并针对投资授权、经理层考核、股权代表管理等专项工作形成优化建议。项目成果内容完整、可操作行强，对解决新兴际华集团整体发展中存在的一些管理问题，能够提出有效、可行的解决建议。

（二）解决方案实施效果

根据项目解决方案的建议，新兴际华集团在 2019 年 12 月调整了总部职能、机构、岗位，优化部门和人员设置；制订完善了总部权责事项清单、总部授权放权清单，对二级产业集团加大放权、授权力度；完善了集团投资项目管理办法，修订了投资管理的流程并匹配必要管理机制，优化了审批流程，提升了决策效率，强化了对投资风险的事前控制、过程控制。

2019 年，新兴际华集团全年实现净利润同比增长 17%，EVA 同比增加 1.13 亿元，资产负债率低于国资委考核指标 4.91 个百分点，主业发展更为聚焦，产业生态更为优化，集团整体管控能力提升，创新驱动能力也进一步提升。在新冠肺炎疫情的防控工作中，新兴际华集团彰显了国企本色，充分发挥了国企资源保障的作用，集团相关企业以战时状态全力转产扩产防护服，药品企业积极研发关键药品；同时整合力量，积极筹建国家级医疗物资产品储备和产能储备基地，融入国家医疗物资储备体系。

A 单位内部控制体系建设项目

中财光大（北京）管理咨询有限公司　苏阳

中财光大（北京）管理咨询有限公司（以下简称中财光大）是专业从事管理咨询业务的公司，总部设在北京，下设有政策与课题研究部、信息数据部、市场开发部、培训部、客户维护部、人力资源部、咨询四部、办公室、财务部等部室。主要业务范围涵盖企业管理咨询、企业策划、投资咨询、经济贸易咨询、公共关系服务、教育咨询等领域。重点围绕以下业务展开：企业发展战略、人力资源管理、绩效管理与常年绩效评估、薪酬福利管理、品牌营销、营销管理、财务管理、税务管理、供应链管理、资产并购重组及企业改制、法人治理机制构建、管理制度体系规范、分支机构管理标准化、内控体系建设、流程信息管理、集团管控、企业办公及项目管理系统、股权投资与管理、尽职调查、组织管理综合诊断、外派长年顾问、企业文化、教育培训等业务。可按客户要求为其提供有关方面的定制咨询服务与运营管家式管理服务，并受托承担对所有新三板企业在全国及各省市、相关行业所处的位置情况进行排名，定期向社会进行权威发布。

本案例项目组成员

苏阳，中财光大管理咨询部项目经理，中国注册会计师（CPA)、国际注册内部审计师、中级审计师。具有多年管理咨询经验，先后主导参与央企、大型国有企业、上市公司、行政事业单位的内部控制体系建设，行政事业单位及企业内部管理制度的设计，内部控制评价及风险管理等企业活动。

其他成员：刘英斌、赵鲁生

导读

A单位经省编办、市编办同意，于2011年4月22日正式批复组建，为市政府直属事业单位。主要职责：负责城市轨道交通及铁路工程项目的规划与设计、征迁与建设、资金筹措、运营与管理及工程沿线综合开发工作。

为提升A单位的管理水平，确保单位各项工作规范、有序地开展，最大限度地减少或规避风险，按照有关政策要求，建立统一、规范和有效的内部控制体系。根据行政事业单位内部控制有关文件要求，对内部控制体系建设的各项工作内容进行了深入分析，制定了《内部控制建设实施方案》，方案中明确内控体系建设的工作流程及方法，包括项目准备阶段、风险评估、流程梳理及优化阶段、制订手册及验收阶段。

项目准备阶段的重点工作内容为：成立领导小组和工作办公室，制订工作方案，开展内部控制规范宣传和培训。

风险评估阶段重点工作内容为：查找风险点，提出风险控制措施，风险评价，综合评估风险。

流程梳理及优化阶段的重点工作内容为：确定流程目录，绘制业务流程图，识别流程中的风险点和关键控制点，形成风险控制矩阵。

制订手册阶段的重点工作内容：制定并完善《内部控制管理手册》和《内部控制评价手册》。

验收阶段的重点工作内容：组织项目验收，并根据专家意见进行修改和试行。

通过以上工作，制定《内部控制管理手册》和《内部控制评价手册》，以此作为建立、执行、评价、检查单位内部控制体系的指导和依据。

A 单位内部控制体系建设项目

中财光大（北京）管理咨询有限公司　苏阳

一、项目概况

（一）A 单位基本情况

A 单位经省编办、市编办同意，于 2011 年 4 月 22 日正式批复组建，为市政府直属事业单位。主要职责：负责城市轨道交通及铁路工程项目的规划与设计、征迁与建设、资金筹措、运营与管理及工程沿线综合开发工作。

2012 年 3 月，经市委研究，同意成立中共 A 单位委员会，隶属市委、市直机关工委管理。目前，单位内设机构为 6 个，分别为综合办公室、财务科、审计科、规划发展科、工程建设科（安全生产监督管理科）、总工办。拟设立 3 个，分别为机关党委（机关纪委）、对外联络科、秩序维护科。

（二）A 单位的咨询需求及目标

1. 外部监管要求

（1）财政部下发的《行政事业单位内部控制规范（试行）》（财会〔2012〕21 号）；

（2）财政部《关于全面推进行政事业单位内部控制建设的指导意见》（财会〔2015〕24 号）；

（3）《行政事业单位内部控制报告管理制度（试行）》（财会〔2017〕1 号）。

2. 内部管理要求

为提升 A 单位的管理水平，确保单位各项工作规范、有序地开展，最大限度地减少或规避风险，按照财政部《行政事业单位内部控制规范（试行）》，建立统一、规范和有效的内部控制体系，制定《内部控制管理手册》和《内部控制评价手册》，以此作为建立、执行、评价及检查单位内部控制体系的指导和依据。

二、项目总体思路

财政部《行政事业单位内部控制规范（试行）》明确规定：内部控制是单位对经济活动的控制，是指单位为实现控制目标，通过制定制度、实施措施和执行程序，对经济活动风险进行防范和管控。

依据行政事业单位内部控制相关规定，结合A单位自身情况及特点，以单位预算为主线，以资金、资产管理为中心，针对具体的预算收支等经济业务，梳理工作流程，明确业务环节，系统分析经济活动风险，确定风险点，选择风险应对策略，并在此基础上依据国家有关规定，建立健全各项管理制度，督促相关人员认真执行，全面提升内部综合管理水平。

内控体系建设项目组制定的A单位内部控制体系，以及建设项目的总体思路如下：

（一）控制目标

内部控制是单位履行职能、全面完成各项任务的重要保障。为做到自我约束和规范，控制目标为经济活动合法合规，各项资产安全和使用有效，会计信息真实、完整、可靠，提高资金使用效率，加强反腐倡廉。

（二）实施范围

内部控制规范实施的范围为单位所有科室。充分利用已经开展的科学化、精细化梳理工作和廉政风险防范工作等已有成果，结合内部控制工作的具体要求，追踪资金的具体流向，建立健全各项规章制度。

（三）项目工作步骤

内部控制体系建设工作从2018年9月中旬开始，至2018年11月中旬完成，分为项目准备、风险评估、流程梳理及优化、制订手册和成果验收五个阶段。

1. 项目准备阶段

在这一阶段，内控体系建设项目组与A单位成立内部控制体系建设领导小组和工作组，明确内控建设工作的领导、组织、执行工作的分工和责任，制订并下发内部控制体系建设实施工作方案，制订工作任务及进度安排。

组织召开内控体系建设项目启动会，开展高效的宣传培训工作，培养员工的内控意识。在此过程中，单位领导充分发挥主导作用，以身作则，为 A 单位营建良好的内部控制环境。

2. 风险评估阶段

项目组收集整理各科室的业务流程（包括流程图和流程说明）、制度、岗位职责等相关资料，针对梳理出的流程、制度、岗位职责等，结合实际执行效果查找风险点，提出风险控制措施，并对现行流程和制度的设计合理性、运行有效性做出判断，综合评估整体风险。同时，对风险评估的组织方式、评估频率、启动条件、关注重点等进行设计，形成风险评估机制。

3. 流程梳理及优化阶段

项目组通过访谈、审阅文档及问卷调查等方式，梳理、设计或优化流程，确定流程目录，绘制业务流程图，明确各业务流程运行标准和运行授权。同时做到制度与流程相匹配，主要业务环节及岗位职责要明确。

在流程梳理的基础上，项目组根据行政事业单位内部控制基本规范的要求，结合 A 单位的实际情况，识别流程中的风险点和关键控制点，对内部控制梳理结果和流程图中的风险点和关键控制点进行描述和记录，形成风险控制矩阵。

4. 制订手册阶段

制定《内部控制管理手册》和《内部控制评价手册》。汇总整理单位层面和业务层面的内控流程，以及风险评估、内部监督和评价等资料，明确单位层面和业务层面的内控要求，形成各部分的内部控制规范文件。

5. 成果验收阶段

组织专家对《内部控制管理手册》和《内部控制评价手册》进行审核验收，根据专家咨询组建议和内部反馈意见进行修改，报领导小组审核后试行。根据复核结果和试行反馈意见修改《内部控制管理手册》和《内部控制评价手册》并正式发布实施。

三、项目实施的原则

（一）全面性原则

内部控制应当贯穿单位内部各经济业务活动，并将业务处理过程中的风险控制要求落实到决策、执行、监督等各个环节。

（二）重要性原则

在全面控制的基础上，重点针对单位重要业务、重要事项、高风险领域和高危险环节采取更为严格全面的控制措施，确保不存在重大缺陷和错漏。

（三）制衡性原则

内部控制应当在单位内部的科室管理、职责分工、业务流程等方面形成相互制约和相互监督机制。

（四）适应性原则

内部控制应当与单位的规模、业务范围和特点、风险水平及所处具体环境等相适应，并随着国家和本省的有关工作要求，以及内外环境的变化及时加以调整。

四、项目实施的内容

此次内部控制体系建设项目根据《行政事业单位内部控制规范（试行）》及A单位的内部管理制度，围绕单位层面内部控制及业务层面内部控制中的预算业务控制、收支业务控制、政府采购业务控制、资产控制、建设项目控制及合同控制，结合A单位实际管理需求，对A单位现有业务管理流程进行梳理，同时遵循全面性原则和重要性原则，对内部控制体系建设项目的实施内容进行确定。内控体系建设项目内容如表1所示。

表1　内控体系建设项目内容列表

内控要素		建设内容
单位层面内部控制		建立健全工作职能及工作机制、内部控制关键岗位责任制、风险管理机制
业务层面内部控制	预算业务	建立健全预算编制、审批、执行、决算与评价等预算内部管理制度，建立预算编制、预算执行、资产管理、人事管理等部门或岗位的沟通协调机制，提高预算编制的科学性，建立预算执行分析机制和全过程预算绩效管理机制

续表

内控要素		建设内容
业务层面内部控制	收支业务	建立健全收支管理制度、票据管理制度和支出管理制度
	政府采购业务	建立健全政府采购预算与计划管理、政府采购活动管理、验收管理等政府采购管理制度
	资产管理	建立健全货币资金、实物资产、无形资产等内部资产管理制度；建立健全货币资金管理岗位责任制；加强对银行账户的管理和资金的核查；对资产实施归口管理，建立资产台账，加强资产的实物管理
	建设项目	建立健全建设项目内部管理制度、与建设项目相关的议事决策机制、与建设项目相关的审核机制；依据国家有关规定组织建设项目招标工作；加强对建设项目档案的管理
	合同管理	建立健全合同管理制度；建立财会部门与合同归口管理部门的沟通协调机制，实现合同管理与预算管理、收支管理相结合；建立合同履行监督审查制度

五、内控体系建设项目的准备阶段

（一）制订内部控制体系建设工作实施方案

中财光大项目组根据A单位实际情况制定了详细的、具有可操作性的《内部控制体系建设工作实施方案》。内控实施方案主要包括：控制目标、实施范围、实施原则、工作任务、基本要求、组织方式及职责、工作准备、风险评估、流程梳理或流程再造、制度完善要求、制订内控手册内容及要求等。A单位主任办公会审议通过并下发《内部控制体系建设工作实施方案》。

（二）组建内控建设工作组

按照实施方案要求，成立了内部控制体系建设领导小组和工作组，由工作组和各科室风险管理工作联系人组成，工作组成员包括各科室人员和中介机构人员，工作组和各科室的联系人形成联动机制，工作组成员具有独立性、客观性及专业胜任能力，能够专业、及时地开展内控体系建设工作。

领导小组是单位内控体系建设的最高权力机构，全面负责单位内部控制规范体系建设工作的实施。领导小组负责贯彻行政事业单位内部控制规范的各项要求，推进单位内部控制工作，批准单位内部控制规范实施方案等相关文件，研究解决试点工作中出现的重大问题，探索建立适合单位实际情况的内部控制体系。

领导小组下设工作组，负责起草工作方案、简报、总结等文件，组织内部控制学习和培训，收集整理内部控制相关资料，负责预算控制、收支控制、政府采购控制、资产管理、合同管理、建设项目控制的业务梳理和整改；负责确认部门职能、岗位职责；负责开展关键岗位人员管理、轮岗管理；负责开展风险评估、内部控制评价业务的梳理和整改，查找风险点并编制风险清单，评估分析风险发生概率和风险等级，制订风险应对策略及管控措施，编制《内部控制管理手册》和《自我评价手册》。

（三）开展内部控制规范宣传和培训

召开内控体系建设项目启动会暨培训会，单位全体人员和中财光大咨询项目组成员参加。会议就内部控制体系建设项目做动员，并就行政事业单位内部控制规范及单位内部控制体系建设工作实施方案，向与会人员做了宣讲和培训。单位领导班子、内部控制体系实施机构成员主要学习内容包括：内部控制规范的理论、原则、控制基本方法、风险评估程序、风险管控措施、自我评价要求等；单位非内控管理部门及其他人员主要学习内容包括：内部控制规范体系建设的重要意义、个人在内部控制规范中的作用、控制的基本方法、流程梳理及风险查找方法。内控体系建设项目正式启动。

（四）制订工作任务及进度安排

内控体系建设项目组根据A单位的规模、业务模式及领导要求，制订内控体系建设项目的工作任务，并对时间节点进行安排，如表2所示。

表2 工作任务及进度安排表

工作任务	时间安排
项目准备工作	2018年09月10日—09月13日
风险评估	2018年09月14日—09月27日
流程梳理及优化	2018年09月28日—10月11日
编制手册	2018年10月12日—10月30日
验收交流	2018年10月31日—11月12日

六、内控体系建设项目的风险评估阶段

（一）资料、信息收集

内控建设项目组广泛、持续不断地收集与 A 单位风险和风险管理相关的内外部初始信息及资料，包括各类制度、文件、报告、历史数据、通知和表单等相关资料，重点收集预算管理、财务收支、政府采购、资产管理、建设项目及合同管理等方面的信息。项目组按照分工，对上述资料进行研读和梳理，了解和判断 A 单位内部控制工作流程是否顺畅，内控执行是否存在缺陷。

（二）风险识别

风险识别是指查找单位各项重要经济活动及其重要业务流程中存在的影响控制目标实现的风险和机遇的过程。风险识别的主要方法有小组讨论、访谈、问卷调查、案例分析、征求专家意见等。项目组通过人员访谈、问卷调研等方式了解单位的风险管理工作现状，识别 A 单位的风险事件。

1. 开展单位全员摸底调查。

在内控培训的基础上，项目组设计了 A 单位内控调查问卷，调查问卷主要包括控制环境、风险评估、控制活动、信息与沟通、评价与监督 5 个部分的内容。调查问卷要求单位全体员工逐人填写并全部回收。项目组对调查问卷进行汇总，逐项进行内容分析。

2. 开展内部控制访谈调研。

项目组对单位领导班子成员、各主要部门负责人和重要工作岗位人员开展专题访谈调研工作，全面了解单位一把手和班子成员对内控管理的设想、对单位管理现状的分析、对管控措施的希望和建议。同时安排专人对获得的访谈记录进行分析，协助查找单位内部的管理风险和薄弱环节。

项目组根据调查问卷分析和访谈记录分析，认真研究并确定内部控制体系建设实施的工作重点，分别从单位层面、业务活动层面动态识别影响单位目标实现的各种不确定性因素。

具有负面影响的因素代表风险，需要对其分析和提出应对措施；具有积极影响的因素代表机遇，在制订目标和政策实施过程中对其加以考虑并合理利

用。项目组通过分析、整理相关风险，并根据单位具体情况及外部政策的变化，不断进行修订和完善，最终确定A单位的风险清单，如表3所示。

表3　风险清单（部分节选）

一级风险	二级风险	风险事件现状描述
单位层面风险	内部控制工作组织	未确定内部控制职能部门或牵头部门，导致内部控制工作无法开展
		单位各部门在内部控制中未建立沟通协调和联动机制，导致内部控制无法有效执行
	内部控制机制建设	经济活动的决策、执行、监督未能有效分离，导致出现利益冲突，影响内部控制整体有效性
		内部机构权责不对等，导致无法履行职责或者职权被滥用
		未建立健全议事决策机制，导致决策失误
		未建立健全岗位责任制，导致职责不清
	内部管理制度风险	未建立健全内部监督机制，导致缺乏有效监督，控制执行不到位，甚至出现舞弊行为
		内部管理制度不健全，导致经济业务活动无章可循
		内部管理制度未得到有效执行，导致单位蒙受经济损失或者名誉损失

（三）风险评估

项目组采用定性与定量相结合的方法进行风险评估。定性方法包括：问卷调查、集体讨论、专家咨询、情景分析、政策分析、由专人主持的工作访谈和调查研究等；定量方法包括：统计推论、计算机模拟、失效模式与影响分析、事件树分析等。在进行风险定量评估时，应当统一风险度量和度量模型；在运用风险坐标图对多项风险进行比较时，应确定风险排序的方法。

识别风险后，采用定量及定性的方法对风险进行分析，分析的内容主要有：风险发生的可能性（频率或概率）、风险可能产生的影响、确定风险的重要性水平。

1. 风险影响程度

风险影响程度是指风险事件的发生对单位所造成影响的广度与深度，对于风险影响程度也可划分为五个级次，分别为极低、低、中等、高、极高，依次对应1至5分。对风险事件所造成的影响主要从财务收支、日常管理、法律法规的遵循三个方面考虑。考虑财务损失时采用定量的方法，以造成损失的金额大小为参照指标，确定风险影响程度的级别；考虑日常管理与法律法规的遵循时采用定性的方法，确定风险影响程度的级别。风险影响程度评估标准如表4所示。

表4　风险影响程度评估标准

评估方法	评估标准	极低	低	中等	高	极高
		1	2	3	4	5
定量方法	财务方面的损失金额	轻微的财务损失，小于1万元	较低的财务损失，1万到5万元	中等的财务损失，损失在5万至10万元	重大的财务损失，损失在10万至100万元	极大的财务损失，大于100万元
定性方法	日常管理方面	对单位日常管理或单位的控制目标有轻微影响，情况立刻得到控制	对单位日常管理或单位的控制目标有轻度影响，风险经过内部协调后得到控制	对单位日常管理或单位的控制目标有中度影响，风险需要外部支持才能得到控制	对单位日常管理或单位的控制目标有严重影响，情况失控，但对单位无致命影响	对单位日常管理或单位的控制目标有重大影响，情况失控，给单位带来致命影响
	法律法规的遵循方面	可能存在轻微的违反法规的问题	违反法规，伴随着少量的罚款或诉讼的损失	违反法规，导致监管部门、司法机构的调查或诉讼，伴随着一定的罚款或诉讼的损失	严重违反法规，导致监管部门、司法机构的调查和重大的诉讼，伴随着较大的罚款或诉讼的损失	严重违反法规，导致监管部门、司法机构的调查和重大诉讼，面临行政、经济处罚或非常严重的集体诉讼

2. 风险发生的可能性

对风险发生可能性的分析可以根据风险的具体情况，采用定性及定量评估方法，定性方法主要从日常管理中可能发生的潜在风险、大型灾难或事故的风险两个层面进行分析并确定不同风险的可能性尺度；定量方法主要是以通过历史数据统计出一定时期内风险发生的概率作为标准进行评估。按照定性与定量的分析方法将风险发生的可能性划分为五个级别，分别是极低、低、中等、高、极高，依次对应1至5分。风险发生的可能性评估标准如表5所示。

表 5　风险发生的可能性评估标准

评估方法	评估标准	极低	低	中等	高	极高
		1	2	3	4	5
定性方法	针对日常运营中可能发生的潜在风险	一般情况下不会发生	极少情况下才发生	某些情况下发生	较多情况下发生	常常会发生
	适用于大型灾难或事故	今后 10 年内发生的可能少于 1 次	今后 5 ～ 10 年内可能发生 1 次	今后 2 ～ 5 年内可能发生 1 次	今后 1 年内可能发生 1 次	今后 1 年内至少发生 1 次
定量方法	适用于可以通过历史数据统计出一定时期内风险发生概率的风险	发生概率为 10% 以下	发生概率为 10% ～ 30%	发生概率为 30% ～ 70%	发生概率为 70% ～ 90%	发生概率为 90% 以上

3. 风险坐标图

风险坐标图是把风险发生可能性的高低、风险发生后对控制目标的影响程度作为两个维度绘制在同一个平面上（即绘制成直角坐标系）。我们通过定性及定量评估方法对单位风险进行了评估，绘制了单位的风险图谱，如图 1 所示。

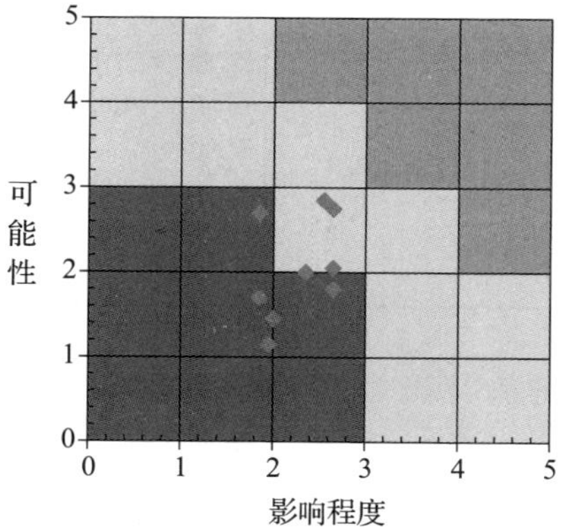

图 1　风险图谱

绘制风险图谱的目的在于对多项风险进行直观的比较，从而确定风险管理的优先顺序和策略。风险发生的可能性与风险的影响程度作为两个维度，在风险图谱中可将识别的风险划分为极低、低、中、高、极高五个区域。项目组通过风险图谱分析，对所有风险进行排序，以此判断各个风险的重要性等级和风险等级。

风险评估工作结束后，项目组对 A 单位的风险管理现状进行了归纳总结，出具了《风险评估报告》。在报告中对工作过程中发现的问题进行了分析、总结，提出了针对性的改进建议，同时建立了 A 单位的风险评估工作机制、风险评估工作程序及风险应对策略。

七、内控体系建设项目的流程梳理及优化阶段

（一）确定流程目录

项目组在综合考虑 A 单位风险评估阶段识别出的主要风险以及《行政事业单位内部控制基本规范（试行）》的要求，并结合 A 单位的业务性质，确定了纳入内部控制体系范围的主要业务环节，确定了 A 单位的业务流程目录。

流程目录分为一、二、三、四级流程，一级流程共 6 个，包括预算业务管理、收支业务管理、采购业务管理、资产管理、合同管理、建设项目管理，并根据各流程的复杂程度，逐级细分出二、三、四级流程，如表 6 所示。

表 6　业务流程目录（部分节选）

流程编号	一级流程	二级流程	三级流程	四级流程
GDB01	预算业务管理			
GDB01.01		预算的编制与审批		
GDB01.02		预算的追加调整		
GDB01.03		预算的执行与分析		
GDB01.04		预算的决算与考评		
GDB02	收支业务管理			
GDB02.01		收入管理		
GDB02.02		支出管理		
GDB02.02.01			支出申请与资金支付	
GDB02.02.02			借款与差旅费管理	
GDB02.03			银行账户管理	

（二）绘制业务流程图

在业务流程目录确定后，项目组通过访谈、审阅文档或问卷调查等方式

梳理流程，绘制业务流程图初稿，对现有管理流程和业务流程进行细致描述，并对流程图进行编号。在对现有流程进行梳理、绘制的基础上，根据本单位内控管理的实际需要，对必须调整的工作流程进行再造，以达到“合理保证单位经济活动合法合规，资产安全和使用有效，财务信息真实完整，有效防范舞弊和预防腐败，提高公共服务的效率和效果”的控制目标，经过与各流程负责人及相关业务人员的反复探讨和修改后，绘制业务流程图定稿，明确各业务流程运行标准和运行授权，同时做到制度与流程相匹配，明确主要业务环节及岗位职责。

（三）编制风险控制矩阵

在流程梳理的基础上，项目组根据行政事业单位内部控制基本规范的要求，结合A单位的实际情况，识别流程中的风险点和关键控制点，在对应的业务流程图中进行标记，同时对内部控制梳理结果和流程图中的风险点和关键控制点进行描述和记录，制订控制措施，明确控制类型和控制频率，形成风险控制矩阵（见表7）。

八、内控体系建设项目的手册编制阶段

根据确定的业务流程图、风险点和控制措施，组织人员编制《内部控制管理手册》和《内部控制评价手册》，并报内部控制领导小组审核批准。

《内部控制管理手册》是一种程序性文件，是单位内部控制体系建设的重要步骤，对指导单位各科室内部控制体系建设、促进单位各项职能活动进一步规范、增强风险防范能力等方面，具有重要意义。

《内部控制管理手册》的结构一般包括：总则、风险评估、内控流程、控制矩阵、权限指引、评价与监督、附件等内容。

总则主要包括：编制说明、内部控制总体架构与控制目标、编制原则、概念术语等总体要求；

风险评估主要包括：风险评估的工作机制、风险评估的内容、风险评估的程序与风险应对、风险控制等内容；

表 7 风险控制矩阵（部分节选）

流程编号及名称	控制目标	风险描述	控制点编号	控制措施	控制类型	控制文档/证据	控制频率	控制制度
GDB01.01预算的编制与审批	确保单位预算管理在财政部门预算管理的整体框架和要求范围内，并结合自身业务特点编制本单位预算	由于预算编制准备不充分，对全年工作缺乏充分的预测和详细的规划，预算编制程序不规范、编制方法不科学，可能导致预算编制效率低下、数据不准确	1.1	财务科预算管理员根据政府财政部门下发的编制预算通知，部署预算编报工作。各业务科室积极配合预算编报工作，根据本科室年度工作目标和上年预算安排执行情况及时组织本科室预算编制工作，并提交科室负责人及主管副主任审核，同时在规定时间内提交预算管理员审核	预防	预算编制通知、科室年度预算草案、审核记录	年度	财务预算管理办法
			1.2	预算管理员对各科室提交的预算建议数汇总平衡并审核，形成单位初步预算数提交财务科科长审核	预防	单位年度预算草案、审批记录	年度	
			1.3	主管财务副主任对单位预算草案进行审批，重点审核预算内容是否符合单位实际，是否在财政部门预算管理的整体框架和要求范围内	预防	单位年度预算草案、审批记录	年度	
			1.4	预算管理员将年度预算草案提交党委会审议批准	预防	单位年度预算草案、会计纪要	年度	
			1.5	预算管理员将本单位年度预算报送财政部门，财政部门对单位上报的预算数进行最终审批，并下达预算批复。预算管理员接到财政部门的预算批复后，在指定网站公开预算信息	预防	单位年度预算、预算批复、财政审批文件	年度	

内控流程主要包括：单位层面的控制要求，如组织架构、单位议事决策机制、文化精神、内控关键岗位责任制、会计机构与财务报告、信息系统等，以及业务层面的对预算业务、收支业务、资产管理、政府采购、建设项目、合同管理等，进行详细描述的控制要求；

控制矩阵主要包括：控制目标、风险描述、控制措施、控制类型、控制证据、控制频率及控制制度等方面的要求；

权限指引主要包括：不同管理层次、级别的权限规定；

评价与监督主要包括：内部评价与监督的内容、程序、方法及外部评价与监督等；

附件主要包括：与总则、内控流程密切关联的重要附件。

《内部控制评价手册》的结构一般包括：总则、评价的基本要求、评价的内容及缺陷认定、评价的评分标准、评价的实施程序与方法、监督与改进等。

九、内控体系建设项目的试运行验收阶段

项目组及 A 单位组织专家对《内部控制管理手册》和《内部控制评价手册》进行论证验收，根据专家咨询组建议和内部反馈意见进行修改，报内部控制领导小组审批后试行。

项目组全程跟踪 A 单位开展内部控制体系试运行工作。《内部控制管理手册》明确了各个科室、岗位和相关工作人员的分工和责任，明确了业务流程，提出了风险控制措施、控制频率，形成完善的内部控制执行机制。试运行期间，项目组及时进行了风险测试，反馈执行中的问题，及时研究、提出应对措施。

项目组最终根据复核结果和试行反馈意见，修改完善《内部控制管理手册》和《内部控制评价手册》，并正式发布实施。

十、内控体系建设项目的实施效果

在项目组及 A 单位的全力配合、不懈努力下，单位内部控制体系建设取得了一系列良好效果。

（一）提高了单位职能运行效率和效果

通过建立健全内部控制相关管理制度，推动内部控制体系的建设，同时通过落实不相容岗位分离及授权审批等控制措施和执行程序，在单位预算、收支、政府采购、资产管理、建设项目及合同管理等经济活动中建立了相互制约、相互监督、相互制衡的工作机制，实现了对经济活动主要风险点的防范和管控，有效规范了经济活动，提高了单位职能运行效率和效果，促进了单位各项工作的顺利开展。

（二）增强了单位人员的内控意识

通过相关工作通知的说明、内控培训的宣传、内控流程的梳理、内控手册的编报过程及编报完成后的监督整改措施的落实，A单位工作人员对内控相关政策、概念、工作要求有了清晰的理解，加强了单位工作人员对内部控制及其重要性的认识，提高了其自身的综合素质水平，能够配合并自觉遵守单位的内部控制制度，形成了“人人了解内部控制，个个参与内部控制”的良好氛围。

（三）完善了单位内部控制制度

通过内部控制体系建设，制订了全面、完整、具有一定有效性和可操作性的内部控制制度，对潜在的风险进行了有效的控制。在建立单位内部控制的过程中，将单位的业务管理及经济活动等各个科室、环节、工作人员联系在一起。根据国家的相关规定及单位的自身情况对内部控制制度进行了调整、修改和完善，更有效地实现了单位的内部控制。搞好内控制度建设，立好政府资金使用的规矩，有效防范经济活动中的舞弊行为，控制资金使用中的浪费风险，使内控建设与廉政风险防控机制相互协调，形成合力，在单位风险防控中发挥更大作用。

慧丰公司国有企业改制及股权转让项目

四川创智投资咨询有限公司　刁军

四川创智投资咨询有限公司（以下简称创智咨询）成立于2000年，是一家致力于为国资国企改革提供咨询服务的专业机构。创智咨询是工信部指导编制的《全国企业管理咨询机构推荐名录》第一批单位之一，是全国管理咨询与培训标准化贯标示范单位，是中国贸促会商业分会管理咨询与培训委员会常务理事单位、四川省咨询协会常务理事单位、四川省委政策研究会会员。创智咨询具有四川省咨询协会授予的甲级咨询资质，并连续五年被评为“省先进集体一等奖”，是省咨询协会“明星单位”。同时，创智咨询被四川省企业联合会、企业家协会评为“2018—2019年度四川省管理咨询行业示范单位”。

本案例项目组成员

刁军，四川创智投资咨询有限公司董事长兼总裁，高级经济师、教授级咨询师、国际注册管理咨询师、注册高级咨询顾问、全国中小企业管理咨询服务专家。2019年，他被四川省企业联合会、四川省企业家协会评为“2018—2019年度四川省管理咨询行业领军人物”，现任四川省企联企业咨询委员会副理事长、四川省咨询业协会常务理事、四川省产权交易协会常务理事、四川大学锦城学院兼职教授、西南财经大学会计学院硕士学位论文答辩特聘专家。

其他成员：范莹霞、张斌、唐恒娟、刘亚峰

导读

为贯彻落实德阳市政府关于《德阳市工业和国有企业深化改革实施方案》的要求，推动国有资本从一般竞争性领域退出，优化产业布局，强化市场配置，盘活存量资本，德阳市产业投资发展集团有限公司（以下简称德阳产投）拟公开挂牌转让下属子公司什邡慧丰采油机械有限责任公司（以下简称慧丰公司）58.54%的股权，同时慧丰公司26名自然人股东决定共同委托德阳产投集团按照同股同价的原则一并转让所持有的慧丰公司合计41.46%的股权，共计100%的股权。

为顺利开展慧丰公司的股权转让工作，德阳产投通过公开比选方式，选聘创智咨询为其提供慧丰公司国有股权转让和寻求投资人的财务顾问服务。本项目涉及面广、企业内部情况复杂，既涉及原有国有企业改制及职工安置，又涉及国有股权转让和投资人引入，同时标的企业26个自然人股东的股权还要随国有股权一并转让，实现同股同权交易的目的。改制过程中，既要保护员工的利益，合法合规地进行员工安置，也要合理维护大小股东的利益。为此，创智咨询凭借多年的国有企业改革经验，在理解和把握现行政策的基础上，充分发挥主观能动性和创造性，兼顾股东、职工和投资人三方的合法权益，严格按照国有资产转让的相关条例完成相关文件制定，同时在政策允许的条件下，最大限度地维护了广大职工的合法利益。制订的公司改革发展方案和员工安置方案全票通过了公司职代会，妥善完成了员工安置。同时制订的自然人股权委托转让方案、国有股权转让方案、股权挂牌交易方案等都顺利通过了自然人、公司董事会、国资监管部门、西南联合产权交易所的审批，最终完成了全部股权的挂牌转让。

慧丰公司国有企业改制及股权转让项目

四川创智投资咨询有限公司　刁军

一、案例背景

（一）标的企业基本情况及需求

什邡慧丰采油机械有限责任公司（以下简称慧丰公司）位于四川省德阳市的什邡市，系 1984 年 4 月由原什邡市采油机械厂经三次改制后设立的有限责任公司。公司主营业务为采油装备的生产，在被收购前是国内油气装备行业唯一一家参与自由竞争的国有企业。截至 2017 年 12 月 31 日，慧丰公司账面净资产 5307.73 万元，2017 年全年实现营业收入 2688.00 万元，净利润为 –541.75 万元，营业收入和净资产分别比 2013 年下降 59.40% 和 29%。从 2013 年开始公司连续 5 年亏损，至 2018 年的 5 年期间年平均亏损额达 478 万元。

四川省德阳市国资委为贯彻落实市政府关于《德阳市工业和国有企业深化改革实施方案》（德办发〔2014〕54 号）的要求，实现企业持续经营，加强市场化运作，提高企业良性发展能力，慧丰公司经党总支委员会、总经理办公会、董事会讨论研究，提请控股股东德阳市产业投资集团（以下简称德阳产投）审议并一致同意，拟通过转让全部股权，引入资本实力强劲、战略方向契合的投资者，达到转换公司体制和运行机制，增强公司内在活力和市场竞争力的目的。

通过公开招投标流程，创智咨询接受慧丰公司控股股东的委托，作为财务顾问协助完成此次股权转让。

（二）转让方基本情况及需求

慧丰公司股东为德阳产投及 26 名自然人。截至 2017 年 12 月 31 日，公司总股本 1169.78 万元，其中，国有股德阳产投出资 684.78 万元，占 58.54%；26 名自然人出资 485.00 万元，占 41.46%。

1. 国有股东

国有控股股东德阳产投为德阳市国资委下属一级国有企业。2014 年，德阳市政府关于《德阳市工业和国有企业深化改革实施方案》（德办发〔2014〕54 号）提出：积极推进慧丰公司有序退出国有资本，提高企业应对市场变化能力。为落实相关政策要求，德阳产投拟转让其持有的慧丰公司全部股权，推进国有资本退出一般性竞争领域。

2. 自然人股东

在工商登记上的名义自然人股东为 26 人，实际为 90 多人，但实际股东均未与名义股东签订股权代持协议，仅为口头约定。经与自然人股东沟通，自然人股东的股权与国有股东按照同股同价的原则一并转让给同一投资者。

（三）受让方基本情况及需求

成都市双流恒生锻造有限公司（以下简称双流恒生）前身为成都市双流恒生锻造厂，建立于 1992 年，1999 年改为成都市双流恒生锻造有限公司，是一家专业从事锻造生产的企业。双流恒生为慧丰公司的上游供应商，截至 2017 年 12 月 31 日，双流恒生应收慧丰公司账款 511.12 万元。

双流恒生自 1999 年民营化以来迅速发展。2008 年以后，公司先后取得全国工业产品生产许可证、特种设备制造许可证，成为中国锻压协会会员，并在 2016 年取得欧盟 CE 认证证书、国军标质量管理体系认证证书，开始向国际市场进军。为适应业务的迅速发展，双流恒生拟延展其锻造产业链，收购下游的装备制造企业，以寻求继续扩张。

二、项目诊断分析

（一）行业整体下滑

慧丰公司所处的石油钻采设备制造业的景气度取决于石油钻采行业，石油钻采行业从根本上依赖于石油和天然气应用行业的发展。从行业资源特性上看，油气勘探和开采受油气资源的生成与分布规律、开采难度及国家油气资源战略与政策的直接影响，进而影响石油钻采设备制造业的发展。近年来，国际油价的大幅度走低和我国大力发展清洁能源，从而导致了慧丰公司的产品价格降低、产品订单萎缩，使经营业绩出现较大程度的波动，甚至面临经营业绩持续大幅下滑的风险。

随着石油行业国企改革的不断深入，将有更多市场主体参与到该行业中来，市场竞争将进一步加剧。因此，石油专用设备制造及服务领域原有的行政壁垒也将逐步被打破，市场竞争和行业洗牌成为发展的趋势，各类石油专用设备制造企业之间将出现白热化竞争。若慧丰公司在石油行业改革的过程中，不能迅速地扩大生产规模，提高品牌知名度和市场影响力，公司可能存在由于市场竞争激烈而导致公司市场占有率进一步下降的风险。

（二）技术、设备和产品落后

随着油气开采行业景气度的下降，对下游设备制造行业的质量技术水平提出了更高的要求。油气开采的客户对慧丰公司的资质等级、注册资本、质量信誉、加工精度、合格供应商许可等，特别是国内“三桶油”客户对设备供应商都提出了较高的要求。但由于慧丰公司的资金实力等原因，明显难以符合供应商的要求。第一，技术部门根据销售订单设计产品，没有进行新产品的研发。第二，由于技术能力的局限性，产品设计上存在很大的材料浪费。第三，团队人员资质不足。技术团队中，只有 1 人具有工程师资格。第四，虽然公司已取得多项专利技术，但是随着市场竞争的日益加大，公司在招投标过程中仍然存在由于专业资质缺乏带来的局限。第五，公司机械加工设备共计 68 台。其中，25 年以上的设备 37 台，15 年以上设备 14 台，停用设备 13 台，5 年以下设备 4 台。公司机器设备无法生产高端产品，甚至普通产品生产出来后也有报废的情况，残次品率较高。

（三）管理水平有待提升

慧丰公司虽然是国有控股企业，但大股东先后派出的主要领导往往是行政管理或非行业专业人员，对石油开采机械设备制造行业不够熟悉，团队的市场化经营管理能力和改革创新能力不足，致使企业管理水平下滑。

第一，人员积极性不高。据实际访谈调研，慧丰公司员工普遍存在推诿、积极性不高的情况，加之缺乏市场化薪酬机制，从而不能体现核心技术人才的价值，导致人才流失严重。因此，需要建立更为有效、灵活和市场化的人才激励机制，充分调动员工积极性，优胜劣汰，减少人力资源浪费。

第二，财务管理水平不高。公司在货币资金、往来款、存货、长期资产、职工薪酬等方面核算，均存在一定程度的问题。

第三，库存管理不善。主要表现在有存货积压、报废。据了解，产成品存货大多是生产部门完成订单后，因为各种原因客户取消订单而造成的。

第四，产品成本核算不足。作为一家长期进行采油设备制造的机械加工企业，慧丰公司不够重视单台套设备和部件的生产成本核算，一直没有建立原材料采购、低值易耗品摊销、设备折旧、生产制造费用等成本核算体系，难以进行车间成本和工厂成本的核算、考核，产品成本和市场价格常常倒挂，造成企业亏损。

（四）股权代持与交易问题

据实地访谈调研了解，自然人股东在股权转让价格上态度温和，但自然人股东代表的实际持股人由于没有签订代持协议，且大部分已经退休，最终股权转让价款的发放需要进一步核对。自然人股权原则上按照国有股权最终的交易价格，同股同价转让。但是由于交易流程上，自然人可协议转让，无须与国有股权一并挂牌交易，因此交易结果存在不确定因素。

（五）交易期间损益认定

慧丰公司一直处于亏损状态，根据慧丰公司管理层透露，每月亏损30万～40万元。由于此次改制的资产评估基准日定为2017年12月31日，因此股权交割时的交易价格与评估基准日价格或存在一定差异，潜在收购方可能退却。根据《四川省国有企业改制工作暂行办法》（川办发〔2006〕008号）第二十二条，国有控股企业实施改制，自企业资产评估基准日到改制后工商变更登记期间的净资产变化，应由改制前企业的各产权持有人承担。

在接受访谈时，自然人股东表示出及时止损、尽快转让股权的强烈意愿，以避免每股净资产持续减少。而国有产权转让程序相对复杂，审批时间较长，使双方存在一定的分歧。

（六）员工安置风险

由于企业连年亏损，公司净资产逐年下滑，股东权益日渐缩减，职工利益也得不到应有保障。为了维护股东权益、保障职工利益，公司急切需要转换体制和运行机制，注入流动资金，改善经营业绩。

根据四川省政府办公厅《关于印发〈四川省国有企业改制工作暂行办法〉的通知》（川办发〔2006〕8号）等相关政策，慧丰公司通过转让全部股权，在改为非国有法人控股企业时，同时需与公司所有在册职工解除劳动关系。根据《中华人民共和国劳动合同法》的规定，对所有解除劳动关系的在册职工需进行经济补偿。根据现场了解，员工和股东、员工和员工之间对于安置条件、安置补偿标准均存在较多的想法。

三、解决方案的设计框架

（一）总体思路

1. 指导思想

按照当地市委、市政府深化国资国企改革的总体部署，围绕增强企业活力、提高企业市场竞争力的宗旨，立足改革体制、做活机制、提升效益、持续发展的原则，积极引入社会资本，转换公司体制和运行机制，提高企业投资和经营管理的效率，激发企业发展活力，以更好地适应市场发展的需要。

2. 基本原则

一是坚持依法合规操作原则。本次改制严格遵守相关法律法规，履行法定程序，规范操作，确保国有资产和全体股东的合法利益。二是坚持公平、公开、公正的原则。本次改制依照法律法规要求，向全体职工公示的决议、方案等都应当公示，所有职工享有同等的政策及经济待遇。自然人股东与国有股东按照同股同权的原则转让股权。三是坚持稳定经营原则。本次改制过程中，将确保慧丰公司的正常生产经营和业务开展不间断。改制后的新公司原则上聘用现有管理团队及员工，充分尊重员工的选择权。四是坚持维护各方利益的原则。本次改制在合法合规的前提下，积极维护股东、债权人、企业和员工等各方利益。

3. 总体咨询流程

总体咨询流程如图 1 所示。

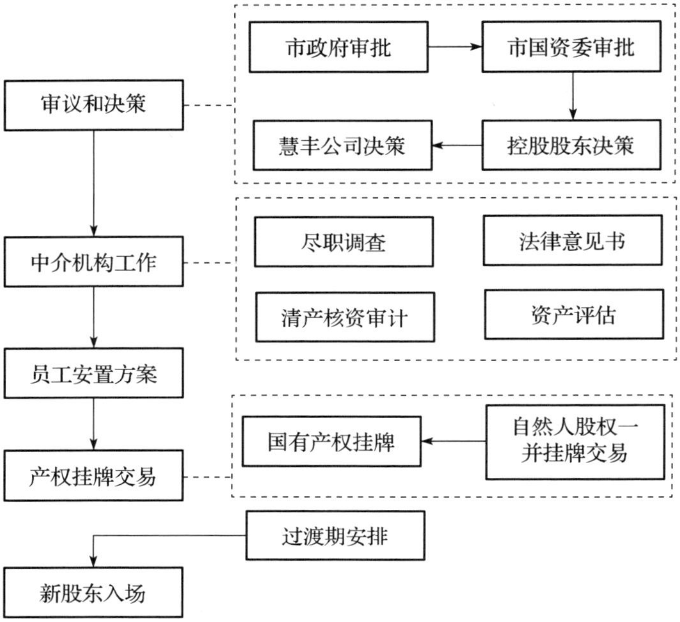

图 1　总体咨询流程

（二）审议和决策

1. 国有控股股东及慧丰公司决策

2017 年 12 月 5 日，德阳产投第 33 次党委会审议了德阳产投转让下属控股慧丰公司股权的事宜，并向德阳市人民政府呈报了《关于转让下属控股什邡慧丰采油机械有限责任公司股权的请示》(德产投呈〔2017〕76 号)。

2017 年 12 月 19 日，德阳市人民政府签批同意市国资委《关于市产投集团转让下属控股什邡慧丰采油机械有限责任公司股权事宜建议意见的报告》(省国资委〔2017〕123 号）的批复意见，并且市国资委明确了本次国有股权转让行为批准单位是德阳产投。

2018 年 3 月 14 日，慧丰公司临时股东会审议同意通过了转让全部股权实施改制的事宜，并且所有股东均放弃优先购买权。

2018年4月2日，德阳产投第一届董事会第五次会议审议通过了《关于下属子公司什邡慧丰采油机械有限责任公司国有产权转让立项的议案》。

2018年6月29日，慧丰公司临时股东会审议通过了《什邡慧丰采油机械有限责任公司100%股权转让方案》。

2. 自然人股东

2018年3月14日，慧丰公司临时股东会审议同意通过转让全部股权并实施改制的事宜，且自然人股权与国有股权同股同价转让，所有股东放弃优先购买权。

2018年4月23日，慧丰公司临时股东会审议通过了自然人股东与国有股东均在西南联合产权交易所进行公开挂牌转让，按照同股同价原则确定挂牌底价。

2018年6月29日，26名自然人股东与德阳产投签订了《股权转让委托协议》。

3. 改制形式

慧丰公司拟通过转让全部股权的方式完成国企的改制，拟引入符合条件的投资者转变为非国有公司，借助民营资本的优势，提高运作效率，释放公司经营活力。本次改制涉及国有产权转让的，严格按照《企业国有资产交易监督管理办法》（国资委、财政部令〔2016〕32号）和《四川省企业国有资产交易监督管理办法》（川国资委〔2018〕18号）等相关政策执行，德阳产投持有的58.54%股权，以经核准或备案的评估结果为基础，通过公开挂牌交易方式转让给合格的投资者。

自然人股东的股权与国有股东按照同股同价的原则一并转让给同一投资者。

（三）中介机构工作

按照国资国企监管的相关法规规定，本次改制需选聘符合资格的咨询、审计、评估、法律等中介机构，开展公司国企产权制度改制方案设计、债权债务处置方案设计、员工安置方案设计、企业清产核资、领导离任审计、企业整体财务审计、资产评估、出具改制的法律意见书、产权挂牌交易等相关工作。

改制的咨询机构由德阳产投公开比择确定并签订咨询合同，其他中介机构由慧丰公司委托德阳产投按照公平、公开、公正的程序选定。慧丰公司与选定的审计、评估、法律等中介机构签订服务协议，支付相关服务费用，并组织协调相关中介机构开展工作。

1. 清产核资审计和负责人离任审计

2018 年 1 月 24 日，德阳产投通过比选方式选聘了四川华信（集团）会计师事务所（特殊普通合伙）作为转让慧丰公司股权的清产核资专项审计机构。清产核资专项审计机构对慧丰公司截至 2017 年 12 月 31 日的财务状况进行了专项审计。

四川华信（集团）会计师事务所出具了《什邡慧丰采油机械有限责任公司清产核资专项报告》（川华信专〔2018〕289 号），截至 2017 年 12 月 31 日，慧丰公司资产总计 7070.89 万元，负债总计 3953.56 万元，所有者权益总计 3117.34 万元。同时，按照德阳产投年度审计的要求，进行了企业负责人的离任审计。

2. 资产评估

2018 年 4 月 9 日，德阳产投通过比选方式选聘了四川永和同力达资产评估有限公司作为转让慧丰公司股权的资产评估机构。评估机构对慧丰公司截至 2017 年 12 月 31 日的股权价值进行了评估。

四川永和同力达资产评估有限公司出具了《什邡慧丰采油机械有限责任公司因企业改制进行企业股权整体转让所涉及的股东全部权益价值资产评估报告》（川永同资评〔2018〕23 号），经评定估算，慧丰公司股东全部权益价值在评估基准日满足评估假设与限制条件下的市场价值评估值为 3303.31 万元，比审计后账面净资产增值 185.97 万元，增值率为 5.97%。

3. 法律尽调

2018 年 4 月 11 日，德阳产投通过竞争性磋商方式选聘了四川维扬律师事务所作为转让下属控股慧丰公司股权的法律顾问。

（四）员工安置

本次安置基准日为慧丰公司全部股权转让合同生效日 2018 年 9 月 20 日。安置范围为与慧丰公司签订劳动合同且安置基准日在册的人员。

1. 安置方式

（1）男满 53 周岁及以上且工龄满 15 年及以上、女满 43 周岁及以上且工龄满 15 年及以上的员工或者工龄满 30 年的员工，可自愿选择：一是解除劳动合同、领取经济补偿金；二是解除劳动合同、不领取经济补偿金，进入德阳市市属国有企业服务中心。

（2）其余员工一律解除劳动合同、领取经济补偿金。

2. 经济补偿工作年限计算

依据员工档案记载或相关资料，员工在慧丰公司的工作年限且符合国家工龄连续计算政策的工作时间，扣除原国有企业四川钻采设备厂和国有独资企业四川慧剑石化装备有限责任公司工作年限且已支付了经济补偿的工作年限后，计入本次经济补偿的工作年限。工作年限截至日期为员工安置基准日。

3. 经济补偿标准

经济补偿根据上述工作年限计算方法计算的员工工作年限，每满一年支付一个月工资的标准向员工支付。6 个月以上不满 1 年的，按 1 年计算；不满 6 个月的，向员工支付半个月工资的经济补偿。

根据法律规定，上述所称月工资是指员工在劳动合同解除前 12 个月的平均工资。鉴于慧丰公司所在地国有企业经济补偿的实际情况，如员工在劳动合同解除前 12 个月的平均工资低于 5911 元的，员工月工资按 5911 元计算；如员工在劳动合同解除前 12 个月的平均工资高于 5911 元的，按员工本人在劳动合同解除前 12 个月的实际平均工资计算；但员工在劳动合同解除前 12 个月的平均工资高于德阳市上年度职工月平均工资 3 倍的，按职工月平均工资 3 倍计算，且向其支付经济补偿的年限最高不超过 12 年。

4. 特殊补助

（1）工伤补助。工伤员工在解除劳动合同时，公司另行向其支付一次性工伤医疗补助金和一次性伤残就业补助金，并终结工伤保险关系。

（2）医疗补助。经德阳市劳动能力鉴定委员会鉴定，大部分丧失劳动能力的，解除劳动合同，另行支付医疗补助费。

5. 社会保险费和住房公积金补缴

社会保险费补缴。纳入本次安置范围的员工，自 1996 年 1 月 1 日起未按时缴纳的社会保险费用，按当年缴费基数，由慧丰公司和个人按现行缴费比例补缴欠缴数额。住房公积金补缴。未按时缴纳的住房公积金，从 1999 年 4 月国务院发布《住房公积金管理条例》之月起，由慧丰公司和个人按规定的缴存比例进行补缴。缴存住房公积金的月工资基数为德阳市当年企业职工月最低工资标准，单位与职工个人同比例缴存，缴存比例为 5%。医保清算。根据德阳市人社局关于退休人员医疗保险清算的有关规定，改制时需对退休人员进行一次性医疗保险清算。对基本医疗保险缴费年限未达到 15 年的，按规定补足。

6. 员工安置具体步骤

2018 年 6 月 25 日，慧丰公司职代会审议通过了《什邡慧丰采油机械有限责任公司员工安置预案》。《员工安置实施方案》经德阳市国资监管机构审查同意后，向全体员工正式公布。员工在本实施方案规定的期限内办理解除劳动合同手续。

由于员工安置费用需要从产权转让收益中扣除，故产权转让收益到账后公司才开始向员工发放《解除劳动合同证明书》，与员工签订解除劳动合同的相关协议，并同时支付经济补偿金。在协助办理解除劳动合同后的社会保险转移、失业保险金申领、档案移交或进入国有企业服务中心等相关手续后，完成了员工安置。

（五）产权交易

1. 预披露

2018 年 4 月 28 日至 5 月 28 日，慧丰公司 58.54% 国有股权拟对外转让项目在西南联合产权交易所完成了公开预披露。

2. 转让标的

股权转让标的为德阳产投和 26 名自然人股东持有的慧丰公司 100.00% 的股权。其中，26 名自然人股东共同委托市产投集团按照同股同价原则一并转让所持有的慧丰公司股权。

3. 挂牌底价

根据企业整体资产评估报告，以备案的评估结果3303.31万元为基础，德阳产投持有的58.54%国有股权，确定挂牌底价为1933.76万元，每股净资产2.8239元/股。同时26名自然人股东持有的41.46%自然人股权，按照同股同价原则，确定挂牌底价为1369.55万元。标的挂牌底价合计为3303.31万元。

根据交易规则，如果公告期满未征集到意向受让方的，需调整转让底价，其中：①国有股东的股权转让底价，由国有股权转让行为批准单位书面同意后，方可调整。②自然人股东的底价确定，在国有股东确认转让底价调整幅度和新的股权转让底价后，按照《股权转让委托协议》的约定，国有股东按照同股同价原则一并调整自然人股东新的转让底价。

4. 意向受让方在报名时必须承诺的内容

鉴于慧丰公司的特殊性和改制后公司的稳定性，在征得控股股东的同意并上报国资委备案后，产权转让方案中对意向投资人提出了一定的条件，即①意向受让方须承诺对慧丰公司投入不低于1500万元资金进行设备更新和技术研发；②意向受让方须承诺对慧丰公司投入不低于2000万元的流动资金；③意向受让方须承诺对慧丰公司进行市场整合和拓展，收购第一年内新增不低于3000万元订单；④意向受让方须承诺对慧丰公司现有符合劳动条件并有意愿工作的员工优先聘用，聘用比例原则上不低于70%。

5. 期间损益

本次股权转让，慧丰公司从评估基准日至股权交割日（以工商变更登记为准）期间产生的损益由受让方享有或承担。

6. 股权转让收益处置

本次转让慧丰公司股权取得的净收益，优先用于慧丰公司员工安置，支付解除劳动合同员工的经济补偿金、移交德阳市市属国有企业管理中心管理的人员预提费用、工伤补助、医疗补助、未足额缴纳的社会保险费用和滞纳金、未足额缴纳的住房公积金、一次性清算退休人员的医疗保险费用，以及企业改制的相关中介费用等，剩余价款再按股权比例进行分配。

（六）过渡期安排

结合慧丰公司实际情况，在转让方与收购方完成工商变更之日前，应尽快完成慧丰公司相关资料、资产及业务工作的移交，以确保慧丰公司生产经营的连续性。移交工作在慧丰公司和收购方恒生公司之间进行。具体安排如下：

（1）移交双方分别成立移交工作组。

（2）移交工作主要涉及以下四个方面。

一是转让方应于移交起始日前将慧丰公司的财务账本及其他纸质资料、电子资料集中至慧丰公司财务部专柜，自移交起始日起双方人员在慧丰公司财务部进行清点、交接；

二是移交各方在慧丰公司综合部对公司证照及各类印章、人事档案、公司制度、各类行政账户及密码、钥匙等进行交接；

三是移交各方在慧丰公司生产部现场进行实物的清点和设备测试确认；

四是转让方与收购方共同前往什邡市工商局咨询慧丰公司股权变更登记事宜，明确变更登记要求，准备相关变更登记资料。

上述所有资料移交后，由双方指定专人负责管理。

（3）经营权、管理权移交。

在股权转让的工商变更登记结束日前，慧丰公司的管理权、经营权属于转让方，慧丰公司现有经营班子对转让方负责，但受让方可协助标的公司开展日常经营管理工作，且慧丰公司的重大事项、重大合同需征求受让方的同意。

在股权转让的工商变更登记结束日后，标的公司的管理权、经营权属于受让方，慧丰公司经营班子对受让方负责，但在股权工商变更完成前，标的公司的重大事宜仍需向德阳产投集团汇报，同时征求收购方双流恒生公司的同意。

在过渡期内从转让方和收购方资料的资产移交完成之日起，收购方对慧丰公司的生产经营有建议权。转让方有义务协助收购方保持慧丰公司组织机构的相对稳定。

（七）新股东入场及内部整合安排

1. 增资扩股

双流恒生在整体收购慧丰公司后，为保证新慧丰公司正常经营，拟对其进行增资扩股，具体形式为现金增资，用于设备更新、技术升级及流动资金补充等。

2. 技术整合

（1）设备更新。双流恒生入主慧丰公司后，将设备更新作为第一要务，拟采购新生产设备首期总额约 1000 万元。相关设施、厂房改造为二期计划。

首期设备改造更新计划如表 1 所示。

表 1　首期设备改造更新计划

序号	设备名称	设备品牌及型号	设备用途	数量（台）	预计金额（万元）	备注
1	数控立式车床	CK5116E	井口类设备加工	2	230	
2	数控镗床	TK6111/B	井口类设备加工	2	250	
3	立式加工中心	VMC1000L	异性零件加工制造	3	500	
合计					980	

（2）研发团队组建。双流恒生拟在收购后与国外技术团队合作组建慧丰公司新的技术研发团队，不仅适应国内采油企业的需要，还有适应产品国际化需求。

3. 生产制造产业链整合

双流恒生将发挥自身产品在国内国际市场的优势，结合慧丰公司石油机械产品加工的能力，将双流恒生的优势和慧丰公司机械加工的优势相结合，打通产业链，恒生公司按照原材料采购、毛坯下料、锻造成型、模锻成坯后移交慧丰公司，慧丰公司按照毛坯粗加工、零件深加工、部件组装、产品调试、封装储运后出厂，从而制造出石油、天然气领域的成套装备，实现国内外销售业务，从而实现上中下游产业链的贯通，延伸产品链。

4. 员工整合

（1）双流恒生在收购后以“维持团队稳定、鼓励竞聘上岗”为原则，对现有员工工作能力进行重新评估，能力胜任者重新竞聘，兼顾现有员工与企业利益，逐步实现市场化用工机制。

（2）双流恒生在收购后派出法定代表人和部分管理团队。

四、案例项目评估和绩效说明

（一）项目总结评估

2018年8月20日，慧丰公司全部股权在西南联交所成交。2018年8月31日转让方德阳产投和26名自然人股东与受让方双流恒生正式签署转让协议。至此，德阳产投完成了国有资本的有序退出，实现了国有资本的战略性结构调整，促进了国有资本向战略性新兴产业集中。

双流恒生入主慧丰公司后，切实提升了慧丰公司在油气装备行业的核心技术能力、品牌知名度和商誉价值，有效整合了生产制造产业链，拓展了上下游客户，扩大了营销网络，增强了慧丰公司的市场竞争力和可持续发展能力。同时，在产品技术与销售渠道上使双流恒生的锻造与慧丰公司的石油机械产品实现互补，促进形成"金属锻造—机械制造—加工装配—市场营销"一体化的产业形态，进一步强化了双流恒生在锻件产业方面的优势和地位，同时带动慧丰公司的持续发展。

在聚焦主业，推动国企高质量发展的大背景下，本案例对于国有企业非主业剥离、国有资本退出充分竞争领域具有较强的借鉴意义。

（二）项目实施绩效

创智咨询项目组在2017年9月开始至2019年3月，历时15个月，终于全部完成了慧丰公司国有企业改制立项、中介机构的协调、社会投资人的征集及甄别、国有和民营股东的产权转让、员工安置等一系列的方案设计、文件拟定、政策研究、股权对价、挂牌交易、相关合同签订等专项咨询，既协助完成了国有资本的有序退出，又为续存企业引入了社会资本，同时完成了国有控股企业的体制机制改革，使改制企业进一步换发了生机。

桂平市人民医院 DRGs 付费体系下应对措施

北京精医万家科技有限公司　丁茂峰

北京精医万家科技有限公司（以下简称精医万家），在 2018 年中国管理咨询机构 50 大排名中名列第四，是中国企业联合会管理咨询委员会执行委员单位和国际管理咨询协会理事会（ICMCI）认证的“CMC-Firm”，曾获“2018 值得信赖的中国管理咨询机构”荣誉称号，入围 2018 年人民网评选的“健康连接世界：中国医疗健康产业影响力榜（国际医疗服务与健康养生旅游领域）”。精医万家拥有一批以国际注册管理咨询师（CMC）为核心，具有丰富医院战略管理咨询经验的专家团队，为全国 23 个省、市、自治区近 1000 家医疗机构提供战略管理咨询服务，多年来专注于医院管理咨询领域的理论研究与实践，荣获 2019 年国际君士坦丁奖金奖及国家金奖。精医万家业务范围涵盖战略管理咨询、市场营销管理咨询、精细化管理咨询、医院发展相关培训等 10 多个领域。

本案例项目组成员

丁茂峰，一直专注于医院发展战略管理咨询工作的研究与实践，拥有多家医疗机构的管理咨询实战经验，善于通过数据处理与分析发现医院在经营和管理等方面存在的问题，结合公司独创的理论知识体系和管理咨询实践中的工作经验，为医院提供符合其实际需求的解决方案，并负责指导落地实施。在医院管理咨询方面主要擅长绩效分配设计、管理考核、学科建设、社会服务体系建设、人力资源建设、快速中医特色建设、DRGs 培训与指导、医院战略发展规划等方面的管理咨询服务。

其他成员：刘锁

导读

为实现医疗费用和医疗质量“双控制”，解决医保支付管理发展不平衡、不充分问题，增进人民福祉，推进健康广西建设，广西决定在全区稳步推行按疾病诊断相关分组（DRGs）付费方式改革工作，要求2020年各统筹地区三级定点医疗机构实现DRGs付费。

桂平市人民医院为积极配合全区推行DRGs付费方式改革工作，加强全院职工对DRGs付费方式改革内容的熟悉和掌握，及时做好相应的准备工作，促进医院管理水平和服务水平的提升，决定聘请精医万家对其进行管理咨询。

从2020年3月27日项目组进驻医院开始，及时对广西全区推行DRGs付费方式改革实施内容进行了详细研究，同时对广西柳州市实施DRGs付费后的情况和相关数据进行了深度分析，结合公司相关的理论研究成果，梳理了一套清晰的培训思路。按照具体问题具体分析的原则，结合各科室实际，到科室进行一对一的实地指导，从理论到数据再到实操，逐步推进，促进科室成员对DRGs付费方式的理解和掌握，为及时应对即将到来的DRGs付费方式改革奠定坚实的基础。

桂平市人民医院 DRGs 付费体系下应对措施

北京精医万家科技有限公司　丁茂峰

一、项目背景

（一）桂平市人民医院介绍

桂平市人民医院为国家三级综合医院，是集医疗、教学、科研和预防保健、康复于一体的现代化大型综合医院，是国际紧急救援中心网络医院，广西高等医学院校教学医院和助理全科医师规范化培训基地及桂平市人才小高地，是桂平市 200 多万人民的医疗、急救、预防保健中心和突发公共事件紧急医疗救助中心，同时也为平南县、武宣县、贵港市、玉林市等相邻县市群众提供健康安全保障，服务覆盖区域人口达 300 万人以上，并为国内外游客及参观考察人员、外来务工人员等提供健康安全保障。医院先后荣获“全国文明医院”“全国爱婴医院”“全国模范职工小家”“自治区百佳模范职工之家”“全国妇女创先争优先进集体”“全国三八红旗集体”“全国卫生系统先进集体”“全国敬老文明号”等荣誉称号，其医院质量管理工作在自治区卫生计委表彰会上获得通报表扬。

医院编制床位 736 张，实际开放床位 1300 张。医院在岗职工 1912 人，卫生技术人员 1455 名，医生 447 人，护士 833 人，医技人员 176 人，有高级职称专业人员 146 人，各专业科室的主任均具有副主任医师及以上职称；临床营养师 2 人，工程技术人员 26 人。医院管理层中有研究生学历 25 人、本科学历 57 人；高级职称的 74 人、中级职称的 33 人，中高级专业技术人才占中层干部总数的 79%，40 岁以下专业技术人才占中层干部总数的 33%。

2019 年上半年，门诊人次达 54 万人次，较 2018 年同期增加了 30.9%，急诊人次达 5 万人次，较 2018 年同期增加了 37.8%；出院人次达 3.5 万人次，较 2018 年同期增加了 14.4%；手术台次约 8000 台次，较 2018 年同期增加了 8.7%。

医院开设临床专科 32 个，医技科室 15 个，职能科室 18 个。血液内科为自治区重点建设学科；神经内科、普通外科、生殖医学科为桂平市重点学科；骨科和重症医学科为桂平市重点建设学科。

（二）桂平市人民医院面临问题

为实现医疗费用和医疗质量“双控制”，解决医保支付管理发展不平衡、不充分问题，增进人民福祉，推进健康广西建设，广西决定在全区稳步推行按疾病诊断相关分组（Diagnosis Related Groups，DRGs）付费方式改革工作，要求 2020 年各统筹地区三级定点医疗机构实现 DRGs 付费。

桂平市人民医院为积极配合全区推行 DRGs 付费方式改革工作，加强全院职工对 DRGs 付费方式改革内容的熟悉和掌握，及时做好相应的准备工作，促进医院管理水平和服务水平的提升，决定聘请精医万家对其进行管理咨询。

二、“DRGs 付费体系”的简介

（一）定义

DRGs 译作“按疾病诊断相关分组”，即根据年龄、疾病诊断、并发症、治疗方式、病症严重程度及转归等因素，将患者分入若干诊断组进行管理的体系。

DRGs（疾病诊断相关分组）包括三部分内容。

（1）核心思想是将临床过程同质、资源消耗相近的病例归为一组的病人分类方案。

（2）分类的基础是病人的主要诊断和主要手术，在此基础上综合考虑患者的年龄、手术分类、并发症等情况的影响。

（3）把病人的治疗和所发生的费用联系起来，从而为付费标准的制订、实施提供了基础。

很多人认为 DRGs 是一种“支付模式”，实际上 DRGs 是“病例组合”的一种，它既能用于支付管理，也能用于预算管理，还能用于质量管理。从本质上讲，这三者都不能概括 DRGs 的本质，DRGs 的本质是一套“医疗管理的工具”。单纯从医保付费制度上看，DRGs 是一种支付模式，而在医院的实际运营管理中，就不单是支付模式，更多要延伸出医院的质量管理、战略发展规划、绩效方案制定等重要内容。

（二）DRGs 条件下医疗机构应对措施的主要关注点

（1）国家、广西壮族自治区、当地政府层面对 DRGs 的政策研读。

（2）医院在 DRGs 付费模式下的经营分析。

（3）医院全院职工对 DRGs 付费模式的了解。

（4）医院创建相应的组织架构，专门的职能部门负责管理。

（5）医院在 DRGs 付费模式下的数据研讨，当地竞争性医疗机构对标分析

（6）DRGs 付费模式下医院运行过程中医保资金盈亏问题的研究分析与改进。

（7）医院病案质量的管控。

（三）DRGs 条件下医疗机构经营要素的相关性分析

对整体医疗机构在 DRGs 条件下经营要素的分析和研究，仅仅表达了人们形成的一般共识，而各类医疗机构差异较大，举例如下。

（1）在出院人数、DRGs 总量、住院收入、手术例数、RW ≥ 2 数量五个指标之间存在高度正相关。

（2）CMI 值除了和平均住院天数存在明显正相关之外，和其他指标关联程度很低，但在分类研究中有一定差异，但无高度关联。

（3）低风险死亡率和所有指标均为负相关，虽然程度很低，但给了我们巨大启发，面对高危病人，医院各方面综合能力要强。

三、DRGs 付费体系下运行状况的调查分析

（一）项目工作计划安排

为了更加详细地了解本地 DRGs 付费体系推进的流程及相关内容，项目组进驻医院之后，采用边调查分析、边制订解决方案，从理论到数据再到实操，逐步推进和一对一培训指导的工作方法（见表 1）。

表 1　项目集中服务期工作安排表

序号	内容
1	与院领导访谈
2	DRGs 付费体系下应对措施工作计划及咨询思路的制订
3	国家、自治区及当地 DRGs 政策研读
4	DRGs 付费条件下应对措施的第一轮培训（背景、概念）
5	DRGs 付费条件下应对措施的第二轮培训（应对措施、案例、测算）
6	DRGs 付费条件下的绩效优化（DRGs 指标纳入医院绩效分配）

（二）调查方法和内容

1. 调查方法

在进行 DRGs 运行分组数据的调查过程中，通过文案调查（国家政策文件、当地 DRGs 实施政策文件、柳州 DRGs 实施情况、国新系统分组流程、新农合资金申报和拨付情况）、人员访谈（院领导、医保科、财务科、医务科、质控科、临床人员）、现场观察（HIS 系统状况、病案系统状况、病案首页填写质量），并对收集的数据进行整理分析，确定调查结果。

2. 具体工作内容

（1）访谈。

通过访谈院领导、医务科、医保科等人员，了解本地区 DRGs 付费方式改革推进的流程及相关内容、医院目前财务状况及医保拨付情况、面临的主要问题等。

（2）问卷调查。

面向行政职工发放调查问卷 120 份，实地询问医院行政管理层 15 人、临床人员 30 人，调查了解对即将推行 DRGs 付费方式改革的意见和建议。

（3）数据分析整理。

通过对调查的数据进行分析，明确医院当前面临的困境。

（4）撰写解决方案。

根据医院目前面临的问题，制订 DRGs 培训方案、DRGs 付费条件下的应对措施解决方案、DRGs 付费条件下的绩效优化方案，同时督促院方按照方案内容落实各项措施。

（三）调查与诊断结果

项目组经过对政策文件、运行数据的分析，得出医院目前经营面临重大改革机遇，急需转变工作思路和工作方式，加强全院职工对 DRGs 付费方式改革内容的熟悉和掌握，及时做好相应的准备工作，促进医院管理水平和服务水平的提升。

四、桂平市人民医院在 DRGs 付费条件下的应对措施解决方案的设计

（一）完善管理组织，提升重视度

项目组经实地调研和访谈沟通发现，医院在 DRGs 付费条件下应对准备不足，没有专门部门负责，缺少领导分管，属于管理盲区。对此，项目组成立了 DRGs 管理办公室和 DRGs 管理委员会，明确了科室职能和院领导分工，且分别在各临床科室确定了一名 DRGs 专员，来辅助此项工作的推动落实。

（二）快速掌握 DRGs 付费基础知识

项目组进驻前期，首要的工作是提升医院职工对 DRGs 付费方式基本知识的掌握水平。并在此基础上，对所有临床科室组织了第一轮 DRGs 基本理论知识培训。另外，培训结束后进行现场测试，保证培训效果评价，同时进行培训反馈等相关工作，以便下轮培训找好侧重点。

（三）解放思想，全员重视

定期组织召开 DRGs 管理委员会会议，使全院职工高度重视。职能科室积极分析数据，加强与临床科室的沟通，临床人员及时研究指导文件，加强对相关内容的学习，提升对 DRGs 的认识水平。

（四）加强诊疗行为管理及病案首页质量管理

在第一轮培训指导的基础上，医院职工对 DRGs 付费方式的基本知识已有所掌握，第二轮的指导培训重点在于加强临床人员的诊疗行为管理及病案首页质量管理，指导临床人员正确应对，落实相关解决措施。在加强临床人员工

作质量方面，项目组进行了基本理论知识的回顾、运行数据分析、主要问题剖析、对应解决措施的指导、临床人员答疑等相关工作。工作推进后，行政人员、临床人员等会对整个 DRGs 付费体系有深刻的理解，清楚病例分组的流程，影响分组的因素，以及应对盈亏的措施等，对科室、医院的经营质量有极大的促进作用，在保证医院经营效益稳中有升的同时，也能促进医院管理水平、服务质量的同步提升。

（五）绩效管理相结合，促进高质量应对

充分发挥绩效的激励机制作用，促进高质量应对 DRGs 付费制度改革，将 DRGs 核心指标（如 RW 值、CMI、低风险死亡率等）纳入绩效管理。整体激励导向为：

1. 临床医生

（1）提高 DRGs 组数和临床路径使用率，提升服务质量和水平；

（2）提升 RW ≥ 2 病例的绝对值和相对值，调整病种结构；

（3）熟练掌握和运用关键技术，提升科室品牌影响力；

（4）提高三、四级手术水平，提升大重病治疗能力；

（5）控制时间指数和费用指数，提高病床使用率和周转率，提高运营效率；

（6）降低风险死亡率，提高医疗质量，关注患者安全。

2. 临床护理

（1）积极配合医生做好出入院和各项治疗；

（2）主动学习进修新的项目，提升自身治疗技能；

（3）合理控制材料及低值易耗品等消耗用品的支出；

（4）提高整体护理的服务质量和服务水平；

（5）加强优质护理工作的开展。

五、总结

在医保资金压力大的环境下，推进按 DRGs 付费，能够使医、保、患三方达成共识，各自利益最大化。从而实现以患者为中心、提高医保基金使用效率的目标，使医保管理部门和医疗机构实现医保购买谈判和财务收支平衡，调动广大医务人员的积极性。同时，优化临床路径，规范诊疗行为，提高服务效率，促进医疗卫生事业可持续发展。

作为医疗机构，在全国逐步推进按 DRGs 付费的大趋势下，应及时研究应对策略，转变经营观念，从之前以数量增长为主的粗放式经营转变为以质量提升为主的精细化管理。在 DRGs 实施过程中，对于医院而言，其病案首页的规范填写也显得极其重要，其分组的依据就来源于病案首页的信息，这就要求临床医生、相关职能科室加强病案首页质量的管理。

因此，DRGs 付费条件下的应对措施对各大医疗机构推进 DRGs 付费方式改革，有重要的指导意义。

贺州市中医医院绩效考核方案的制订及实施

北京精医万家科技有限公司　肖飞

北京精医万家科技有限公司（以下简称精医万家），在2018年中国管理咨询机构50大排名中名列第四，中国企业联合会管理咨询委员会执行委员单位和国际管理咨询协会理事会（ICMCI）认证的“CMC-Firm”，曾获“2018值得信赖的中国管理咨询机构”荣誉称号，入围2018年人民网评选的“健康连接世界：中国医疗健康产业影响力榜（国际医疗服务与健康养生旅游领域）”。精医万家拥有一批以国际注册管理咨询师（CMC）为核心，具有丰富医院战略管理咨询经验的专家团队，为全国23个省、市、自治区近1000家医疗机构提供战略管理咨询服务，多年来专注于医院管理咨询领域的理论研究与实践，荣获“2019年国际君士坦丁奖”金奖及国家金奖。精医万家业务范围涵盖战略管理咨询、市场营销管理咨询、精细化管理咨询、医院发展相关培训等10多个领域。

本案例项目组成员

肖飞，一直从事医院管理咨询工作，拥有多家医疗机构咨询实践经验。能很好地将公司独创理论体系与医院发展实际结合，制订出持续的可操作方案，并实现在项目实施过程中带动医院工作流程的优化和工作效率的提升。实践中，主要为医院合作伙伴提供医院薪酬体系设计及绩效管理方案、医院市场营销体系、医院管理考核体系、医院发展战略规划、医院中医特色建设规划与实施、“患者至上”医院文化建设、医院临床路径管理体系、医院功能布局规划等模块的咨询辅导。

其他成员：李启明、郝家豪

导读

为贯彻落实《国务院办公厅关于加强三级公立医院绩效考核工作的意见》（国办发〔2019〕4号）《国家中医药管理局关于印发三级公立中医医院绩效考核指标的通知》（国中医药医政函〔2019〕56号），进一步深化公立中医医院改革，推进现代医院管理制度建设，加强和完善公立中医医院管理，坚持公益性，调动积极性，引导三级公立中医医院进一步落实功能定位，为人民群众提供优质、高效的中医医疗服务。2019年，在全国启动三级公立医院绩效考核工作，2020年基本建立三级中医医院绩效考核体系。

贺州市中医医院为积极配合国家三级公立中医医院绩效考核工作，提高全院职工对三级公立中医医院绩效考核工作的重视程度，积极配合落实考核工作，进一步提升医院的管理水平和服务水平，决定聘请精医万家对其进行管理咨询。

从2019年10月8日项目组进驻医院开始，结合《自治区中医药局关于印发广西壮族自治区三级公立中医医院绩效考核评分细则（试行）的通知》，对考核内容进行了详细研究，明确其考核重点。首先对全体中层人员进行考核指标的系统讲解，接着对医院各项指标的运行情况进行全面诊断，然后制订各部门考核指标的阶段性要求，之后明确各考核指标的监督部门及考核监督流程，最后制订考核方案。2020年4月，指导院方完成第一次考核工作，并对在执行过程中的问题进行总结反馈，为医院后续完成三级公立中医医院绩效考核目标提供制度保障，从而进一步提升医院的管理水平和服务水平。

贺州市中医医院绩效考核方案的制订及实施

北京精医万家科技有限公司　肖飞

一、项目背景

（一）贺州市中医医院介绍

贺州市中医医院（以下简称贺州中医院）始建于1979年，经历了40年的建设和发展，逐步发展成为本地区集医疗、急救、预防、保健、科研、教学等多项功能于一体，医疗技术雄厚，综合实力较强，规模发展迅速的现代化三级甲等中医医院。

贺州中医院作为市内唯一一家三级甲等中医医院，是全国少数民族医药工作表现突出的医疗机构及胡希恕经方医学传承基地，是广西现代医院管理制度示范单位中唯一一家地市级中医医院、广西唯一一家地市级中医壮瑶医养生保健示范基地、国家中医住院医师规范化培训协同基地、广西高等医学院校A级临床教学基地、广西中医药大学非直属附属医院、广西中医药大学附属医院及实践教学示范单位。

贺州中医院占地55亩，建筑面积7.8万平方米。现有职工863人，卫生技术人员732名，医生268人，护士358人，医技人员64人，高级职称97人，中级职称212人，各专业科室的主任均具有副主任医师及以上职称，并有临床营养师1人，营养师1人。医院管理层中有研究生学历7人，本科学历18人，高级职称的13人，中级职称的6人，中高级专业技术人才占中层干部总数的58%。

2019年，医院业务收入达3.55亿元，全院门、急诊38.73万人次，出院26108人次，全年手术例数6042例。

贺州中医院开设临床专科31个，医技科室12个，职能科室24个。拥有1个国家级重点专科急诊科，2个自治区级重点专科肝病科、脑病科，3个市级临床重点专科脊柱骨科、肛肠科、消化内科。

（二）贺州市中医医院面临的问题

《国务院办公厅关于加强三级公立医院绩效考核工作的意见》（国办发〔2019〕4号）指出："2019年，在全国启动三级公立医院绩效考核工作，绩效考核指标体系、标准化支撑体系、国家级和省级绩效考核信息系统初步建立，探索建立绩效考核结果运用机制。到2020年，基本建立较为完善的三级公立医院绩效考核体系"医院绩效考核关系着医院后续的发展命脉，贺州中医院在第一次摸底考核得分较低。如何更加有效地实施考核，通过考核促进内部管理规范，提升医疗服务整体效率，是贺州中医院迫切需要快速解决的问题。

为积极响应国家、自治区三级公立中医医院绩效考核工作，提高全院职工对三级公立中医医院绩效考核工作的重视程度，积极组织落实考核工作，进一步提升医院的管理水平和服务水平，决定聘请精医万家对其进行管理咨询。

二、三级公立中医医院绩效考核政策要求与医院诉求

（一）政策要求

为了实施健康中国战略，建立健全基本医疗卫生制度，加强和完善公立医院管理，坚持公益性，调动积极性，引导三级公立医院进一步落实功能定位，提高医疗服务质量和效率，推进分级诊疗制度建设，在发展方式上由规模扩张型向质量效益型转变，在管理模式上由粗放的行政化管理转变为全方位的绩效管理，促进收入分配更科学、更公平，实现效率提高和质量提升。2019年，在全国启动了三级公立医院绩效考核工作。

三级中医医院绩效考核指标体系主要由医疗质量、运营效率、持续发展、满意度评价4个方面构成；总体考核指标66个，定量指标61个，定性指标5个。

1. 医疗质量

通过医疗质量控制、合理用药、检查检验同质化等指标，考核医院医疗

质量和医疗安全；通过代表性的中医治疗类指标，考核医院对中医操作的重视程度及使用效果；通过代表性的单病种质量控制指标，考核医院重点病种、关键技术的医疗质量和医疗安全情况。

2. 运营效率

通过人力资源配比和人员负荷指标，考核医疗资源利用效率；通过经济管理指标，考核医院经济运行管理情况；通过考核收支结构指标，间接反映政府落实办医责任情况和医院医疗收入结构合理性，推动实现收支平衡、略有结余，有效体现医务人员技术劳务价值的目标；通过考核门诊和住院患者次均费用变化，衡量医院主动控制费用不合理增长情况。

3. 持续发展

主要通过人才结构指标，考核医务人员稳定性；通过科研成果临床转化指标，考核医院创新支撑能力；通过技术应用指标，考核医院引领发展和持续运行情况；通过公共信用综合评价等级指标，考核医院信用建设。

4. 满意度评价

医院满意度由患者满意度和医务人员满意度两部分组成。患者满意度是三级公立医院社会效益的重要体现，提高医务人员满意度是医院提供高质量医疗服务的重要保障。通过门诊患者、住院患者和医务人员满意度评价，衡量患者就医获得感及医务人员积极性。

（二）主要关注点

（1）国家、广西壮族自治区三级公立中医医院绩效考核政策。

（2）医院当前三级公立中医医院绩效考核指标达标情况。

（3）医院全院职工对三级公立中医医院绩效考内容的了解程度及执行情况。

（4）医院组建相应的管理组织，由专门部门负责考核工作。

（5）按照绩效考核指标性质，进行相关职能监督部门划分。

（6）结合国家、自治区绩效考核指标基本要求，制订各项指标阶段性考核目标。

（7）制定三级公立中医医院绩效考核管理制度，明确考核方式、考核流程，并纳入绩效考核。

（8）监督绩效考核指标数据上传及考核要求的完成情况。

三、贺州市中医医院绩效考核体系的建立与实施

（一）项目工作计划

为了更加详细地了解三级公立中医院绩效考核的要求，进驻医院之后，项目组边调查分析、边制订考核方案，从理论到数据再到实操，逐步推进。项目后期，指导院方就三级公立医院绩效考核进行全面的督导考核，并对执行过程中存在的不足进一步优化反馈，确保考核目标更好地完成（见表1）。

表1　项目集中服务期工作安排表

序号	内容
1	对全院中层以上人员进行访谈
2	国家、自治区三级公立中医医院绩效考核内容及要求解读
3	对医院绩效考核指标执行情况进行全面诊断
4	成立三级公立中医医院绩效考核方案领导小组，明确岗位职责
5	基于三级中医医院汇编《贺州市中医医院岗位说明书》
6	梳理岗位流程（钉钉）
7	结合广西壮族自治区三级公立医院绩效考核方案确定考核指标
8	制订绩效考核方案细则，撰写考核方案初稿
9	项目组内部修改医院绩效考核方案初稿
10	下发医院绩效考核方案，收集意见
11	与院班子沟通确定医院绩效考核方案
12	医院绩效考核方案定稿
13	对全院发布绩效考核方案
14	指导推进三级公立中医医院绩效考核的实施

（二）调查方法和内容

1. 调查方法

在三级公立中医院绩效考核方案制订过程中，项目组通过文案调查、人员访谈、现场观察、对收集的数据进行整理分析等方式，确定调查结果。

2. 具体工作内容

（1）政策研读。通过对国家、自治区三级公立中医医院绩效考核政策文件的研读，明确考核侧重点，初步制订绩效考核方案的执行思路。

（2）员工访谈。通过对医院中层以上人员访谈，了解院部各级人员对三级公立中医医院绩效考核内容、要求的知晓情况，听取完成各项考核目标的意见，并就项目组的管理思路进行沟通。

（3）数据分析。通过对医院信息系统和国家卫生健康委满意度调查平台数据的整理分析，明确医院当前三级公立中医医院绩效考核执行情况。

（4）方案撰写。根据医院当前三级公立中医医院绩效考核执行水平，结合各学科的特点，制订各部门分阶段考核目标，以及对各项考核指标的提升给予相应的指导措施。按照考核指标确定监督责任人，成立考核领导办公室，明确考核流程及要求，并按照考核方案指导院部落实。

（三）绩效考核体系的设计与实施

1. 优化组织架构

结合三级公立中医医院绩效考核指标，通过梳理组织结构，做好关键评价部门和主要评价内容的管理，搭建起医院整体的评价体系（见图 1）。

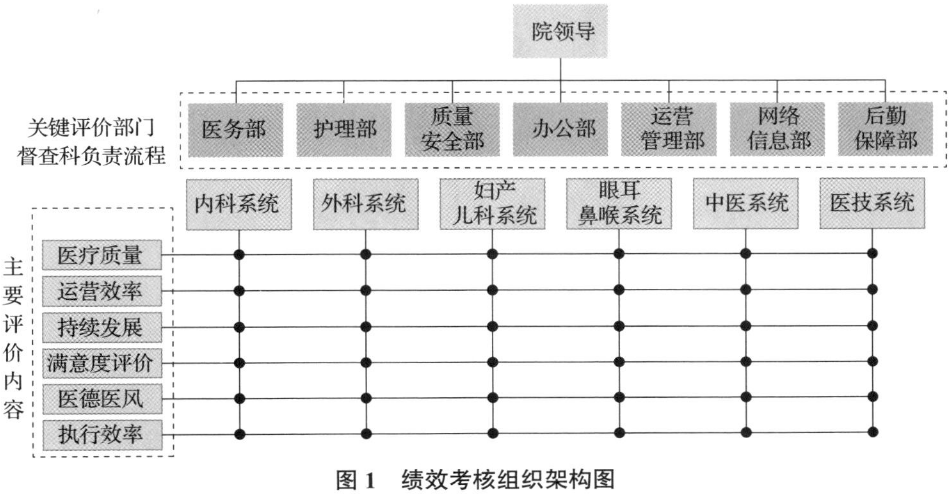

图 1　绩效考核组织架构图

2. 明确考核原则

（1）坚持公益性导向，提高医疗服务效率的原则。

（2）坚持精细化推进，完善医院管理机制的原则。

（3）坚持监督考核，奖罚并重的原则。

（4）坚持考核及时性的原则。

（5）坚持持续提升，以结果为导向的原则。

（6）坚持信息化支撑的原则。

3. 解读指标体系

一级指标 4 项，二级指标 14 项，三级指标 66 项。其中，34 个指标为国家监测指标。另外，16 个指标自动生成，14 个指标由财务年报表获取，36 个指标由医院填报，66 个指标（定量指标 61 个，定性指标 5 个）。

4. 绩效考核主体内容

绩效考核主体内容如图 2 所示。

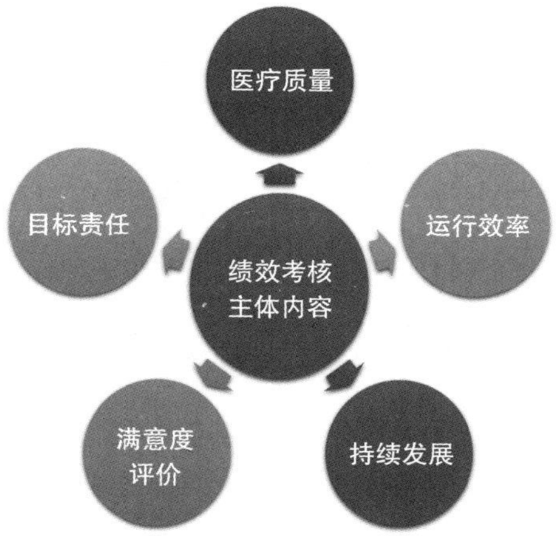

图 2　绩效考核主体内容示意

5. 责任分解

根据指标体系的内容，结合医院的科室设置，将所有考核指标进行责任分解，包括责任科室、考核科室、数据统计科室等（见表 2）。

表 2　绩效考核指标分解范例

一级指标	二级指标	三级指标	数据提供科室	被考核对象 1	被考核对象 2	监督人员
一、医疗质量（48 分）	（一）功能定位（20 分）	1. 门诊中药处方比例	信息科	临床科室	医务科	分管领导
		2. 门诊散装中药饮片和小包装中药饮片处方比例	信息科	临床科室	医务科	分管领导
		3. 门诊患者中药饮片使用率	信息科	临床科室	医务科	分管领导
		4. 出院患者中药饮片使用率	病案室	临床科室	医务科	分管领导
		5. 门诊患者使用中医非药物疗法比例	信息科	临床科室	医务科	分管领导
		6. 出院患者使用中医非药物疗法比例	病案室	临床科室	医务科	分管领导
		7. 以中医为主治疗的出院患者比例	病案室	临床科室	医务科	分管领导
		8. 日间手术占择期手术比例	医务科			分管领导
		9. 住院手术患者占手术期中医治疗比例	病案室	临床科室	医务科	分管领导
		10. 下转患者人次数（门急诊、住院）	医务科	临床科室	医务科	分管领导
	（二）质量安全（15 分）	11. 手术患者并发症发生率	病案室	临床科室	医务科	分管领导
		12. Ⅰ类切口手术部位感染率	病案室	临床科室	院感科	分管领导
		13. 理法方药使用一致的出院患者比例	病案室	临床科室	医务科	分管领导
		14. 大型医用设备检查阳性率	医务科		医务科	分管领导
		15. 大型医用设备维修保养及质量控制管理	设备科	设备科	设备科	分管领导
		16. 通过国家室间质量评价的临床检验项目数	医务科	医务科	检验科	分管领导
		17. 优质护理服务病房覆盖率	护理部			分管领导
	（三）合理用药（8 分）	18. 点评处方占处方总数的比例	药剂科	药剂科	药学部	分管领导
		19. 点评中药处方占中药处方总数的比例	药剂科	药剂科	药学部	分管领导
		20. 抗菌药物使用强度（DDDs）	药剂科	临床科室	药学部	分管领导
		21. 门诊患者基本药物处方占比	药剂科	院部	药学部	分管领导
		22. 住院患者基本药物使用率	药剂科	院部	药学部	分管领导
		23. 基本药物采购品种数占比	药剂科	院部	药学部	分管领导
		24. 国家组织药品集中采购中标药品使用比例	药剂科	院部	药学部	分管领导
	（四）服务流程（5 分）	25. 门诊患者平均预约诊疗率	门诊部	院部	门诊部	分管领导
		26. 门诊患者预约后平均等待时间	门诊部	院部	门诊部	分管领导
		27. 电子病历应用功能水平分级	医务科	院部	信息科	分管领导

6. 绩效考核体系设计的基本步骤

（1）了解职工对医院绩效考核工作的熟悉情况及在工作推动过程中做的相关调整。

（2）对医院中层以上人员进行医院绩效考核内容及要求的培训，加强职工对该项工作的深入理解及重视程度。

（3）结合医院的经营情况，对2017—2019年三年考核指标的完成情况进行院科两级诊断，判断医院的经营方向及与医改的符合程度，明确医院经营与国家基本要求间的差距，诊断面向全院中层人员。

（4）成立医院绩效考核领导小组，明确小组成员的岗位职责，保证绩效考核工作的顺利推进。

（5）结合等级医院评审要求及医院的发展重点，完善医院绩效考核指标体系，促使医院管理、服务工作的系统性全面提升。

（6）为充分发挥职能科室的价值，对已经完善的考核指标，按照考核方向，进行职能监督部门的划分。

（7）结合各学科的差异性，各类考核指标制订差异性阶段目标，对具体指标的提升，给予指导和建议，并协同绩效的奖励。

（8）将医院绩效考核形成考核方案，明确考核方式和考核流程，并落实到院部管理制度。

7. 组织配套措施

结合医院对绩效考核的认识和前期调查的结果，为保障绩效考核目标的实现，在绩效考核指标分解的基础上，针对医院的岗位职责梳理、三级考核方式建立、目标责任配套等方面进行梳理并组织实施。

（1）建立岗位评价体系。

业务科室有量化指标来考核，比如门诊人次、出院人次以及质量方面的考核指标，但行政岗位的工作没有具体的参照对象，没有具体的量化体系与量化标准。基于此，可运用“十八要素评价计分法”用以评价行政岗位的价值。

完善各职能科室的岗位说明书，对各岗位的工作职责、工作关系、任职资格、基本素质、工作权限、协调关系、绩效考核要点提出明确要求。

（2）将绩效考核与医院的质量管理考核相融合。

随着医院规模的扩大，医院科室的增加，问题的出现，政策的要求等，医院各方面的相关考核制度也必然越来越多。为更好地保障绩效考核的有效实施，保障考核者和被考核者能够有效地执行，对医院的考核流程进行总结归纳（见图3）。

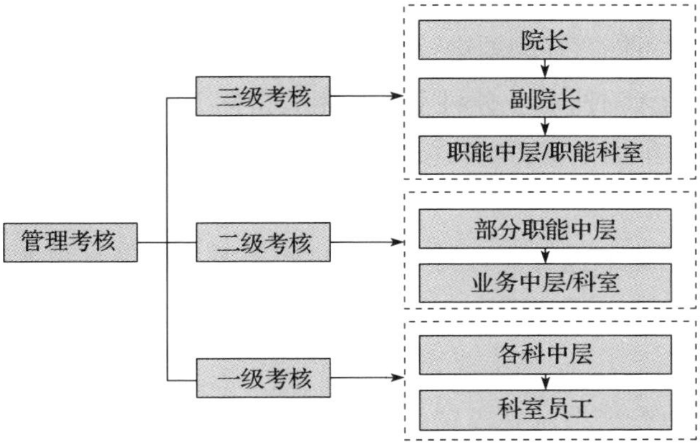

图3　医院三级考核示意

一级考核：各科室负责人负责本科室职工的工作质量考核，具体考核内容由科室自行确定，要求科室必须执行考核且考核内容符合科室实际情况，以提高职工工作积极性和工作效率为最终目标，分管领导定期检查科室责任人对科室职工的考核工作。

二级考核：考核办公室负责业务科室绩效考核，行政职能科室需要为考核办公室提供数据支撑。

三级考核：院领导负责考核办公室及辅助职能科室的绩效考核，并将全院三级医院绩效考核总得分的平均值作为院领导班子的考核得分。

（3）目标责任与述职报告。

根据考核的直接分解，建立各科室的目标责任管理书，帮助被考核科室有的放矢、不断提升管理质量和管理效率，同时进一步规范医院的年度述职报告制度，让总结会、务虚会、分析会、数据和成果进行直观地展现，鼓励先进，总结经验，以促进科室和医院的健康良性发展。

8. 推动执行考核方案

（1）在绩效考核方案发布中，3个月内只进行考核内容及指标的监督通报，3个月后严格按照考核制度执行，明确各月份考核指标的具体内容及要求，并要求监督部门随时了解业务科室改进情况。

（2）考核前一天组织考核部门，再次明确考核开始时间、内容、样本量、抽查的方式，对可能存在问题进行模拟解答。

（3）考核当天对所有业务科室进行相关指标20份资料的抽查，对抽查存在的问题进行详细的记录，对简单的问题直接提出改进意见，复杂问题汇总集中反馈。

（4）对考核结果进行汇总分类，项目组对各类问题提出改进措施，之后与绩效考核领导小组沟通完善改进措施，最终改进意见统一下发到科室进行改进。

（5）本次检查结果对完成较差的指标作为接下来重点监督指标，并加入下个周期改进内容，循环往复不断提升。

（6）对本次考核中存在流程、协调欠妥的方面进行完善，之后以院部管理制度的要求执行。

9. 实施初步效果

工作推进后，全体职工对医院绩效考核有了更加深刻的认识，各业务科室清楚在每个阶段应该完成的基本标准。对于科室考核欠佳的情况，由绩效考核领导小组给出提升的指导意见。监督层面对职能科室清楚自身监督的对象及目标，也清楚具体的监督流程及考核的方式，对整体考核标准的执行上更加清晰，抓手更加明确。

在具体考核工作的实施上，监督考核部门更加明确执行的方式及流程，业务部门对改进的重点更加明确，改进思路更加清晰。通过各部门不断的努力，医院接近80%的考核指标已经达标，医院的服务质量和服务效率有了进一步提升，在保证考核目标逐步完成的同时，中医医院的差异性服务也得到了充分体现。

四、小结

在深化医药卫生体制改革的大环境下，推进公立医院绩效改革，对进一步落实功能定位，提高医疗服务质量和效率提出了更加明确的要求，为不同类医疗机构的发展重点指明了方向，从而为更好地满足居民对医疗卫生服务需求，坚持公益性发展方向，调动广大医务人员的积极性，规范诊疗行为，提高服务效率，促进医疗卫生事业可持续发展，奠定了坚实基础。

作为医疗机构，在全国启动三级公立中医医院绩效考核的背景下，应及时研究应对策略，转变经营观念，在发展方式上由之前的规模扩张型转向质量效益型，在管理模式上由粗放的行政化管理转向全方位的绩效管理，促进收入分配更科学、更公平，实现效率提高和质量提升，在三级公立中医医院绩效考核实施过程中，成为公立医院发展规划、重大项目立项、财政投入、经费核拨、绩效工资总量核定、医保政策调整的重要依据，同时与医院评审评价、国家医学中心和区域医疗中心建设以及各项评优评先工作紧密结合，对医院良性长远发展至关重要。

因此，三级公立医院绩效考核对三级医疗机构的定位和发展，其有重要的指导意义。

郑州中医骨伤病医院专病特色构建

北京精医万家科技有限公司　赵磊

北京精医万家科技有限公司（以下简称精医万家），在2018年中国管理咨询机构50大排名中名列第四，中国企业联合会管理咨询委员会执行委员单位和国际管理咨询协会理事会（ICMCI）认证的“CMC-Firm”，曾获“2018值得信赖的中国管理咨询机构”荣誉称号，入围2018年人民网评选的“健康连接世界：中国医疗健康产业影响力榜（国际医疗服务与健康养生旅游领域）”。精医万家拥有一批以国际注册管理咨询师（CMC）为核心，具有丰富医院战略管理咨询经验的专家团队，为全国23个省、市、自治区近1000家医疗机构提供战略管理咨询服务，多年来专注于医院管理咨询领域的理论研究与实践，荣获“2019年国际君士坦丁奖”金奖及国家金奖。精医万家业务范围涵盖战略管理咨询、市场营销管理咨询、精细化管理咨询、医院发展相关培训等多个领域。

本案例项目组成员

赵磊，长期从事医院管理咨询工作，能够通过实地调研分析出医院在发展过程存在的问题，运用先进的医院管理理论，解决实际工作过程中遇到的问题并制订出切实可行的方案与措施，促进医院快速发展。参与并主持过多家医院的门诊专科建设，在中医服务能力提升、医疗质量管理考核、医院执行力提高、医院临床路径管理、成本管理体系建设等方面，具有一定的医院管理咨询实践经验。

其他成员：谢志昌、尚晓敏

导读

在民营医院发展过程中，学科建设是重要的战略发展措施，但是结合民营医院的实际情况应该怎么建设？建设的方向在哪里？具体应该怎么推行？是每家民营医院的发展难题，精医万家提出从专病出发，进行专病特色构建的指导思想。

郑州中医骨伤病医院为切实促进专科发展，提升患者疗效，从而打造医院专病品牌，增强医院影响力与竞争力，决定聘请精医万家对其进行管理咨询。

从2020年1月5日项目组进驻医院开始，就总体按照边调查边改进的模式加以推进。先后通过制订专病特色构建推进计划，进行专病细致分类，建立专病门诊，实行门诊排班制度，调整确定各病区专病诊治方向，梳理各专病治疗方案，总结专病治疗特色，制订专病疗效评价标准，定期评估不断优化方案等措施，促进医院升级转型，逐步提升医院核心竞争力。2020年7月，经过近6个月的升级转型，医院的专病门诊量不断增加，住院患者专病诊治持续规范，医生的发展方向越来越清晰，医院的专病治疗水平不断优化，专病患者疗效逐步提高，患者口碑越来越好。

郑州中医骨伤病医院专病特色构建

北京精医万家科技有限公司　赵磊

一、项目背景

（一）郑州中医骨伤病医院介绍

郑州中医骨伤病医院创建于2003年，是一所中医特色突出的国家三级中医骨伤专科医院，是省市医保、城乡居民、异地就医、工伤保险定点医院，医院建筑面积2.9万平方米，目前开放床位460张，设骨关节科、脊柱科、康复科等10个病区。其中骨伤科、骨坏死科是河南省中医特色专科，是郑州市中医重点专科和特色专科，其中中医骨伤科、骨坏死科、脊柱科是河南省重点中医专科建设单位。现有员工500余人，中、高级职称医生比例占40%，核定床位327张，实际开放460余张。医院拥有德国原装西门子3.0T核磁共振、飞利浦CT、日本岛津（DR）等骨科康复诊疗设备200余台（套）。

医院一直注重临床科研和科技成果转化，并取得显著成效。医院研发有国药准字号中药三类新药“丹郁骨康丸”以及专科专病中药制剂39种。建院10余年来，科研成果丰硕，先后荣获“河南省科学技术进步奖”3项，“河南省中医药科学技术成果奖”19项，“郑州市科学技术进步奖”8项；获得“河南省科学技术成果”26项；获得“国家知识产权局授权发明专利”29项，外观设计专利2项，中国中医药研究促进会科学技术进步奖1项。发表医学专著12部，参与国家自然基金项目2项、国家临床基地建设项目1项。

根据国家“十三五”规划，明确了中医药发展方向，目前在郑州市航空港区新院区建设占地108亩的新院区（位于郑州航空港经济综合实验区双鹤湖片区志洋路北侧），建筑面积27万多平方米，设置床位2000张的三级甲等专科医院。同时医院下属中药厂占地45亩，建筑面积2万平方米。未来将打造全国数十家连锁医院和中医药文化宣教基地，以及特色中医药文化交流平台，是集医疗大健康管理、药品研发、物流、投资于一体的医药产业集团。

（二）郑州中医骨伤病医院面临的问题

市场竞争日益激烈，在郑州区域内的综合医院骨科专业及骨科专科医院近些年发展迅猛，可谓强手如云，既有郑州大学第一附属医院、河南省人民医院、河南省中医院及郑州市中心医院等大型三甲综合医院的骨科专业，也有河南省洛阳正骨医院（河南省骨科医院）、郑州市骨科医院等三甲专科医院。作为一家民营专科医院，郑州中医骨伤病医院如何明确自身定位，找准发展方向，突破重围，实现持续健康发展是医院必须要解决的首要问题。

骨科患者对诊治疗效的关注不断提高，传统的疗法难以更好地满足患者对见效快、副作用小、费用实惠方面的需求。郑州中医骨伤病医院通过多年的技术积累在骨科部分专病领域建立起治疗方法、中医中药及诊治疗效等方面的技术优势，但如何加快专病技术水平的升级与突破，是医院实现长远发展的基础。

打造一个广受患者认可与信任的医疗品牌是众多医院管理者的追求，但全国纵有3万多家民营医疗机构，有一定品牌影响力的民营医院为数不多，与公立医院更是无法匹比。如何打造骨科专科医院品牌是医院实现长远发展的根本。

医院领导本着一切为了患者的宗旨，以医院发展战略目标达成为指引，在了解接洽众多管理咨询机构后，最终选择精医万家作为管理咨询合作方，为医院提供发展战略管理咨询，以此明确医院发展定位、梳理学科建设方向、提升专病能力、加强品牌建设及推进绩效考核等创新改革工作，从而促进医院持续健康发展。

二、专病特色建设理论简介

（一）学科建设的新认识

民营医院学科发展分为三种形式：学科建设、专科建设、如何构建专病特色。这三种形式是医院学科建设认识上的突破，三种形式的学科建设资源配置不同，医院在不同发展阶段应选择不同的学科建设形式。

从人才建设、设备投入、床位资源、门诊建设强度等资源配置系数角度分析，假设学科建设所需资源配置系数为 1.0，那么专科建设所需资源配置系数为 0.2，专病建设所需资源配置系数仅为 0.067。由此可见，在学科发展的三种形式中专病建设所需投入的资源要素是最低的，也是相对容易见效的。

因此对于大多数民营医院而言，在人才储备、设备投入及发展资金相对有限的情况下，学科建设从专病着手是一条较为实际的发展道路，经过实践证明，也是适合于大多数民营医院学科建设发展的选择。

（二）民营医院学科建设模型

民营医院构建专病特色，应确定以专病治疗作为学科建设的基本指导思想，从根本上和公立医院错开竞争，以赢得生存和发展的先机。

区域医院中市场份额大的医疗机构一般是公立医院，从规模、技术水平、人才储备、竞争能力上看，民营医院很难与其竞争。公立医院最常见的是学科建设或专科建设，国家监管部门对其有详细的要求和考核。

民营医院在竞争中不具优势，走专病—专科—学科建设的差异化发展之路，是民营医院走专病化学科建设之路的最佳选择。

如图 1 所示，是一个民营医院学科建设模型，该模型分别从市场份额和人均业务收入两个维度来评估某一民营医院学科发展的定位选择。一是市场份额方面，它反映的是民营医院的学科服务能力及辐射水平，如果市场份额低，则其学科服务能力及辐射水平都相对有限，那么发展专病则是更为实际的选择，而不是学科建设；二是人均业务收入方面，它反映的是民营医院的创收能力及学科服务能力，如果人均业务收入高，则其创收能力及学科服务能力都相对较高，那么发展学科则更为符合实际，反映其有较好的学科建设的基础与能力。不同的民营医院都可在该模型中确认定位，由此形成对自身学科建设发展道路的选择。

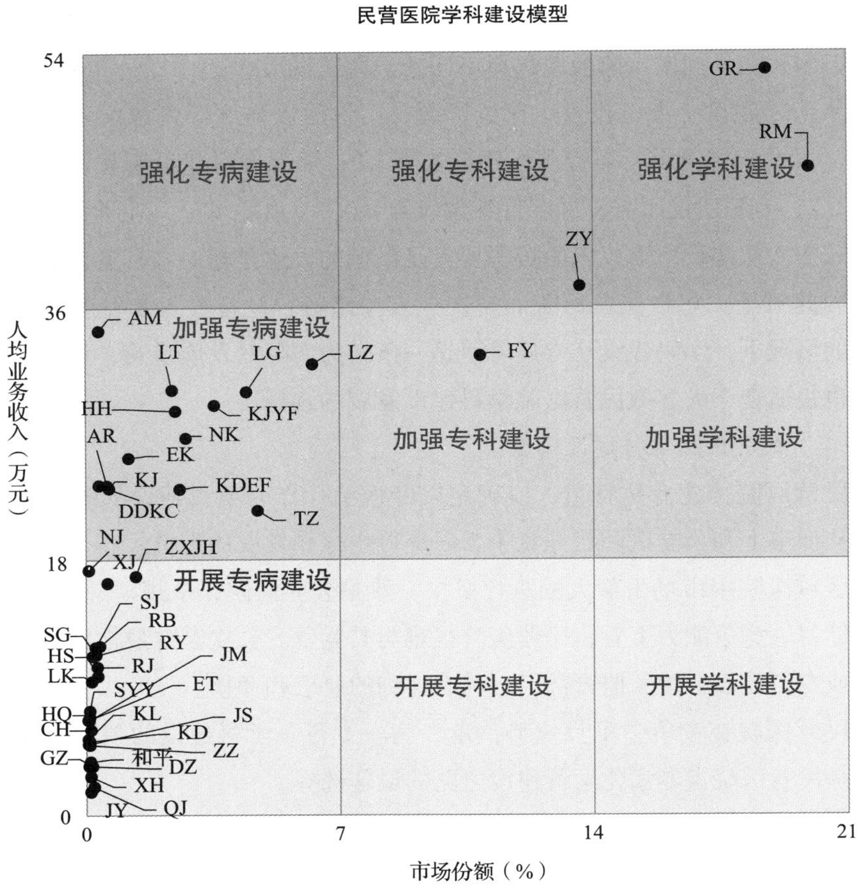

图1　民营医院学科建设模型

（三）专科医院专病强则专科强

专科医院学科建设的重要指导思想是专科医院专病强则专科强。

专科医院的学科建设是由具体的专病建设组成的；

专科医院学科建设的落脚点是专病建设；

专科医院技术水平是由专病技术水平决定的；

泛指专科技术水平和服务水平是没有意义的；

清晰的专病分科是专科医院学科建设的基础；

专病细分是专科医院医生发展定位的重要原则；

专家的立足点都在专病，不在专科。

（四）专病特色构建流程

构建专病特色的核心思想是让区域居民都知道本院治疗什么病最好。为更好促进专病特色开展，需要明确专病特色构建的具体流程，以此指导院方有效的推进相关工作开展，既对工作过程负责，又对工作效率及结果负责。专病特色构建流程一般涉及一下相关流程及内容。

（1）筛选优势病种：针对不同学科的病案进行前10种优势病种的筛选，以此选择并确定该学科的优势病种是哪些。

（2）确定专病学科：通过对前10种优势病种及专病服务能力等分析，锁定重点建设的专病方向。

（3）确定医生方向：根据重点建设专病需求，明确科室医生业务方向及专病方向，形成院有重点，科有特色（专病），医生有专长的学科发展体系。

（4）制订发展目标：结合医院发展目标及专病建设规划，制订各科室的发展目标，设计专病服务能力指标、业务发展指标、人才体系建设等指标，并明确责任主体与考核办法。

（5）专病学科组合：结合科室发展实际，如某一科室以单一专病为主来发展，则发展难度系数大，由此可基于专病发展思路，形成某个科室由几个专病组合的学科建设。

（6）优化治疗方案：专病建设的基础是疗效，因此研究每个专病的治疗方案是重要的方面，要针对不同专病优化各自的治疗方案，并在实践中不断完善。

（7）优化临床路径：结合专病建设、各专病治疗方案及相关专病临床路径规范要求，制订符合实际的临床路径方案，这是保障专病成效的关键措施。

（8）建立科研体系：为不断提升专病建设水平，需要提升专病的科研水平及学术水平，建设科研体系对于专病建设具有长远发展的重要意义。

（9）市场营销策略：好酒也怕巷子深，围绕专病形成配套的市场营销是做大做强专病的重要措施，其中突出专病疗效的口碑宣传是核心思路。

（10）目标责任体系：结合医院发展目标及专病建设规划，制订各科室的发展目标，设计专病服务能力、业务发展、人才体系建设等指标，并以签订年度科室发展目标责任状形式加以推进。

（11）建立考核体系：结合专病建设发展目标及责任体系要求，明确不同专病建设的考核主体及考核办法。

（12）绩效对应调整：为有效推动专病建设的深入开展及保障执行成效，绩效调整也是重要的战略配套措施，以此形成对专病建设的积极导向。

三、开展“立足专病特色，打造专科品牌”的项目工作

（一）明确医院发展定位，走专病特色发展之路

面对郑州区域内强大公立医院的竞争对手，如何突破重围，在夹缝中求生存、谋发展，是郑州中医骨伤病医院要优先解决的问题。

精医万家董事长简棣老师通过前期调研，提炼出该医院的三个显著特征：民营医院、专科医院、中医特色；并于2020年1月9日提出“专病、特色、结构、推广”的八字指导方针。其中，就医院发展定位问题，明确提出“立足专病特色，打造专科品牌”的发展思路，确定以专病治疗作为学科建设的基本指导思想，从根本上和公立医院错开竞争，以赢得生存和发展的先机。

管理咨询项目组以“立足专病特色，打造专科品牌”为战略定位，以此围绕各专病展开一系列的专病特色构建工作，并就打造“骨健康引领者”的专科品牌进行系统性的品牌建设指导。

（二）立足专病特色建设，提升专病服务能力

1. 制订专病特色建设工作计划表

为落实专病特色建设，指导医院快速推进专病特色相关工作，项目组在明确医院发展思路后，制订了专病特色建设工作计划表，明确专病建设的主要工作措施、责任部门、责任人及推进进度等，并全程指导参与各项工作的推进，为专病推进取得预期成效奠定扎实的基础（见表1）。

表 1 专病特色建设工作计划

序号	指导方针	主要措施
1	专病	病种的分析，筛选出优势病种
2		确定专病病种
3	特色	成立专病学科建设领导小组
4		研讨科学分类（参考甲状腺病分类方法）
5		确定专病学科 / 专病学科组合
6		确定门诊 / 住院专病学科名称（诊室名称）
7		确定专病学科相关配置（包括人员、病区、诊室、设备、进修等）
8		构建 / 总结专病特色
9		专病科研立项
10		形成各专病学科建设方案
11		优化治疗方案

2. 进行专病分类

做好专病分类是专病推进中一项重要的工作，也是提升专病诊治水平的基础工作，只有研究清楚每个专病都有哪些分类，从下往上研究才能深入研究与总结这个专病的治疗方法有哪些，从而为不断优化治疗方案提供科学合理的依据。项目组在推进该项工作中充分调动各临床学科主要技术专家的临床知识经验，并借助外部专家的资源，就每个专病进行细致梳理，形成覆盖骨科专业的各个病种的细致分类，比如图 2 中对肩椎病病种进行了分类。

3. 制订专病诊疗方案

在梳理完成专病分类之后，围绕每个专病的诊疗方案进一步做优化升级，在结合各病种国内、外先进的诊疗理念与技术的基础上，结合医院自身的技术与特色，形成各病种的诊疗方案，并植入临床路径方案中，形成一套覆盖专科医院主要病种的诊疗方案体系，为规范诊疗行为、提升诊疗技术、提高诊疗疗效奠定基础。

各专病诊疗方案涵盖骨性关节炎、腰痛病、颈椎病、膝关节病、风湿病及骨质疏松等 10 多个专病诊疗方案。

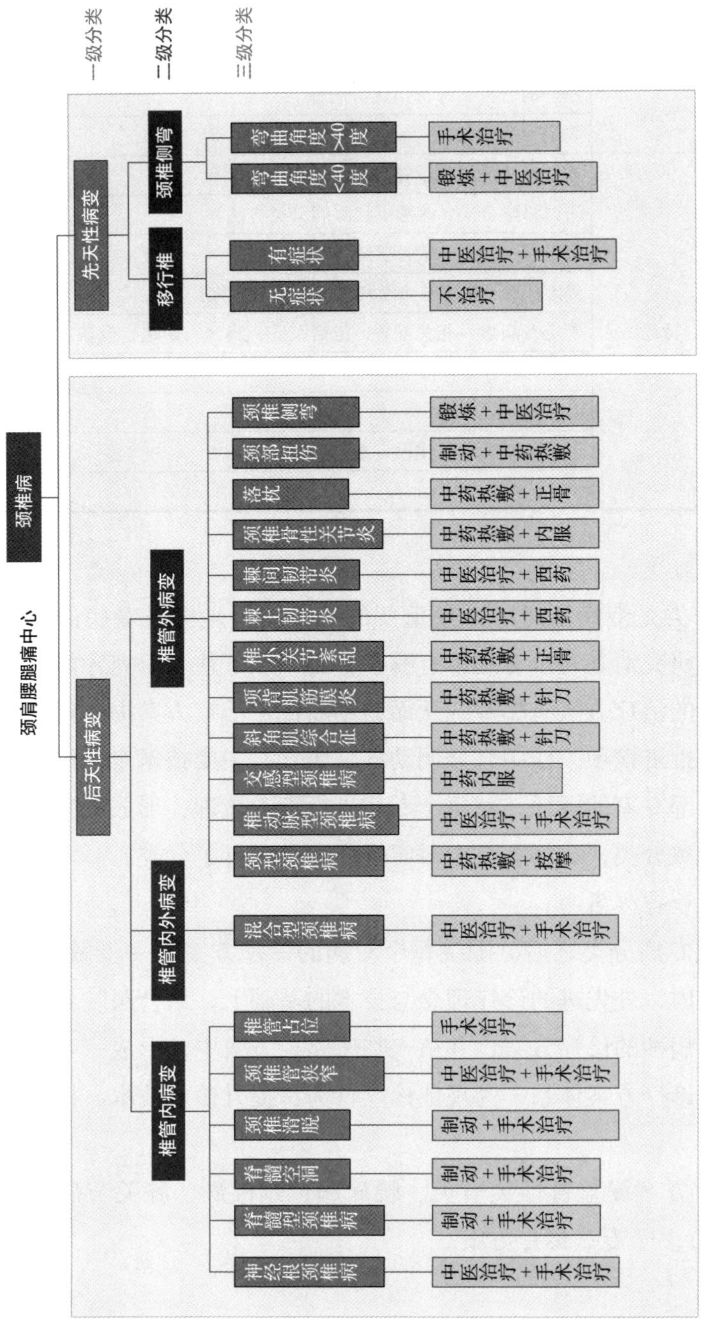
一级分类
二级分类
三级分类
颈肩腰腿痛中心
颈椎病
先天性病变
后天性病变
颈椎侧弯
移行椎
弯曲角度>40度
手术治疗
弯曲角度<40度
锻炼+中医治疗
有症状
中医治疗+手术治疗
无症状
不治疗
椎管外病变
椎管内外病变
椎管内病变
颈椎侧弯
锻炼+中医治疗
颈部扭伤
制动+中药热敷
落枕
中药热敷+正骨
颈椎骨性关节炎
中药热敷+内服
棘间韧带炎
中医治疗+西药
棘上韧带炎
中医治疗+西药
椎小关节紊乱
中药热敷+正骨
项背肌筋膜炎
中药热敷+针刀
斜角肌综合征
中药热敷+针刀
交感型颈椎病
中药内服
椎动脉型颈椎病
中医治疗+手术治疗
颈型颈椎病
中药热敷+按摩
混合型颈椎病
中医治疗+手术治疗
椎管占位
手术治疗
颈椎管狭窄
中医治疗+手术治疗
颈椎滑脱
制动+手术治疗
脊髓空洞
制动+手术治疗
脊髓型颈椎病
制动+手术治疗
神经根型颈椎病
中医治疗+手术治疗

图 2　肩椎病病种分类

4. 制订专病疗效评价标准

专病特色建设的出发点和落脚点一定是疗效，同时疗效也是关乎学科发展水平的根本，因此对专病疗效的评价是项目组和院方都高度重视的一项工作。通过结合医疗行业及骨科专业协会的相关专病疗效评价标准规范，指导院方制订了各专病的疗效评价标准，并植入医院信息化系统，明确提出疗效评价的“双百分之百”的要求，即所有住院患者做到百分之百疗效评价，所有住院患者做到百分之百真实疗效评价，同时制订相关的监督及考核措施。

专病疗效评价标准涵盖骨性关节炎、腰痛病、颈椎病、膝关节病、风湿病及骨质疏松等 10 多个专病疗效评价标准。

5. 专病门诊的成立与专病病区的划分

调整后的学科建设以两大中心，即骨坏死中心及颈肩腰腿痛中心作为学科建设支撑平台，每个学科中心细分出相应的专病科室，并打造各自专病门诊与专病病区，同时对原有医生按专病诊疗特长进行重新组合，明确各医生的所属专病科室、专病门诊、专病方向和专病研究课题等，同时为保障专病专治有效开展，制定了相关专病专治的管理考核制度，确保该工作能够持续推进落地。

以骨坏死中心为平台的 4 个专病科室有：纯中医保守治疗病区、中西医结合治疗病区 1、中西医结合治疗病区 2 和高端服务病区。

以颈肩腰腿疼中心为平台的 4 个专病科室有：颈椎病科、腰椎病科、膝关节病科、风湿病科。

6. 相关制度保障与组织保障

为深入有效推进专病各项工作的推进，项目组在前期就高度重视管理组织建设的保障，为此指导院方成立了专病建设领导小组，明确专病建设的组织机构、成员构成、主要职责、工作目标及工作要求等，并确定每个月召开一次专病建设推进领导小组会议，就专病推进过程中的成效、进度、问题及时进行沟通并解决。

（三）推动绩效方案改革，提高专病开展的积极性

绩效方案是医院发展的指挥棒，也是实现医院发展战略目标的重要战略措施，项目组以立足专病建设为指导思想，针对医院原有的绩效方案进行了全面梳

理与分析，形成对原有绩效方案问题的诊断与新绩效方案设计的指导思路。

1. 原有绩效方案问题诊断

经过项目组前期对医院原有绩效方案的深入数据分析，总结存在六个方面的主要问题。

（1）原有绩效方案过于复杂，涉及绩效考核指标众多，核算方式难以简单核算，由此导致科室无法自主核算清楚。

（2）全成本管理核算模式已不能适应医院新阶段发展的需求，也存在诸多不合理的成本管控方式导致的一些不合理现象的产生。

（3）原有绩效方案激励重点不明确，绩效激励指标众多，导致科室业务发展缺乏明确的绩效指标导向。

（4）科室二次分配自主权不足，科室负责人缺乏绩效分配管理权限，从而导致无法充分调动科内人员的积极性。

（5）现有绩效方案缺乏战略指引，绩效方案的战略导向明显不足。

（6）原有绩效方案存在一些设计不合理因素，导致绩效方案时常变动，从而失去绩效方案的公信力和发展的动力。

2. 以发展战略为导向，以工作量考核为主的新绩效方案的制订与实施

在对原有绩效方案的诊断分析的基础上，结合医院发展的战略目标，项目组确定以工作量作为考核主要方式进行新绩效方案的设计。

（1）新绩效方案的思路调整。

①绩效方案设计坚持简单、直接、有效，保证科室能自主核算清楚。

②不采用全成本管理模式，而采用工作量为主的考核方式，重点加强对科室变动成本的管控。

③明确绩效导向，形成部分单项激励项目。

④确保一次分配算得清，二次分配分得好。

⑤明确绩效的战略导向作用，突出绩效导向的激励指标设计。

⑥注重绩效方案设计的严谨性，重点保持绩效方案的阶段稳定性。

（2）新绩效方案的导向设计。

①关注科室服务量，包括门诊、住院及手术服务量等。

②关注科室可变动成本支出，包括药品、卫材及办公消耗等。

③关注科室服务质量，包括满意度及复诊率等。

④关注科研教学开展，包括临床路径、新技术、新项目开展等。

经过一个周期的新绩效方案的运行，原有绩效方案存在的六个方面问题基本得到解决，新绩效方案设计的思路与导向在实际实施过程中均被全院职工深刻理解，由此形成新绩效方案导向下的统一发展目标、统一发展思路，并取得了具有较高工作积极性的良好绩效改革成果。

（四）打造专科医院品牌，提升医院品牌影响力

医院品牌建设对于树立医院形象、提升医院竞争力、推动医院持续健康发展具有重要的意义。项目组以“专病、特色、结构、推广”八字方针为指导，围绕打造民营专科医院品牌的目标，明确提出了打造“骨健康引领者”的专科品牌核心诉求，并结合“7P 市场营销理论”，整合医院现有资源，形成医院品牌营销的系统性指导方案。

在项目指导期间围绕“骨健康引领者”的专科品牌核心诉求，策划并指导开展了一系列品牌营销活动，取得良好的社会效益与品牌影响力。

1. 围绕品牌营销的系列活动策划与执行

活动 1：郑州中医骨伤病医院“致敬逆行者，免费送健康”大型义诊活动正式启动。

活动 2：“互联网 + 网约护士启动仪式”。

活动 3：与郑州公交四公司共建揭牌及共同推出“健康线路”活动。

活动 4：2020 年郑州中医骨伤病医院骨坏死中心第一期“康复之星”。

活动 5：郑州电视台《健康新郑州》共录制 40 期。

活动 6：大河网《名医访谈》共录制 10 期。

活动 7：按照河南省红十字会送医下乡计划，郑州中医骨伤病医院志愿者服务队走进禹州花石镇卫生院进行定点帮扶。

活动 8：由医药卫生报社主办、郑州中医骨伤病医院承办的基层医生适宜技术公益培训班。

活动 9：借助互联网平台，开展各类学术会议、健康科普及个人抖音直播

等活动。

2. 品牌建设阶段成果

在被誉为中国医疗品牌评选“奥斯卡”活动中的丁香园2019年度“中国医疗机构品牌传播百强榜”，郑州中医骨伤病医院入选“民营医疗机构50强”，并位居榜单第2名，也是河南省唯一一家入围的民营医院。

四、“专病特色建设”咨询效果

1. 医院每日门诊人次变化如图3所示。

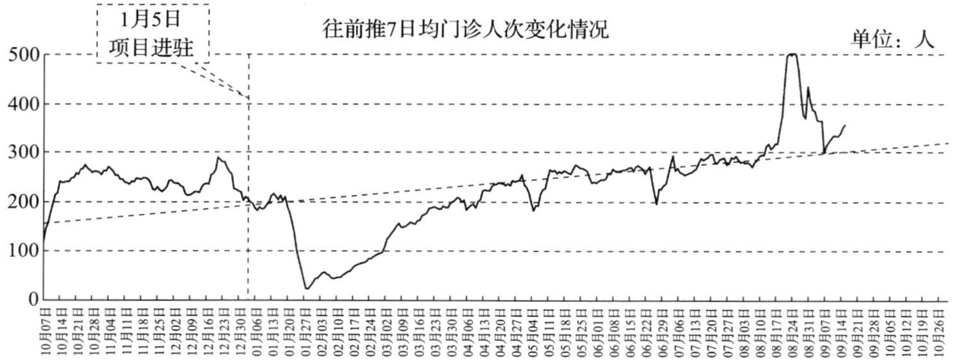

图3　往前推7日均门诊人次变化情况

2. 医院每日在院人次变化如图4所示。

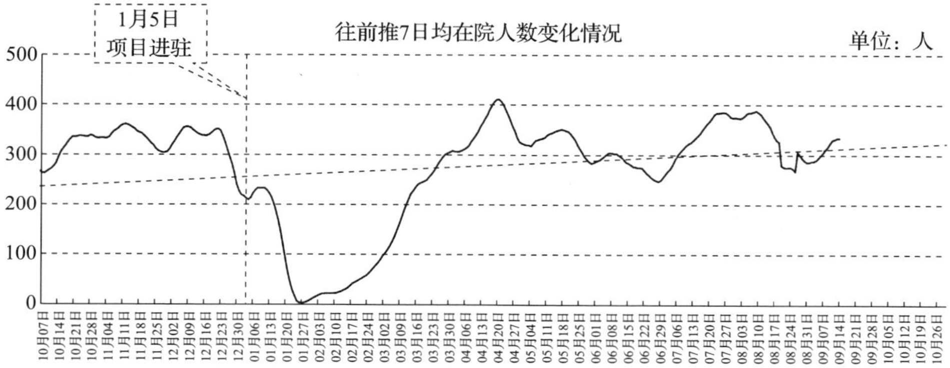

图4　往前推7日均在院人数变化情况

五、总结

民营医疗机构是我国医疗卫生事业的重要组成部分，在政策层面国家也在不断加大对社会办医的支持力度，但民营医院由于自身在人才储备、医疗技术、资金投入及社会认可度方面较公立医院还有明显的差距，民营医疗机构如何在日益竞争激烈的市场环境下生存发展，如何走出适合自身发展的道路，是值得认真研究的，其中郑州中医骨伤病医院的发展历程具有一定的借鉴价值。

精医万家在对郑州中医骨伤病医院的管理咨询中，深入调研，精准指导，明确提出“专病、特色、结构、推广”的八字指导方针，并确定“立足专病特色、打造民营专科医院品牌”的发展思路，结合公司创新性的理论研究，明确医院发展定位，走专病特色建设之路。通过立足专病特色建设，提升专病服务能力，打造专科医院品牌，提升医院品牌影响力等进行系统性、针对性、实操性的项目指导，医院在发展定位、专病能力及品牌影响力方面都得到显著提升，也获得了院方领导的一致认可。

在项目咨询期间，医院的业务尽管面临因疫情影响而产生的严重冲击，但医院在较短时间内，很快实现总体业务的快速回升，2020 年的第二季度实现业务规模较上一年同期增长超过 10%，实现了高效率“复工复产”的良好开局，为完成全年业务发展目标奠定良好的基础，也是当地民营医疗机构在“复工复产”中发展的一面旗帜。同时医院积极参与抗击疫情的防疫工作，涌现出了致敬逆行英雄“战疫楷模”的先进个人，彰显了民营医疗机构的社会担当。

创新城投公司新时代高质量市场化转型发展新样本

重庆重大同浩管理咨询有限公司　刘正付

重庆重大同浩管理咨询有限公司（以下简称重大同浩）是重庆国际投资咨询集团有限公司的控股子公司，于2000年诞生在学术造诣深邃和文化底蕴厚重的学林沃土，由重庆大学著名专家、教授等资深人士及社会各界精英共同发起创建，成为中国中西部最早涉足管理咨询的公司之一。作为重庆乃至西部管理咨询事业的开拓者，重大同浩在积淀自身实力的同时，积极探索中国管理咨询事业的发展模式。

重大同浩作为本土最具规模与实力的专业咨询机构，成立19年来为重庆市相关政府部门、央企、国企、民企等数千家企业提供了管理咨询服务，内容重点涵盖了国资国企改革、战略规划、集团管控、组织结构、人力资源管理、制度流程、企业文化等模块。

本案例项目组成员

刘正付，精耕咨询行业10余年来，一直致力于区域经济发展研究、产业规划研究、企业发展战略研究、国资国企改革研究，积累了丰富的实践经验。近年来，不仅为重庆市渝北区、北碚区、南岸区、武隆区、长寿区、石柱县等区县提供了国资国企改革咨询服务，同时也为重庆市级大型国有企业、各区县国有企业提供了改革咨询服务及企业转型发展咨询服务，深受客户好评。

其他成员：冯弟强、蒋镇国、吴爽、尹鹏程、贺卫

导读

城投公司始于1990年以后，得益于我国新一轮投融资体制改革的深化，全国各大城市均成立以城市基础设施建设为主的政府平台公司，并将供水、供气、道路、桥梁、土地等城市基础设施、财政资金、特许经营权等无形资产注入城投公司，再辅以政府承诺、担保，实现多渠道融资。一时间，城投公司发展风光无限，规模急剧扩张，成了各地城市建设的生力军。但是城投公司政府资源资本化（土地资本化、政府支出资本化）这种粗放式模式的快速推广和各地城投债务的急剧扩张，城投债务风险已成为中央和地方政府不得不面对和重视的潜在风险和问题。

鉴于此，从2010年起党中央开始逐步加强了投融资平台的规范运作。特别是党的十八大以后，随着国家相关政策文件的发布，"融资平台与政府脱钩，进行市场化改制"已是大势所趋，城投公司的市场化转型成为必然选择。

A城投公司作为南岸区城市建设的重要平台，随着国资国企改革政策的出台，其政府性融资职能将逐渐得以剥离，而随着与政府部门的脱钩，传统融资难以延续和发展。同时，随着南岸区城镇化率的提升和城市基础设施建设的不断完善，南岸区城市发展阶段已经由重建设向重运营转变，城市运营、城市管理是A城投公司必须把握的重大机遇，借机构建起"融投产"一体化发展模式。

创新城投公司新时代高质量市场化转型发展新样本

重庆重大同浩管理咨询有限公司　刘正付

一、案例背景综述

（一）全国城投公司存在的共性问题

我国城投公司经过几十年的快速发展，作为政府推进城市建设、改进民生的重要手段，在社会发展过程中有重要的生力军作用，尤其是2008年以来，为应对国际金融危机冲击、保持经济平稳较快发展，发挥了十分重要的作用，但是，自2009年之后其相关弊端也逐步暴露出来，并得到各级监管部门的广泛重视。

1. 城投公司现有的发展模式缺乏持续有效的投融资保障机制

从城投公司的先天基因和各地政府赋予城投公司的责任与历史使命来看，注定其必须承担对方政府公益性基础设施的建设，必须以各级政府的意志为核心，城投公司存量债务大部分均来自政府信用债务和土地融资债务，且无稳定的偿还能力。而城投公司仅有的资产经营权并没有得以充分落实，且回报期较长，无法有效支撑城投公司长期的融资需求，不能满足城投公司项目建设的需要，从而严重制约了城投公司的可持续融资能力。

2. 城投公司业务单一、自身造血功能严重不足

国内大部分城投公司缺乏经营项目且资产收益结构较为单一，收益项目较少，自身的造血功能不强，主营业务依然是以城市基础设施建设为主，更多注重的是社会效益，而非经济效益。

3. 管理架构粗放，风险控制能力较弱

在新背景下，很多城投公司原有的职能定位不再适宜现状，顶层职能定

位亟须重新调整，这样才能为城投公司内部管控、业务拓展等提供新的支柱。

（二）A 城投公司基本情况

A 城投公司是 B 市南岸区政府于 2003 年 9 月 12 日批准的由 B 市南岸区财政局出资组建的国有独资有限责任公司，初始注册资本为 2 亿元，并经过多次增资扩股，到 2020 年 5 月公司注册资本为 404024 万元，由南岸区财政局和国开基金分别持股 84.46% 和 15.54%。

通过新一轮国资国企改革的深入推进，南岸区国资委将原区建委、文化委、商务局及其他相关部门的所属企业划转至 A 城投公司，截至 2017 年 3 月，A 城投公司拥有子公司 76 家，其中二级子公司 8 家，三级子公司 18 家，四级子公司 23 家，16 家五级子公司，11 家六级子公司，具体统计如表 1 所示：

表 1　A 城投公司子公司数量统计表

企业层级	全资 / 控股公司数量	参股公司数量	合计
二级子公司	7	1	8
三级子公司	11	7	18
四级子公司	6	17	23
五级子公司	11	5	16
六级子公司	8	3	11
合计	43	33	76

A 城投公司作为南岸区最大的建设、开发、运营主体和最大规模的国有平台公司，主要负责南岸区辖区内的基础设施建设投资、土地开发及国有资产的经营管理。

（三）A 城投公司市场化转型的迫切性

1. A 城投公司市场化转型发展是国资国企改革政策导向的必然选择

从党的十八大后“1+N”国资国企改革制度全面发布到新时代加快完善社会主义市场经济体制，逐步明确了社会主义市场经济体制作为我国基本经济制度之一的重要地位，对投融资平台的定位也从党的十八大之初的清理平台债务，到目前的清理平台导向，投融资平台的历史使命已然结束，要么退出历史舞台，要么谋求转型发展，这是投融资平台不得不面临的选择题。《B市人民政府办公厅关于深化区县国企国资改革的指导意见》中也明确提出“推进区县投融资平台公司转型发展”。各级政府关于国资国企改革政策的明确导向，为投融资平台转型发展指明了方向。

2. A城投公司市场化转型发展对当地经济发展和城市建设起着重要的推动作用

基于新型城镇化建设和南岸区城镇化率的提升，以及城市基础设施建设的不断完善，南岸区城市发展已经由重建设向重运营转变，城市运营、城市管理是未来城投公司发展的重大机遇和挑战，南岸区城市运营职能会不断加强，单纯以投融资加大基础设施建设的发展模式已无法适应南岸区新时代城市品质提升和发展的需要，因此，积极推动A城投公司的功能转型已成为适应社会经济和城市建设的需要。

3. A城投公司市场化转型发展是构建可持续发展能力的内生动力

A城投公司因为重建设轻运营、重融资轻管理的运作模式导致自身造血功能弱、自身盈利能力差，只能靠以新还旧的模式维持着企业的资金流运转。政策倒逼下的政府政策和资源支持的减少，要求A城投公司必须进行内部体制机制的变革和市场化转型，构建现代化产业体系，提升自身运营能力和造血功能，方可实现可持续发展。

（四）A城投公司咨询服务需求及咨询目标

尽管到2017年A城投公司履行了对南岸区相关部门所属企业的出资人职责，但是并未真正实现其监管职责，面临着相关部门所属企业治理结构不完善、管理结构不健全、人员结构比较复杂、业务并未实现与相关部门的脱离、历史遗留问题较多等实际问题。对此，A城投公司需要构建基于内部资产重组、业务重组后的企业发展战略，并基于新的发展战略构建新的组织架构和集团管控模式。

1. 大力推进内部资产重组、业务重组，奠定市场化转型发展基础

咨询需求：全面摸清A城投公司所属企业的资产情况、负债情况、业务开展情况、员工结构、融资能力、盈利能力、党的建设等各个方面的基本情

况，全面清理低效、无效资产，处置“僵尸”企业和“空壳”企业，对业务同质化企业进行整合重组。

咨询目标：通过推进A城投公司资所属子公司的整合重组，是推进所属子公司与原相关部门脱离的有效手段，真正实现政资分开、政企分离不仅可以促进A城投公司履行出资人职责，还能充分履行对所属国有企业、国有资产的有效监督和管理。

2. 制订科学的发展战略，精准定位市场化转型发展方向

咨询需求：全面评估整合重组后A城投公司的资源与能力，全面分析A城投公司面临的外部环境，科学制订A城投公司的发展定位、发展目标、业务体系、发展策略和保障措施。

咨询目标：通过全面重构A城投公司的发展战略和多元化产业体系，逐步形成各个业务板块的核心竞争力和明确的盈利模式，不断提高偿债能力，打造南岸区“资本操盘手、城市运营商和产业助推器”。

3. 构建以战略为导向的组织架构及管控体系，强化市场化转型发展战略支撑

咨询需求：按照建立现代企业制度的要求，构建与A城投公司发展战略与发展阶段相适应的组织结构，梳理各部门职责，明确A城投公司总部的职能定位，从而重构科学的组织管控体系。

咨询目标：按照建立现代企业制度的要求，形成高效扁平化的组织结构体系，提高企业运行效率和决策效率。

二、项目诊断分析

（一）诊断主要思路

按照发展战略编制的常规思路与框架，本项目按规划分析、规划目标、规划路径、规划保障四个方面推进相关工作（见图1）。并通过对内部环境及外部环境的系统分析，全面梳理和审视面临的挑战及风险，准确把握行业发展趋势和外部战略机遇（见图2）。

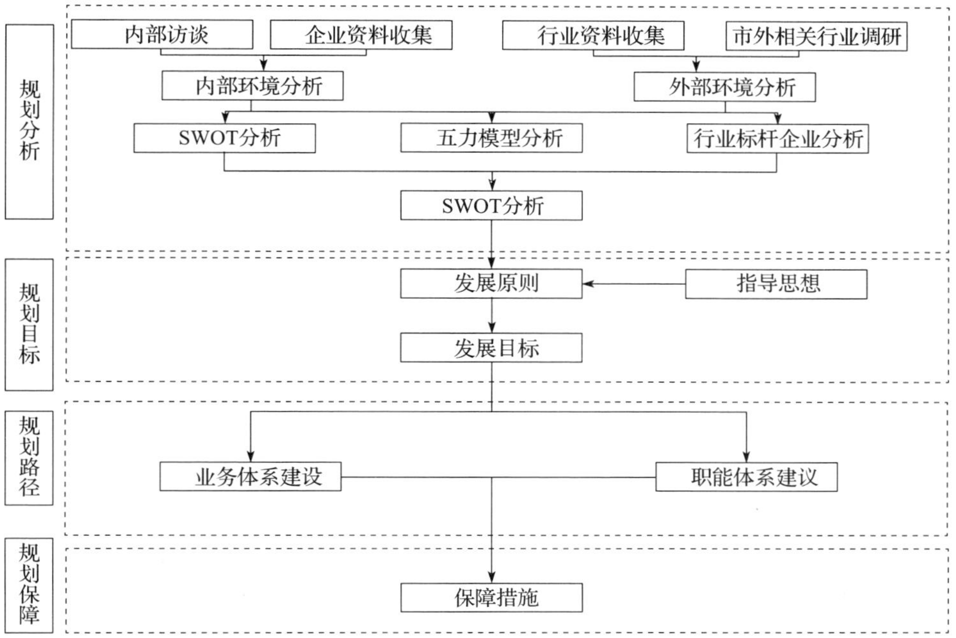

图1　战略规划的整体框架

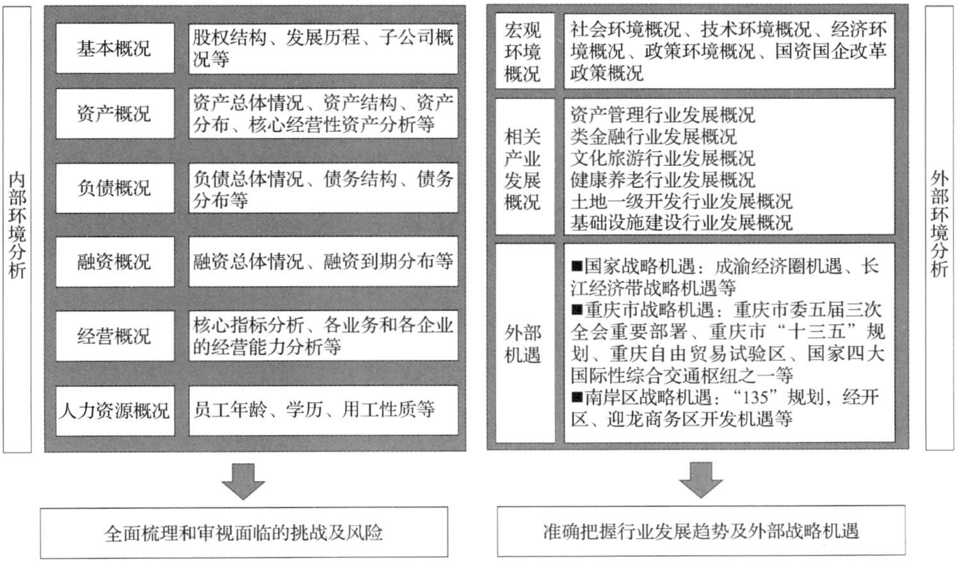

图2　内外部环境分析框架

（二）诊断主要方法

项目组在调研阶段，主要采用了以访谈、资料收集为主的定性分析方案，以及以A城投公司各类数据链分析为主的定量分析，从而对A城投公司进行立体式、全方位的剖析及诊断。

1. 定性分析

内部访谈：项目组主要对A城投公司总部高层管理人员、集团总部各部门骨干、下属企业领导班子进行了分层分类的访谈，全面了解A城投公司及相关子公司整合重组前的发展情况、整合重组后的发展情况、业务开展情况、经营能力、盈利能力、可持续发展能力，以及整合重组后A城投公司能够调度的资源配置如何、未来各部门对剥离后公司的支持力度、管理人员结构、管理人员素质等基本情况，并征询各访谈对象对A城投公司未来发展的期许和相关建议。

资料收集：全面收集A城投公司未来可能涉及的行业资料，包括资产管理行业、土地整治行业、基础设施建设行业、文化旅游行业、类金融行业、健康养老，并全面对标分析B市属国有资本投资运营集团和各县属国有资本投资运营集团组织结构，为后续方案设计奠定坚实的基础。

2. 定量分析

全面收集A城投公司总部及各子公司的资产、负债、融资、经营及员工等相关基础资料，分析近3年来各维度数据总体变化情况对结构、分布进行分析，从数据中发现和总结A城投公司发展规律、面临的相关问题及潜在风险。

（三）诊断关键发现

通过对内外部环境的分析，总结出A城投公司面临的10大挑战和10大风险。

1. 十大挑战

挑战一：对现有子分公司原有管理模式和运行模式的挑战。

目前隶属于区各委办局的各子分公司，其业务和项目来源于相关委办局，各委办局直接行使对相关子分公司的管理职能，随着A城投公司的实体化运营，原有的管理模式和运行模式已无法适应新的发展环境，A 城投公司需与相关委办局厘清职责边界与管理边界，以推动 A 城投公司按照现代企业制度顺利运营。

挑战二：从虚拟运行到实体运营转换的挑战。

A 城投公司成立 10 多年来，其背后的实际管理者是南岸区财政局，随着 A 城投公司回归市场主体，内部管理的许多问题也随之暴露出来。

挑战三：各级管理团队、专业人才队伍组建的挑战。

目前的各子分公司因隶属于区各委办局，其管理人员素质参差不齐，特别是长期的机关工作形成了行政化管理思维模式，对现代企业管理理念缺乏基本的认识，同时人力资源、财务、金融、信息技术、工程管理等方面的专业化人才也严重缺乏。

挑战四：被寄予厚望与子公司一盘散沙的实际挑战。

区委、区政府将 A 城投公司定位为南岸区最重要的国有资本运营投资平台，全面负责南岸区国有资本运营投资，但目前 A 城投公司刚由虚转实，内部管控体系及组织结构缺位，管理制度体系缺失，集团总部对各子分公司难以做到令行禁止，业务缺乏协同支撑，资源难以共享，各子分公司形同一盘散沙。

挑战五：巨额投融资压力及资产收益率低的挑战。

“十三五”期间，南岸区将在基础设施、交通枢纽节点建设、环境治理、住房保障、教育卫生等多领域进行大量投入，将对 A 城投公司带来巨大的投资压力，同时既有老旧资产的低收益无法支撑 A 城投公司的日常运转及投资业务。

挑战六：国家和地方债务管理新政策实施带来的巨大压力

随着国家出台了一系列相关政策，对地方政府的债务管理及融资管理提出更加严格的风险管控要求。同时，为响应国家政策，B 市政府也出台了相关政策，要求加强对各区县融资平台的管理，特别是债务管理成为重中之重。A 城投公司作为南岸区重要的融资平台，仍在 2015 年和 2016 年以来承担着融资职能，但根据现有政策，将会给 A 城投公司的债务处理带来巨大压力。

挑战七：业务体系非相关多元化带来的挑战。

A城投公司目前业务跨界大，产业属性各不相同，多元化的商业模式各异，这对商业模式的重构形成挑战。

挑战八：内部管理制度体系缺失带来的挑战。

对于刚由虚转实的A城投公司，由于各项制度、流程的缺失，对各子分公司无有效的约束和激励，无法对各子分公司形成有效管控。

挑战九：内部团队成员身份复杂、诉求各异的挑战。

目前各子分公司人员有公务员、事业单位、合同制和派遣工等多种用工形式，待遇和职位升迁的巨大差距无法有效激励员工的工作积极性，存在普遍不作为现象。

挑战十：内部一、二、三、四级企业差别化薪酬带来的挑战。

目前A城投公司各级子分公司分属于不同的业务板块，其企业营业收入各异，同时各子分公司并未建立统一的薪酬绩效管理体系，从而出现各级管理人员和员工的差别化薪酬。

2. 十大风险

风险一：资产结构及质量不高的风险。

（1）资产规模的不可持续增长。尽管到2016年年底A城投公司资产总额达到了610.79亿元，2013—2016年资产年均增幅为16.27%。这种高速的资产增长模式主要依靠将南岸区的土地、办公楼、商业门面等优质资产用行政手段划入A城投公司，从而使得A城投公司资产规模在短时间内得以快速增长，但随着南岸区土地、办公楼、商业门面等优质资产的逐渐枯竭，势必注定A城投公司的资产规模扩张模式也将不可持续，未来必须找到新的增长点。

（2）大规模举债形成的资产。2015—2016年随着A城投公司资产规模的不断增长与扩大，A城投公司的借款规模也在大幅度增长，并充分地体现在资产负债表中的“货币资金”与“预付账款”科目中，成为近年来A城投公司资产规模快速增长的重要因素之一。

（3）资产泡沫风险。A城投公司为了获取良好的信用评级，以至于在部分地块评估入账时对其实际价值进行了过高评估，以做大资产规模，也许该评估价值可能符合当时的市场行情，但是并不利于A城投公司长远的财务平衡。

（4）资产负债率过高形成的风险。2016年A城投公司资产负债率达到了65.5%，目前仅靠A城投公司的土地资源和房产、办公楼、门面等资产很难实现其财务平衡，A城投公司的资产变现能力相对较弱，种种因素将给A城投公司埋下潜在风险。

风险二：短期债务风险。

流动比率和速动比率作为A城投公司短期债务偿还能力的重要评价指标，其流动比率和速动比率都保持在较高水平，说明A城投公司的流动资产具有较强的变现能力，能够在短期内变现以偿还债务，但从根本上说，A城投公司的财务数据在很大程度上有“注水”成分，一旦这种水分被挤掉，其流动资产变现能力将大打折扣。

风险三：国家及地方债务管理新政策对有效资产的重新定义。

国家发布的有关政策中明确提出了地方政府严禁将公益性资产、储备土地注入融资平台，而B市政府发布的相关政策文中也明确提出严禁将公立学校、公立医院、公园、广场、机关事业单位办公楼，以及市政道路、桥梁、水利设施、非收费管网设施等公益性资产注入融资平台公司，而对于已经注入融资平台公司的公益性资产也将面临收回的风险。由此，A城投公司的有效资产将会受到影响，资产规模面临巨大的缩水风险，将严重影响信用评级。

风险四：长期债务风险。

利息保障倍数作为A城投公司长期债务偿还能力的重要评价指标，2013—2016年A城投公司的利息保障倍数除2015年大于1之外，其他年份的利息保障倍数均小于1，说明A城投公司的息税前利润不够大，无法支付企业债务所需的利息，其长期偿债能力相对较弱，偿债的安全性与稳定性下降的风险相对较大。

风险五：市场环境风险。

A城投公司的业务体系主要涉及了基础设施建设、土地一级开发、资产管理及股权投资，基础设施建设作为公益性或准公益性的建设项目，其主要资金来源于各委办局的财政补贴，市场化程度相对较低，盈利能力也有限。另外土地一级开发因受国家土地政策的影响较大，每年的出让量波动相对较大，而资产经营管理因受资产质量的影响，其收益并未与市场化收益接轨。因此，A 城投公司并未真正构建自身的核心主业，主营业务近年来出现了大幅度的亏损，在政府补助输血下，虽然实现一定的净利润，但这种靠财政输血的业务发展模式，不利于 A 城投公司的可持续发展。

风险六：企业经营风险。

从各子公司收入来看，2016 年五峰科技年出口业务收入占 A 城投公司总收入的 51.68%，而五峰科技主要是通过资本运作做资金流量，一旦核心企业受到市场影响，势必会影响五峰科技的资金安全，从而对 A 城投公司的收入造成严重影响。同时，五峰科技作为 A 城投公司与百立丰的合资企业，一旦百立丰受市场影响，随时都有撤资的可能，从而严重影响 A 城投公司的收入结构。

风险七：财务管理风险。

A 城投公司财务管理制度缺失，未建立必要的法律保障手段，容易造成财务失控、资金流失等。同时，在涉税方面，因未建立完善的税务管理办法，或者税务相关人员与税务相关的法律、法规知识欠缺，可能违反税收法律政策，给 A 城投公司带来相应的法律责任。

风险八：融资风险。

国家宏观政策所导致的融资风险。近年来，国家频频调整货币政策，不断影响市场上资金的供应，从而直接影响 A 城投公司的融资成本。

经营的不稳定性导致的融资风险。从 2013 年开始，受土地一级开发业务影响，A 城投公司的经营收入波动较大，收入不稳定性特征明显，将直接影响 A 城投公司的融资能力及融资成本。

风险九：合同管理风险。

A 城投公司的合同审查仍限于各委办局领导或者资产管理公司相关部门，集团本部并未有专职法务人员对集团所有合同进行严格审查，以规避不必要的合同风险。

风险十：人力资源管理风险。

目前A城投公司的用工性质复杂多样，同时存在未签订劳动合同的员工，不符合我国《劳动法》的相关要求，一旦产生劳资纠纷，将使A城投公司处于不利地位。

3. SWOT 分析

根据A城投公司内部环境分析和外部环境分析结果，得出了A城投公司目前所具备的优势、劣势和面临的机遇、威胁，如表2、表3所示：

表2　A城投公司 SWOT 分析表

优势（S）	劣势（W）
S1：国家、B市和南岸区的政策导向和支持 S2：南岸区委对A城投公司的定位 S3：国企强大的信用资源 S4：较高的信用评级 S5：强大的投融资能力 S6：行政辖区内区域市场的把控 S7：良好的公共关系 S8：南岸区国资中心的倾斜资源配置 S9：领导班子能力强，人脉广 S10：丰富的土地储备 S11：组建至今积聚了一大批政府、行业管理、工程建设运营人才队伍 S12：规模庞大的沉淀资产	W1：资产质量不高、公益性业务经济效益较低 W2：对各子公司的管控模式不顺，部分子公司仍由各委办局直接或者委托管理 W3：各子公司行业跨度大、发展水平参差不齐 W4：经营性业务盈利能力较弱 W5：偿债压力巨大 W6：内部管理体系亟待完善 W7：公司运营架构初建，仍处于磨合状态 W8：内部员工身份复杂、人才结构不合理 W9：母文化影响力弱小 W10：存量资产如何有效盘活
机遇（O）	**威胁（T）**
O1：国企改革契机 O2：“长江经济带”国家战略的实施 O3：南岸区将大力推进“三生三宜、共同家园”建设 O4：广阳岛、广阳湾、迎龙商务区、B市东站等重点项目的开发建设 O5：南岸区将加速推进智能产业的发展 O6：迎龙湖新一轮的开发建设 O7：B市获批自贸区 O8：国家鼓励各类社会资本、基金参与国企改革 O9：我国正逐步步入老龄化社会	T1：政策约束性越来越强 T2：在公益性资产被剥离的情况下，如何维持较高的信用评级以获取良好的信用评级 T3：各级财政支持力度逐渐降低 T4：融资受地方债务的影响

表 3　A 城投公司 SWOT 分析矩阵

	优势（S）	劣势（W）
机遇（O）	**SO 战略** ● 我国未富先老，健康养老产业需求较大； ● 南岸区将乘势组建国有资本运营公司，A 城投公司将凭借自身的优势作为首选； ● 在电子信息产业领域的成功运营经验将助推南岸区以电子信息产业为重点的智能产业发展； ● 充分发挥科技创新的驱动作用，搭建科技创新平台。	**WO 战略** ● 重构业务体系，提升经营性业务的盈利能力； ● 加强内部基础管理体系建设，进一步强化对子公司的管控； ● 强化人才梯队搭建； ● 加强内部风险控制； ● 充分盘活规模庞大的沉淀资产； ● 建立科学的现代企业制度； ● 加强债务管理，避免债务违约风险； ● 加强 A 城投公司企业文化体系建设。
威胁（T）	**ST 战略** ● 进一步提升在南岸区域市场的话语权和控制力； ● 积极拓展南岸区之外的 B 市场、B 市周边市场及其他市场区域； ● 外部低成本资金的全力争取，进一步提升融资能力； ● 智能产业的对外交流； ● 生态资源的价值挖掘。	**WT 战略** ● 不再具备土地储备职能，应合理安排现有储备土地的开发进度； ● 谨慎推进区域内的旧城改造业务； ● 规范 A 城投公司的投资管理制度，强化其投资监管力度； ● 大力争取各级政府的支持力度； ● 积极处理好与区内各委办局、其他各区属国有企业的公共关系。

在 A 城投公司内部环境中，A 城投公司由之前的空转逐步转为实体化运营，子公司管理体制、内部管理体系、内部风险控制等方面都继续强化，同时与业务运营相关管理职能缺失、规模经济不明显、经营能力较弱、人才队伍整体实力有待提高等短板急需改进。

在 A 城投公司外部环境中，国家、B 市及南岸国企改革政策导向、B 市经济的快速增长与城镇化率的逐步提升使市场需求增加等因素均有利于 A 城投公司未来的发展，同时其巨大的投融资风险、债务风险、市场环境风险等因素会阻碍 A 城投公司的发展。

三、项目方案框架设计

（一）解决方案的总体设计思路

要推进 A 城投公司的市场化转型发展，需全面推进其功能定位转型、业务转型和管理转型（见图 3）。

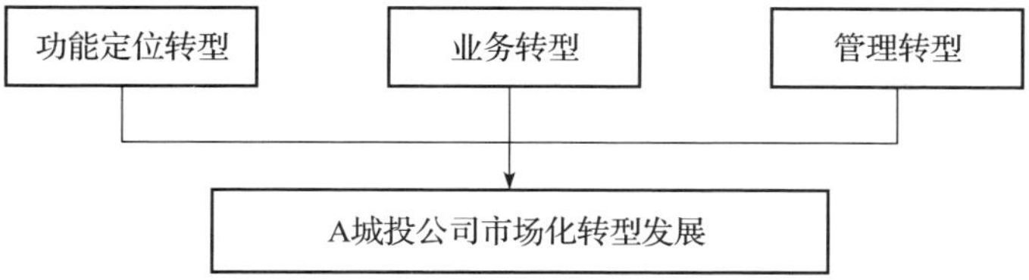

图 3　A 城投公司转型发展规划设计思路

1. 功能定位转型

功能转型必须回答 A 城投公司从哪里来、未来应该到哪里去的定位问题，是持续肩负还是摒弃自成立以来南岸区政府及全区人民赋予 A 城投公司的责任和历史使命，必须明确和界定 A 城投公司在未来南岸区社会经济发展和城市建设中扮演的重要角色是什么。

2. 业务转型

业务转型是 A 城投公司转型发展的重中之重，业务转型方向必须与 A 城投公司总体转型方向相一致，并在未来的发展中支撑总体转型目标的实现。

业务转型应遵循“市场化运作、专业化发展、多元化经营”的总体思路，通过大力整合和经营存量业务、积极拓展增量优质业务，凸显并充分结合南岸区资源特色，构筑起核心业务、关注业务和培育业务三个产业层次且具有城市产业特色的多元化现代产业体系。

3. 管理转型

配合 A 城投公司总体转型与业务转型目标的实现，遵循“专业化管理，集团化管控”的原则，通过高效的组织管控模式，形成高效运作的集团组织管理体系，有力保障转型发展的战略实施。

（二）功能定位转型

1. A 城投公司战略定位调整

（1）战略定位调整的依据。

要全面推进 A 城投公司的市场化转型，需明确战略定位的依据：

①基于各级政府关于国企改革的政策导向——以资本为核心；

②基于南岸区委、区政府对 A 城投公司的功能定位——平台及工具；

③基于南岸区战略要求——“135”战略、区委十二届三次全会、区十八届人大二次全会战略部署；

④基于A城投公司自身的资源与能力——600亿元资产、数十家子分公司；

⑤基于A城投公司作为融资平台公司的转型升级要求——市场化运营；

⑥基于南岸区国企未来整合重组的终极目标——目标导向；

⑦基于A城投公司面临的若干挑战及风险——问题导向；

⑧基于新的发展理念——“三生三宜、共同家园”。

（2）战略定位调整。

基于上述依据，A城投公司的发展战略定位由单一投融资平台调整为全区的“资本操盘手、城市运营商、产业助推器”，全面统筹全区国有资本运营、城乡建设服务、融投产一体化发展。

2. A城投公司发展战略实施路径（见图4）

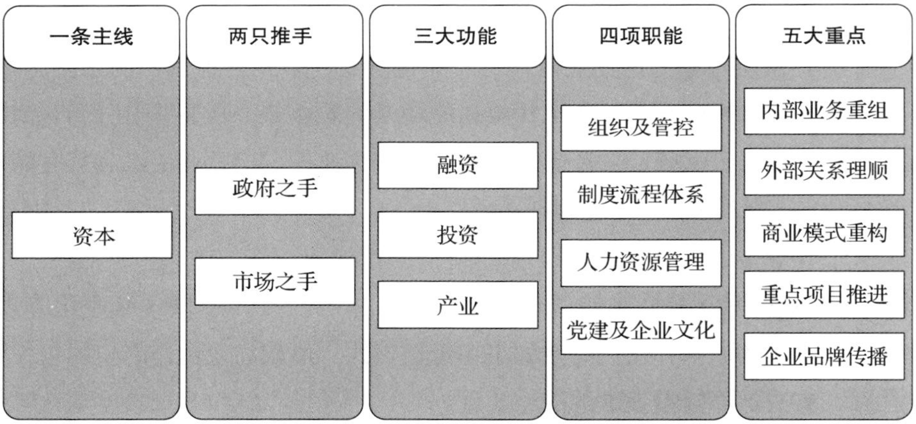

图4 A城投公司转型发展战略实施路径

（三）业务转型

1. 全面推进子公司整合重组

（1）A城投公司业务整合的原则。

①符合战略定位的原则；

②符合“三化”原则，即分类板块化、管理扁平化、经营层阶化；

③全面削减四、五、六级企业；

④资产管理和业务管理相互分离。

（2）A 城投公司业务整合措施。

①加速推进缩链减层。

A 城投公司应本着“优化运行效率、突出发展主业、依法规范操作、积极稳妥推进”的原则，对集团下属的四级五级全资、控股、参股子公司进行缩链减层。

压缩 A 城投公司企业层级。A 城投公司须聚焦主业，减少管理链条，压缩管理层级，力争到 2017 年年底将下属子公司管理层级控制在三级以内（含三级），原则上不再新设四级公司。

分类处置三级以下子公司。对于三级以下符合主业发展方向和企业集团总体发展战略要求，具有较强竞争力的子公司，可通过内部无偿划转、协议转让、吸收合并等方式提升其管理层级。对于三级以下经营状况较差、负债率高、投资回报率低的子公司，可通过公开转让、清算注销、司法破产等方式退出。

②加速清理、处置三类子公司。

加速清理低效、无效资产。加快清理低效、无效资产，对长期亏损项目、前景不明项目、缺乏控制力的项目要采取切实有效措施，最大限度地止住“出血点”。

加速处置“僵尸”子公司。加速处置占据资金、土地、厂房等资源，但盈利能力低下、资产负债率高、潜在风险大，长期处于微利又无发展前景或连续亏损且扭亏无望，依靠借贷或政府资金支持而存续的“僵尸”子公司。

加速处置“空壳”子公司。清理退出长期处于停业、歇业状态，基本未开展生产经营活动的“空壳”企业。

③加速推进同类项合并。

基于各级政府对国企改革的相关精神和要求，结合各级国企改革重组相关经验及南岸区“十三五”发展战略，A 城投公司应按照资产属性、同类项合并、产业链上下延伸等原则进行子公司整合重组。

2. 重塑多元化产业体系

通过缩链减层，清理低效无效资产，处置“僵尸”“空壳”企业，以及同类项合并等方式整合重组，将采取“资产管理和业务管理关系相互分离”的原则，构建三大业务集群、六大业务板块（见图5）。

三大业务集群是：金融业务集群、产业投资业务集群、城市运营业务集群。

六大业务板块是：资产管理板块、资本运营板块、幸福融合板块、科技发展板块、土地开发板块、工程建设板块。

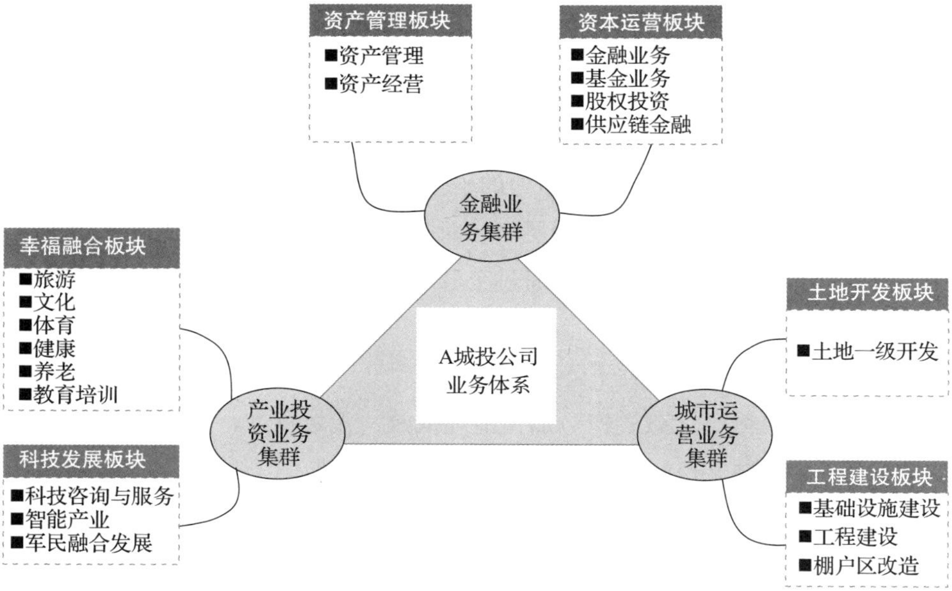

图5　A城投公司转型发展业务体系

（四）管理转型

基于战略新定位及产业属性差异，重塑企业管控体系，对不同产业采取差异化的管控模式，明确集团本部与子公司的管控界限；优化企业组织结构，重点强化集团本部核心职能，理顺部门职责；健全法人治理结构和建立长效激励与约束机制，推动A城投公司在法治化、市场化的轨道上健康快速发展。

四、项目实施评估

A 城投公司市场化转型发展战略方案初稿形成后，通过 A 城投公司领导班子的多轮沟通，得到了 A 城投公司领导班子的认可，评价该方案符合 A 城投公司的发展现状，对未来的发展方向、发展重点进行了系统的论证和阐述，具有前瞻性、科学性和可操作性。同时，广泛征集 A 城投公司各部门负责人的意见，重大同浩项目组根据反馈意见对方案进行了反复修改，形成最终稿。

A 城投公司实施市场化转型发展战略以来，将方案中的总体目标作为公司各年度经营目标制定的主要依据，并逐层分解到各部门、各子公司。经过多年发展，A 城投公司负债规模得到了有效控制，资产结构、负债结构不断优化，企业融资能力显著提高，企业造血功能、盈利能力、偿债能力、可持续发展能力明显提升，为 B 市甚至全国其他城市城投公司市场化转型发展提供了参考样本和成功经验。

新一轮国企改革背景下“双百企业”超额利润激励机制设计

重庆重大同浩管理咨询有限公司　尹鹏程

重庆重大同浩管理咨询有限公司（以下简称重大同浩）是重庆国际投资咨询集团有限公司的控股子公司，于 2000 年诞生在学术造诣深邃和文化底蕴厚重的学林沃土，由重庆大学著名专家、教授等资深人士以及社会各界精英共同发起创建，成为中国中西部最早涉足管理咨询的公司之一。作为重庆乃至西部管理咨询事业的开拓者，重大同浩在积淀自身实力的同时，积极探索中国管理咨询事业的发展模式。

重大同浩作为本土最具规模与实力的专业咨询机构，成立 19 年来为重庆市相关政府部门、央企、国企、民企等数千家企业提供了管理咨询服务，内容重点涵盖了国资国企改革、战略规划、集团管控、组织结构、人力资源管理、制度流程、企业文化等模块。

本案例项目组成员

尹鹏程，重大同浩咨询总监，管理学硕士，国际咨询监理师、高级人力资源管理师，曾先后在重庆百强企业、国内 500 强企业从事人力资源咨询工作 10 余年，在国有企业改革、构建企业人力资源管理体系、人力资源信息化、企业业务流程管控体系、企业数据分析等方面有丰富的项目实践经验和独到的见解。

其他成员：冯弟强、蒋镇国、刘正付、余振华、蔡悠悠

导读

SF集团是国内垃圾焚烧行业的领军企业之一，主要从事垃圾焚烧发电项目投资运营、EPC建造及垃圾焚烧发电核心设备研发制造等相关业务，是国务院国企改革“双百行动”企业成员之一和重庆市政府着力培育的战略性新兴产业重点企业。截至2019年，SF集团资产总额超140亿元，营业收入超43亿元，实现利润总额超6亿元。

为贯彻落实党的十九大对深化国有企业改革做出的新部署和提出的新要求，更深层次、更广范围、更大力度推动国有企业深化改革，深入贯彻国企改革“1+N”系列政策、加快“双百行动”方案落地，SF集团从实际出发，在国有企业现有激励政策基础上，探索建立了超额利润激励机制，以期起到“双百企业”国企改革的尖兵和示范作用。

在国企改革及“双百行动”相关政策指导下，重大同浩凭借国企改革超额利润激励设计的丰富经验，明确了SF集团超额利润激励机制的设计思路，就是要围绕超额利润激励机制进行“七定”，即定对象、定模式、定总额、定分配、定发放、定条件、定程序。通过与SF集团高层管理人员的多轮沟通，超额利润激励方案得到了SF集团的认可。之后，重大同浩向SF集团控股股东和重庆市国资委进行了方案汇报，方案得到高度评价，认为该方案对整个SF集团都有较强的激励性，符合SF集团的发展现状，具有很强的前瞻性、科学性和可操作性，起到了“双百企业”改革示范作用。

新一轮国企改革背景下"双百企业"超额利润激励机制设计

重庆重大同浩管理咨询有限公司　尹鹏程

一、案例背景综述

（一）国有企业改革背景

自党的十八大以来，我国不断深入推进国企改革。2015 年出台的《中共中央、国务院关于深化国有企业改革的指导意见》明确了国企改革的总体思路、目标、路径及改革重点，之后国家相关部委陆续出台了 30 多个配套文件，涉及国企分类改革、混合所有制改革、现代企业制度、资产管理体制、国有资产监督、党建、债务管理等多个方面，形成了"1+N"顶层制度体系，构筑了国企改革的四梁八柱。

（二）"双百行动"改革背景

国企改革"双百行动"，是国务院国有企业改革领导小组组织开展的国企改革专项行动之一，共选取百余户中央企业子企业和百余户地方国有骨干企业，在 2018—2020 年期间，全面落实国企改革"1+N"系列文件要求，深入推进综合性改革，在改革重点领域和关键环节率先取得突破，打造一批治理结构科学完善、经营机制灵活高效、党的领导坚强有力、创新能力和市场竞争力显著提升的国企改革尖兵，充分发挥示范突破带动作用，凝聚起全面深化国有企业改革的强大力量，形成全面铺开的国企改革崭新局面和良好态势。

自 2018 年 8 月"双百行动"号角吹响以来，国务院国有企业改革领导小组办公室相继印发了一系列制度文件，将"双百企业"聚焦于"五突破一加强"目标任务（即在混合所有制改革、法人治理结构、市场化经营机制、激励机制、解决历史遗留问题方面有所突破，以及加强党的领导），狠抓改革方案落实落地，推动综合性改革取得积极成效。

“双百行动”是以“1+N”政策体系为指导，以前期各个单项试点成果为支撑，全面拓展和应用改革政策和试点经验，进而形成从“1+N”顶层设计、“十项改革试点”到“双百行动”梯次展开、纵深推进、全面落地的国企改革新局面。

（三）客户基本情况

SF集团是国内垃圾焚烧行业的领军企业之一，主要从事垃圾焚烧发电项目投资运营、EPC建造及垃圾焚烧发电核心设备研发制造等相关业务，不仅是国务院国企改革“双百行动”企业成员之一，也是重庆市政府着力培育的战略性新兴产业重点企业。

SF集团已在重庆、四川、云南、广东、广西、安徽、江苏、山东、辽宁、新疆等14个省、自治区、直辖市投资多个BOT/BOO/PPP垃圾焚烧发电项目，在全球191个垃圾焚烧项目中共有321条焚烧线的核心设备及部件和技术应用业务，业务覆盖国内25省、自治区、直辖市，以及境外欧洲、拉美和“一带一路”沿线等8个国家。SF集团在引进世界领先的垃圾焚烧发电全套技术的基础上，通过消化吸收和研发改进，形成了适合中国和国外城市生活垃圾特点的焚烧处理技术，并实现了焚烧炉等核心设备的国产化。截至2019年，SF集团资产总额超140亿元，营业收入超43亿元，实现利润总额超6亿元。

（四）咨询需求和目标

SF集团是重庆市重点培育的地方性国企，也是国企改革领导小组深入推进国企改革的“双百企业”之一。为贯彻落实党的十九大对深化国有企业改革做出的新部署和提出的新要求，更深层次、更广范围、更大力度推动国有企业深化改革，为深入贯彻国企改革“1+N”系列政策，加快“双百行动”方案落地，SF集团从实际出发，在国有企业现有激励政策基础上，探索建立超额利润激励机制，以期起到“双百企业”国企改革的尖兵和示范作用。

二、项目诊断分析

(一) 诊断主要方法

项目调研阶段，重大同浩通过内外部访谈、综合资料收集与分析（含案例研究分析）、内部讨论等方式，对SF集团所处的内外部环境进行了综合研判，最终编制形成超额利润激励机制方案，并向重庆市国资委、SF集团控股股东进行正式汇报。

1. 内外部访谈

内部访谈是针对SF集团高层领导进行集中访谈，内容广泛涉及被访谈对象对于SF集团的发展历程、行业地位、资源与能力、优势与短板、外部环境、行业趋势、战略定位、业务体系、组织结构、集团管控、重点项目、标杆经验等方面的看法和意见，逐步厘清关于SF集团超额利润的想法和建议。

外部访谈是对SF集团控股股东有关领导，以及对重庆市国资委相关行业管理人员进行了深入访谈，听取访谈对象关于国有企业改革、“双百行动”、试点企业功能定位及经营模式、所属行业要点及趋势、标杆企业经验及教训等方面的思考与判断，逐渐明晰上级领导、行业主管部门对SF集团超额利润激励机制的指导方向。

2. 综合资料收集与分析

企业资料收集分析是按编制的资料借用清单，收集分析SF集团基本企业信息。

行业资料收集分析是重点针对SF集团所属行业现状及趋势，以及对未来发展影响较大的政策环境、经济环境、技术环境等因素进行分析。

企业个案研究分析是对实施超额利润激励的“双百企业”进行分析，借鉴激励机制设计相关经验和措施。

3. 内部讨论

内部讨论是在诊断过程中，随时召开讨论会议，与内外部专家共同对SF集团管理现状及调研中发现的问题进行讨论、分析和研究，最终综合重大同浩的集体智慧，形成科学的诊断结论。

（二）诊断关键发现

为最大限度地发挥超额利润的激励性，SF 集团超额利润的激励对象既要具备广泛的群众基础，又要有重点和针对性。重大同浩结合国企改革政策和国内相关案例，提出了 SF 集团超额利润激励机制的对象范围，即与 SF 集团或下属全资、控股子公司签订劳动合同，并通过试用期考核的核心骨干员工。

SF 集团超额利润提取总额不仅取决于 SF 集团净利润目标完成情况，而且更要与 SF 集团在行业对标中的经营发展水平挂钩。为此，重大同浩设计了 SF 集团超额利润总额确定方式，即 SF 集团考核年度超额利润奖金总额 =（考核年度净利润完成值 – 考核年度净利润目标值）× 提取比例。

（1）净利润完成值是指：经年报审计机构审定的 SF 集团合并报表，扣除非经常性损益后，归属母公司当年净利润与净利润目标值同口径的调整值。

（2）净利润目标值：SF 集团股东大会审议通过的当年归母净利润目标。

（3）提取比例根据行业对标值确定。

SF 集团超额利润奖金分配应分为两个层面：一是集团总部，二是各分子公司，具体分配应依据岗位职责、承担风险和贡献程度等因素综合确定。为充分调动 SF 集团总部及各分子公司在超额完成集团净利润目标的积极性，通过测算，重大同浩设计了 SF 集团各类人员奖金分配比例。集团班子成员占 15%、子公司班子成员占 40%；集团总部中层管理人员占 10%，子公司中层管理人员及其他占 35%。

三、项目方案框架设计

（一）总体设计思路

在国企改革及“双百行动”相关政策指导下，重大同浩凭借国企改革超额利润激励设计的丰富经验，明确了 SF 集团超额利润激励机制的设计思路，这就是要围绕超额利润激励机制进行“七定”，即定对象、定模式、定总额、定分配、定发放、定条件、定程序，如图 1 所示。

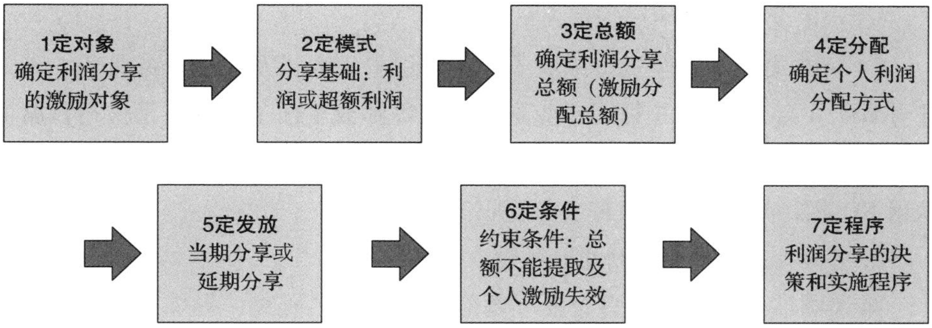

图1　SF集团超额利润激励机制设计思路

（二）具体设计路径

1. 定对象：确定超额利润激励具体对象

重大同浩对国内实施超额利润激励的个案进行分析研究，如表1所示。

表1　国内实施超额利润激励案例分析（激励对象）

单位	激励对象
国企ZL水泥	超额利润激励对象仅覆盖总部人员，主要包括ZL水泥主要负责人、班子成员和部分员工
国企SZ高速	超额利润激励对象范围较广，涵盖了二级公司班子成员，包括（1）公司执行董事、党委副书记、纪委书记（未兼任监事会主席）、副总裁及列入本激励方案的其他高级管理人员、公司顾问，但不包括公司独立董事、非执行董事和监事；（2）公司中层管理人员、二级公司副总经理以上班子成员，以及公司委派至参股企业担任副职以上的班子成员；（3）公司总部（含平台公司）高级经理及管理人员、其他业务骨干；（4）董事会认定的应当予以激励的其他员工

在个案分析研究的基础上，重大同浩结合SF集团的实际，提出了“广覆盖、有重点、有针对性”的原则，经过多次沟通讨论，最终确定了超额利润激励对象的范围，即与SF集团或下属全资、控股子公司签订劳动合同，并通过试用期考核的核心骨干员工，具体如下：

（1）SF集团班子成员，包括但不限于董事长、党委书记、监事会主席、总经理、党委副书记、纪委书记、副总经理、财务总监、董事会秘书，不包括独立董事、非执行董事和监事；

（2）SF集团委派至各全资、控股、参股子公司班子成员；

（3）SF 集团总部中层管理人员；

（4）SF 集团下属全资、控股子公司中层管理人员及其他业务骨干。其他业务骨干主要包括：SF 集团专业副主任工程师或主任工程师，子公司首席值长、副主任工程师、主任工程师，SF 集团委派至项目公司财务部门负责人，获得 SF 集团或上级部门荣誉表彰的职工。

2. 定模式：确定超额利润激励提取基础

重大同浩通过对“双百企业”超额利润激励的研究，提炼出了超额利润提取基础的两种模式（见表 2）：一种是“直接以利润作为分享基础”，一种是“以超额利润作为分享基础”。二者各有优劣和使用条件。SF 集团近 3 年营业收入、利润总额均处于稳定增长状态，加之有比较好的财务规范，在确定超额利润模式时选择了“以超额利润作为分享基础”模式。

表 2　超额利润提取基础的两种模式

种类	要点	优劣势 / 适用条件			
		股东价值关注度	优点	劣势	适用条件
直接以利润作为分享基础	将公司当期利润的一部分与高管及核心员工分享，当期或延期支付，但一般都要设置最低保本线	一般	具有较高的保障性，有助于稳定核心员工	对股东价值和资本成本关注度不高	公司盈利性好，但不是很稳定公司财务运作规范
以超额利润作为分享基础	将超过公司目标利润的部分与高管及核心员工分享，当期或延期支付	较高	超额利润分享更能将中长期激励与核心员工团队的绩效紧密相关	保障性不强，会使员工有不稳定感	公司盈利性较好，且比较稳定，计划预算基础较好

3. 定总额：确定超额利润激励提取总额

重大同浩总结多年奖励模式设计经验，给出了固定比例法、分段比例法、获利界限法三种奖金提取方法。

固定比例法：相对固定的利润分享总额提取比例（如利润提取比例为当年净利润总额的 5%）。这种方法的特点主要是，只要企业取得利润，便可提取相对固定比例的利润作为员工利润分享的基数，操作方便简单，但难以制订合理的比例。

分段比例法：是指将企业实际目标达成情况与预先设定目标进行对比，并根据对比情况选择相应利润总额提取比例（如 300 万元以内的利润，3% 用于利润分享；超过 300 万元的利润，6% 用于利润分享）的一种方式。这种方式通常采取分段提取利润的方式，且完成目标值越大，提取比例越高，因此能有效激励员工为超额完成利润目标而努力，但企业需要付出较高的人工成本。

获利界限法：是指预先规定企业目标完成最低标准，然后将企业实际目标完成情况与其进行对比，只有在公司利润超过事先定好的最低标准才进行一定比例的利润分享。这种方式能够有效保证公司对股东的回报，合理控制企业人工成本，但需要有娴熟的理论及实操经验，操作程序较为复杂。

根据国务院和市国资委对"双百企业"在财务指标、社会效益、管理模式等方面的要求，经过与 SF 集团高层管理人员讨论，SF 集团的超额利润总额按照获利界限法确定，引入行业对标。

SF 集团考核年度超额利润奖金总额 =（考核年度净利润完成值 - 考核年度净利润目标值）× 提取比例。

提取比例根据行业对标值确定，具体如下：

（1）考核当年净资产收益率 < 行业对标企业组上一年度净资产收益率的平均值，提取比例为 0%；

（2）行业对标企业组上一年度净资产收益率的平均值 < 考核当年净资产收益率 ≤ 行业对标企业组上一年度净资产收益率的良好值，提取比例为 15%；

（3）考核当年净资产收益率 > 行业对标企业组上一年度净资产收益率的良好值，提取比例为 20%；

（4）行业对标企业组上一年度净资产收益率的平均值按行业对标企业组上一年度净资产收益率的 50 分位取值。行业对标企业组上一年度净资产收益率的良好值按行业对标企业组上一年度净资产收益率的 75 分位取值。

4. 定分配：确定超额利润奖金的分配模式和比例

重大同浩总结多年分配模式设计经验，给出了岗位贡献法、个人贡献法、综合分配法三种奖金分配方法，如表 3 所示。

表 3　国内实施超额利润激励案例分析（分配模式）

单位	激励对象
国企 ZL 水泥	按岗位贡献进行分配，分配比例为主要负责人 10%，其他班子成员 20%，员工 70%。各激励对象分配系数为董事长、党委书记 1.00，总裁 0.95，执行董事 0.85，中层正职 0.45，中层副职 0.38，高级经理及其他骨干 0.20
国企 SZ 高速	按综合分配法进行分配，根据与绩效挂钩的差异化分配原则，激励对象的具体分配数额，以激励对象的分配基数为基础，与激励对象所在组织单元战略关联系数挂钩，战略关联系数区间为 0.8 ～ 1.2，同时与激励对象个人的年度业绩情况挂钩，做到不同组织单元和不同业绩情况的差异化分配

结合 SF 集团实际，重大同浩与 SF 集团高层管理人员多次沟通，确定了 SF 集团超额利润奖金按照综合分配法进行分配，具体规则为集团班子成员占 15%、子公司班子成员占 40%；集团总部中层管理人员占 10%，子公司中层管理人员及其他占 35%。每年集团经营层根据子公司战略地位、利润贡献程度等因素确定子公司总分配额度，再由子公司根据岗位职责、承担风险和贡献程度等因素分配到具体员工。

5. 定发放：确定超额利润奖金兑现时间

首先，重大同浩总结多年奖金兑现模式设计经验，给出了当期兑现、延期兑现和当期延期相结合三种奖金兑现方法。

（1）当期兑现是指，当期结束（考核期结束）奖金直接 100% 分配给员工的方式，其短期激励性较强，长期激励性较弱。

（2）延期兑现是指，企业将实得利润分配额按预定比例将一部分利润存入员工个人账户，并在一定时期后支付给员工的一种方式。这种方式因企业所有制性质、企业文化等延期期限亦有所不同。通常来讲，国企性质的企业可能采取延期到退休一次性补偿给员工的方式，而民企或三资企业则多采取较短的期限且每年返还比例相同或不同的方式。与现金分享相反，它有一定的长期激励作用，但短期激励性较弱。

（3）“当期 + 延期”兑现是指，当期兑现和延期兑现二者相结合。

其次，重大同浩深入研究 SZ 高速的发放时间。SZ 高速采取延期兑现方法。激励期各年度可向不同层级激励对象按照不同比例发放当年度所计提激励基金，高级管理人员每年发放当年激励基金的 0%，中层管理人员发放 50%，

业务骨干 / 高级经理级管理人员发放 65%，未发放部分在考核期后的递延期内平均递延发放。递延期为 3 年。

具体发放额度计算方式为：某递延年度可发放递延奖金 =（该递延年度净资产收益率 / 同行业净资产收益率优秀值 ×50%+ 该递延年度考核净利润 / 该递延年度考核净利润的递延目标值 ×50%）× 递延奖金总额 /3

最后，重大同浩提出了 SF 集团超额利润奖金兑现时间。即超额利润奖金分 3 次兑现，具体兑现规则如表 4 所示。

表 4　超额利润激励兑现规则

兑现次数	兑现时间	兑现比例
第一次兑现	完成个人年度考核，同时考核年度的年报经年报审计机构审定后的次年	不超过 70%，但同时不高于考核年度应收账款在考核第一年度的回款比例
第二次兑现	第一次兑现后的次年	不超过 90%，但同时不高于考核年度应收账款在考核第二年度的累计回款比例
第二次兑现	第二次兑现后的次年	前 3 次兑现比例累计不超过 100%，但同时不高于考核年度应收账款在考核第三年度的累计回款比例

注：考核年度的应收账款在考核第三年度的累计回款比例未达到 100%，则第三次兑现后不再兑现余下奖励额。

第二年、第三年超额利润奖金需满足奖金兑现约束条件后方可计提和兑现。

激励对象在发放前自动离职或被公司解除劳动合同的，公司不再发放超额利润奖金。当年度退休或因组织安排原因调入、调出的激励对象，按实际在岗月数计发超额利润奖金。

个人应发超额利润奖金原则上不超过本人上年度税前收入的 50%。因超额利润奖金分配产生的个人所得税及其他税费由个人承担。

6. 定条件：确定超额利润奖金兑现条件

（1）总额提取条件是，SF 集团在满足业绩考核条件下方可提取超额利润奖金，并且设置红线，规定不得提取超额利润奖金的情形包括：考核年度净利润完成值低于净利润目标值；考核年度净资产收益率低于行业对标企业组上一年度净资产收益率的平均值；考核年度财务会计报告审计时被出具非标准意见；考核年度虚报、瞒报财务状况；发生重大安全、环保与质量责任事故、影响社会稳定等事件。

（2）个人兑现的约束条件是，设置红线，规定不能兑现超额利润奖金的情形包括以下几方面：

当年度个人涉嫌违法犯罪被司法机关采取强制措施的，暂缓发放超额利润奖金。经审查核实，如公安机关撤销案件或人民检察院不起诉或人民法院宣告无罪的，补发超额利润奖金。如违法犯罪事实清楚，不予发放超额利润奖金。

当年度个人绩效考核结果为不合格的，不予发放超额利润奖金。

当年度个人受到警告、记过、记大过、降级政务处分，分别扣减20%、30%、40%、50%超额利润奖金；受到党内警告、严重警告党纪处分，分别扣减20%、50%超额利润奖金。同一事项受党纪、政务、组织措施多重处分或处理，超额利润奖金扣减比例从高执行。

当年度个人因违规违纪受到终止党代表资格、降职、免职、取消退休待遇、解聘、解除劳动合同、辞退、组织除名（劝退）或其他重大职务调整类组织措施处理，受到撤职、开除政务处分，受到撤销党内职务、留党察看、开除党籍党纪处分，扣减100%超额利润奖金。

7. 定程序：确定超额利润奖励兑现程序

首先，研究“双百企业”兑现超额利润激励的程序的相关个案。

SZ高速超额利润激励由董事会薪酬委员会制定《激励基金计提与分配方案》《高管激励基金分配方案》，并报公司董事会。考核年度《激励基金计提与分配方案》《高管激励基金分配方案》经董事会批准，《公司高管以下激励对象激励基金分配方案》经执行董事会批准后，按程序办理年度业绩激励基金提取和发放。各激励年度激励基金按程序发放后一个月内，公司按照国资委相关规定将激励基金的提取和发放情况进行备案。激励方案需提交董事会、股东大会审批前，需按要求获得国资监管机构的同意。

其次，在个案分析基础上，结合SF集团实际，梳理了SF集团超额利润激励设计的决策机构，包括股东大会、集团董事会、经营层。再由SF集团董事会薪酬与考核委员编制《超额利润分享激励方案》及《超额利润分享激励管理暂行办法》，完成内部审批流程后，经董事会审核、股东大会审批后生效。

SF 集团董事会薪酬与考核委员会会同审计与考核委员会核定年度超额利润奖金总额度，按程序报董事会审批。在超额利润奖金总额度范围内，各激励对象的超额利润奖金年度分配意见决策程序如表 5 所示。

表 5　激励对象的超额利润奖金年度分配意见决策程序

<table>
<tr><th>激励对象</th><th>方案审批</th></tr>
<tr><td>集团班子成员</td><td>董事会</td></tr>
<tr><td>子公司班子成员</td><td rowspan="3">集团经营层</td></tr>
<tr><td>集团总部中层管理人员</td></tr>
<tr><td>子公司中层管理人员及其他骨干</td></tr>
</table>

四、项目方案实施评估

通过与 SF 集团高层管理人员的多轮沟通，超额利润激励方案得到了 SF 集团的认可。之后，重大同浩向 SF 集团控股股东和重庆市国资委进行了方案汇报，方案得到高度评价，认为该方案对整个 SF 集团都有较强的激励性，符合 SF 集团的发展现状，具有很强的前瞻性、科学性和可操作性，起到了“双百企业”改革示范作用。

重大同浩凭借长期积累的国企改革及发展咨询经验，结合此次项目的咨询体会，触类旁通、举一反三，后续又为多家国有企业成功提供了相关激励机制设计咨询服务。

风险偏好视角下电力企业战略决策

北京英大长安风险管理咨询有限公司　胡学军

北京英大长安风险管理咨询有限公司（简称英大长安咨询）是国家电网有限公司旗下的专业风险管理咨询机构，由国网英大国际控股集团有限公司、英大长安保险经纪有限公司共同出资成立，公司专注于为中国大型企业的持续增长提供量身定制的专项咨询服务和综合解决方案，包括风险管理、企业战略、集团管理、流程优化、人力资源、信息化、专项研究和重大决策支持等咨询领域。公司核心团队曾经为多家世界 500 强企业提供长期的管理咨询服务，对国内企业发展环境和面临的风险有深刻的理解，同时具有深厚的电力行业背景。

英大长安咨询是中国电力企业联合会会员单位，中国内部审计协会单位会员，中国企业联合会管理咨询委员会执行委员单位。

本案例项目组成员

胡学军，北京英大长安风险管理咨询有限公司西北业务部主任，从事咨询服务工作 13 年，具有较为丰富的管理咨询项目实施与管理经验，熟悉电力系统业务，曾先后参与并组织实施国网公司及国网系统内单位内控体系建设项目、五位一体机制建设项目、廉政风险防控项目、风控系统建设项目、专项风险研究项目及中电国际下属单位风险评估项目，相关项目成果多次得到系统内、外奖励及好评。

其他成员：徐嘉琛、章育、李朗、陈力一、王惠如

导读

风险偏好是企业全面风险管理中风险管理策略的一项重要内容，通过建立风险偏好体系，可以更好地掌握风险与收益的关系，促进企业整体战略实施。本文借鉴金融行业风险偏好管理理论与方法，研究建立适用于电力企业风险偏好容忍度评价方法，评价整体风险偏好，设置更加合理的风险偏好规划，提出基于风险偏好的预算调整裕度，有利于充分利用资源、避免损失，识别梳理关键经营风险指标，形成风险指标容忍度，建立电力企业风险偏好管理应对机制，提升经营管理水平。

企业风险偏好体系建立的核心是确保在可承受风险范围内获取最大的利润，将发展主线聚焦在平衡风险与利润上，避免不可承受风险之重，减少或防止由于忽视风险而进行的不当投资，风险偏好规定了经营风险的边界，有助于平衡收益与风险的基本要素，通过将风险偏好嵌入业务管理中，有效防范与规避风险，提高以风险为导向的业务管理能力。

本案例从经营角度识别影响公司战略目标的关键因素，自上而下量化分解关键指标，分析风险成因，量化分析风险指标边界值，形成风险指标容忍度，研究建立电力企业风险偏好容忍度管理应对机制，同时提出预算裕度，使风险偏好思路有效融入经营管理。

风险偏好视角下电力企业战略决策

北京英大长安风险管理咨询有限公司　胡学军

一、项目背景

（一）陕西公司基本情况

1. 企业简介

国网陕西省电力公司（以下简称陕西公司）是国家电网有限公司（以下简称国家电网）的全资子公司，成立于 1998 年 10 月，是陕西省电力建设、输送、销售的独立法人，是全省电网规划、建设和运营的公用事业企业，承担着为陕西经济社会发展和城乡广大电力客户提供安全可靠电力供应的重要职责，公司本部内设 22 个部门，下辖 11 个地市级供电单位和 14 个综合单位。

陕西公司现有职工 2.25 万人，资产总额 659.78 亿元，电网总装机容量 4203.43 万千瓦，外送能力 1171 万千瓦，电网最大负荷 2394 万千瓦，最大日用电量 4.97 亿千瓦·时，输电线路 4.2 万公里，变电容量 13154 万千伏安，售电量 1174.22 亿千瓦·时，外送电量 102.67 亿千瓦·时。

2. 历史沿革

陕西省有两家省级电网企业，除陕西公司外，还有陕西省地方电力（集团）有限公司，双方电网互联，共同服务陕西经济社会发展。陕西公司前身是西北电业管理局、陕西省电力工业局，1998 年 10 月正式成立，2000 年按照电力体制改革方案实行网省分离，2002 年实行厂网分离，历经网省分离、厂网分离、主辅分离等多轮改革。2013 年 6 月，按照国家电网统一安排，更名为“国网陕西省电力公司”，2017 年 8 月顺利完成党组改党委工作。陕西公司负责全省 330 千伏及以上主电网的建设运行管理，同时负责除榆林以外的其他9个地市城区、1个国家级新区、1个国家级农业高新技术产业示范区及41个直供直管县（市、区）输配电网运营和服务工作。直供直管供电营业区域占全省供电营业面积的34%，通过1314条线路向陕西省地方电力（集团）有限公司趸售供电，并向趸售区内410个大客户直接供电，直供直管供电人口超过1770万人，占全省常住人口（3792万人）的47%，电力客户649.66万户。

（二）电网行业特点

1. 外部形势分析

一是宏观环境给企业运营带来压力。我国经济处于爬坡过坎的新旧动能转换阶段，结构性矛盾依然突出，掣肘经济平稳运行的风险和深层次矛盾逐步暴露，受宏观经济下行和中美经贸摩擦影响，陕西公司售电量增速走低，收益率下降，经营盈利空间受到挤压。

二是电力体制改革对企业持续发展产生影响。国家深入践行新发展理念，以供给侧结构性改革为主线，推动经济发展“三大变革”，同时密集出台降价减费政策，持续降低社会用能成本，力度及范围越来越大，电力体制改革和国资国企改革进入关键期，陕西公司经营情况存在较多变数。

三是外部监管对企业经营管理带来挑战。国家加强对国有企业违规经营投资的责任追究，对落实国有资本保值增值、完善国有资产监管机制等工作要求愈加明确和严格，中央巡视、国家审计、国资监管等监管力度持续加大，监管范围更加全面，给陕西公司经营管理提出更高要求。

四是地区发展对电网建设提出更高要求。陕西省实施“三个转化”战略，推动陕电外送，实施蓝天保卫战，2020年要完成关中地区燃煤锅炉改造，对电网在优化资源配置、助力清洁发展、保障可靠供电等方面提出更高要求。

2. 内部形势分析

一是安全管理基础仍需夯实。局部网架结构薄弱，负荷高峰时段断面受限问题突出，调峰问题制约新能源消纳。电网结构性矛盾问题依然存在，设备故障多发频发，电网运行风险高发，安全基础仍存在薄弱环节，安全责任制落实不到位依然存在，需持续提升安全管控力，推进本质安全建设。

二是电网建设任务依然繁重。陕西公司电网进入加速发展、全面升级的攻坚期，基建工程建设任务繁重，城区配电网要基本实现自动化，农村配电网供电质量要达到全国平均水平。目前陕南陕北关中仍存在发展不平衡不充分，农村电网供电能力不足等问题，需持续提升资源配置能力，促进能源向清洁低碳转型。

三是经营发展策略需持续优化。当前，陕西公司电网正处于补齐短板、转型升级关键时期，户表改造、脱贫攻坚等政策性投资需求持续加大，电网投资和运维成本刚性增长，盈利能力和投资需求矛盾突出，需持续优化调整经营策略，推动价值创造能力不断提升。

（三）风险偏好应用实践情况

风险就是一种不确定性，投资实体面对这种不确定性所表现出的态度、倾向便是其风险偏好的具体体现。风险偏好的概念是建立在风险容忍度概念基础上提出来的。针对企业目标实现过程中所面临的风险，风险管理框架对企业风险管理提出风险偏好和风险容忍度两个概念。从狭义来讲，风险偏好是相关主体对不确定性所表现的立场和态度；从广义来讲，风险偏好是指相关主体为完成目标能够接受风险的程度。

银行业、投资证券业在风险偏好体系应用方面处于先行状态，风险偏好是其全面风险管理的逻辑起点。2008 年金融危机后，随着第三版巴塞尔协议的出台，国际监管呈现整体趋严的态势，银行面临的资本约束更加严格，盈利空间也进一步收窄。在这种严峻的形势下，银行唯一的选择就是提高资本的使用效率，在风险可控的前提下最大化潜在收益。为了实现这一目标，银行设定明晰的风险偏好，建立与之相匹配的风险容忍度，并使之有效传导、执行和反馈。这些成为银行实现稳健经营和持续发展的要义之一。

二、项目意义及项目目标

（一）项目意义

1. 风险偏好应用符合实际管理需要

当前，对于风险管理工作的要求已经提升到企业战略支撑的作用，现有的风险管理体系对战略决策的支撑作用不足，而风险偏好就是从战略的视角审视公司风险管理工作。为推动风险管理转型搭建平台与基础，风险偏好从战略宏观层面建立了风险与收益的关系，促进企业整体战略实施并致力于增加企业目标完成的可能性。风险偏好实现风险的量化分析和价值评价，借助于前瞻性的思维模式，更准确地反映复杂场景，以满足各种监管要求。

2. 风险偏好平衡收益与风险

风险偏好的核心是确保公司在可以承受的风险范围内开展业务及获取利润，因此可以帮助公司将战略的主线始终定位于风险和盈利之间的平衡，避免承担过大的风险，也有助于减少乃至消除对于高风险业务的不恰当投资。风险偏好平衡收益与风险的基本要素，是通过将风险偏好嵌入业务管理中，有效防范与规避风险，提高以风险偏好为导向的财务管理能力。开展风险偏好量化分析，有助于提高财务管理水平。

公司经营管理决策和战略规划需要考虑更多的风险因素，对风险偏好体系提出更高的要求和更实际的需求。目前风险偏好的定位还不明确，无法有效支持经营决策，风险偏好传导机制无法形成更加具体的量化传导形式，多以管理层内部的沟通协商规定为主，传导机制是静态的，无法与资产负债联动和达到风险与收益的平衡，风险偏好无法较好地融入经营决策。

（二）项目目标

结合公司战略，按照财务边界管控理论，选取财务管理领域关键业务，开展风险偏好容忍度研究，结合公司 KRI 指标及企业负责人业绩考核指标，筛选具有偏好特征的财务关键指标，设置风险容忍度、风险限额及预警指标，确定容忍区间及预警边界，平衡效率与成本投入和风险的关系，促进风险偏好理念融入公司重大经营决策及关键业务管控，保障公司战略目标实现（见图 1）。

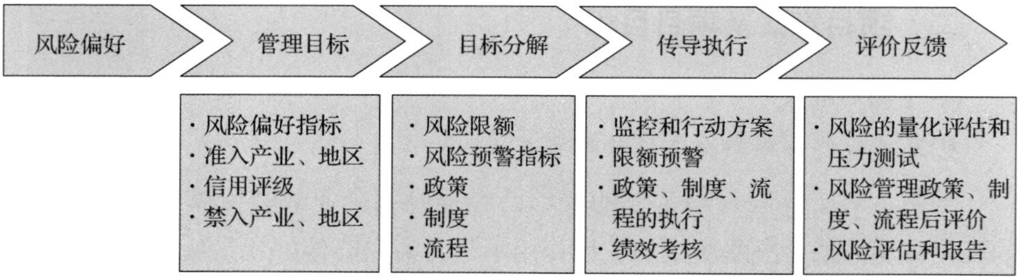

图 1　项目目标实施路径

三、项目思路

（一）技术路线

风险偏好是企业为了达到既定目标而愿意承担的风险的态度和选择，规定了公司经营风险的边界。其主要内涵可以从以下三个角度诠释，从公司治理机制来看，它是传达公司战略目标的重要载体，管理层应按照企业风险承担能力和经营目标，在既定的风险偏好框架约束下确定经营管理策略；从发展战略来看，选择和确定风险偏好是公司最重要的经营管理行为，风险偏好从风险视角体现了公司的战略选择、价值导向和业务重点；从全面风险管理体系来看，风险偏好是全面风险管理的重要内容之一，有效应用风险偏好有利于健全全面风险管理体系，促进经营管理与风险偏好的高度融合。

（二）工作思路

以企业战略目标为核心，建立科学的风险偏好容忍度评价方法，评价整体风险偏好。基于创造价值的目标，设置更加合理的风险偏好规划，建立预算调整裕度，有利于充分利用资源、避免损失。从经营角度识别影响公司战略目标的关键因素，自上而下量化分解关键指标，分析风险成因，量化分析风险指标边界值，形成风险指标容忍度，研究建立公司风险偏好容忍度管理应对机制，同时提出预算裕度，使风险偏好思路有效融入经营管理。

（三）项目重点

企业风险偏好体系建立的核心是确保在可承受风险范围内获取最大的利润，将发展主线聚焦在平衡风险与利润上，避免不可承受风险之重，减少或防止由于忽视风险而进行的不当投资，风险偏好规定了经营风险的边界，有助于平衡收益与风险的基本要素，通过将风险偏好嵌入业务管理中，有效防范与规避风险，提高风险导向的业务管理能力。

四、项目方案

（一）设计风险态度整体评价方法

企业及企业决策层对风险的偏好态度影响着企业战略发展及经营目标，

建立对企业的整体风险态度评价方法，有利于客观、科学分析企业整体风险偏好情况，利于有效应对外部环境变化。设计风险态度维度，通过风险偏好量表问卷法开展评价，确定公司整体风险偏好情况，深入分析经营目标与风险态度及风险管理策略间存在的关系，使管理者在决策时做到风险偏好与企业经营目标相匹配。

1. 确定风险态度评价维度

按照风险偏好定义及公司管理实际，研究公司整体风险偏好的影响因素，分析管理者、公司员工对风险的认知、态度，设计包含风险认知、风险承受度、风险收益、风险态度附加、企业风险管理情况五个方面的风险态度评价维度（见图 2）。风险认知维度表现为个人对风险的理解和认识程度，企业风险管理情况是对企业风险管理情况的判断与评价情况，风险承受度是在极端假设情况下对风险压力的反应，风险收益维度是面对风险带来收益与风险的负面影响的平衡态度，风险附加是其他内外部因素对个人风险判断的影响。每个维度下设定不同的问题，通过问题来表现评价人员对该维度因素的认定情况，为企业整体风险态度评价提供判定基础。

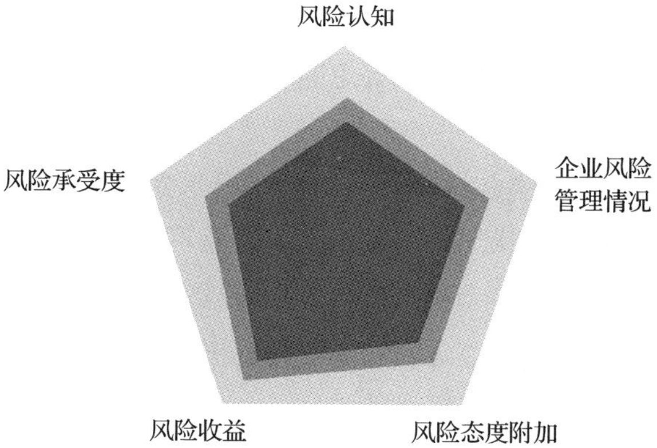

图 2　风险态度评价维度

2. 开展风险偏好问卷调查

基于对风险态度评价维度的理解与分析，设计风险偏好调查问卷，每个维度设计 5 个问题，共计 25 个问题。问题设计原则是简单易懂、不涉及复杂计算，评价分值结果不代表优劣与好坏，只代表对风险的认识和态度。公司明确抽样标准及问卷调查填制要求，组织试点单位填制问卷，按期收集整理填好的调查问卷，对问卷结果进行分析，剔除无效问卷，统计、筛选有效结果，得出公司整体风险态度分值，即公司风险偏好情况。

3. 建立科学、直观的评价标准

风险态度评价共 5 个维度，对不同维度下问题答案进行分值定义，每个维度设计 5 个问题，每个问题答案对应不同分值，分值区间为 1 ～ 4 分。原则上答案对风险的态度越保守，则风险分值越低；答案对风险的态度越激进，则风险分值越高。总体风险态度分值为每个维度分值总数加和，总分值区间为 20 ～ 100 分，并将公司风险态度评价标准（见图 3）分为四个档次，分别为风险追求、风险承担、风险规避、风险厌恶。

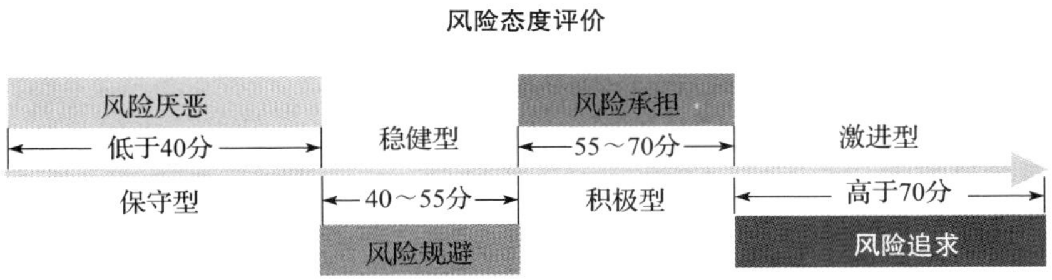

图 3 风险态度评价标准

4. 评价公司整体风险偏好

选取陕西公司所属检修公司、电科院作为试点单位，按照风险偏好评价标准，组织不同部门、不同层级人员进行调查问卷填写。通过对调查问卷的统计、分析得出相应的结果：检修公司评价得分为 51 分，公司的整体风险态度为风险规避（稳健型）；电科院评价得分为 68 分，公司的整体风险态度为风险承担（积极型）。检修公司主要负责公司线路及设备运行维护，是保障电网安全的重要防线，整体风险态度与公司经营目标相吻合；电科院为公司所属电力技术科研单位，应有相关技术研究投入，适应创新发展需求，整体风险态度为风险承担（积极型）。企业整体风险偏好应与发展经营目标相适应，如果在评价中发现整体风险偏好态度状况与公司发展经营目标不匹配或冲突，应进行相应的调整，使风险偏好与战略目标相适应。

（二）设定风险偏好思维的预算调整裕度

研究风险偏好与财务边界管控理论，聚焦项目及成本预算，结合经营效益核心指标边界约束，分析不同类型单位预算偏好，对比历史预算执行数据，研究设计合理预算调整裕度，为预算科学调整与平衡提供依据。

1. 分析预算管理需改进环节

电力行业属于资本密集型、知识密集型、设备密集型和管理密集型的生产性行业。与其他行业相比，电力行业的销售模式、生产运行、维护维修及安全环保等方面都受到国家有关部门的直接监管。全面预算管理工作应注意：一是预算编制和执行过程中，应密切结合国家政策落实经营策略，高度关注预算非指数指标的控制力和约束力；二是预算管理工作在经营业务覆盖前期就需要开展，在经营业务覆盖的基层末端就需要有效规划开展。

陕西公司严格执行全面预算管理，对项目预算管理过程进行全面梳理，主要识别存在需要改进的环节：一是项目预算编制过程缺乏科学的评估手段，预算编制过程中，业务部门习惯于“先切资金，后找项目”的管理方式；二是项目计划缺乏统一协调，存在“分条切块，多口管理”现象；三是预算下达及调整缺乏科学支撑，按照之前年度预算值硬性切割，预算调整依据不充分，缺乏整体性考虑。

2. 识别预算调整裕度影响因素

不同类型企业根据产业特性、市场状况、管理能力、近三年财务运行情况及经营状况，分析成本及项目预算关键影响因素的敏感程度，并在此基础上测算边界值。研究近年来主营业务成本、管理费用、输配电成本、用工成本、设备运维费、研发费用、管理费用等情况，明确现有业务和专项预算中的风险管控边界条件，边界条件应与公司战略目标和经营要求相匹配，如管理费用在扣除折旧费和研发费后，总量增长幅度比上年降低 50%；研发费比例要达到公司管理费用的一定比例以上；企业自筹的资本性支出不能超过当年计提的折旧总额；资产负债率超过 70% 的不可单独对外融资等。

3. 设定预算调整裕度值

风险偏好以平衡绩效与风险为目标，根据产业特性、市场状况、管理能力、近三年财务运行情况及经营状况，决定年度预算。产业特性决定了不同预算的投入需求，市场状况决定了预算配比，经营目标决定了投入与产出的关系，并以财务边界思想设定风险偏好系数，以创造价值为导向，以边界值确定资产负债结构，以财务增加值确定人工成本和研发费用等，同时根据市场预测、外部政策与公司实际确定预算方案，以及之前年度预算实际值，将风险偏好系数纳入预算弹性调整范围，设定预算调整裕度值，综合作为新年度预算的指导依据。

4. 预算调整裕度的应用建议

在预算编制阶段，对陕西公司所属各单位预算弹性有总体规划，统筹不同单位根据自身业务类型、风险偏好而确定预算弹性区间，纳入公司预算总盘考虑。预算执行阶段，严格刚性约束，使预算管理达到预期效果，但同时，应对预算保持一定弹性，在预算调整裕度范围内执行预算调整流程，有效应对内外部环境变化。预算调整不是随意盲目的，应有章可循，调整应符合风险偏好确定的预算弹性要求，使其保持在设定的弹性范围内。各单位制订的本单位预算偏好裕度，应经过上级单位审批，预算调整流程应符合《国家电网有限公司全面预算管理办法》要求，调整额度原则上不得超出预算调整裕度。

（三）建立基于风险偏好容忍度的指标预警机制

以创造经济价值为目标，以 KRI 考核指标体系与财务管理对标工作为基础，选取关键风险指标，将其纳入经济增加值，体现风险与企业价值的关系，为风险管理纳入绩效考核提供了思维出发点和实施途径。建立监测预警与反馈机制，标记指标的实际执行情况与管控指标的边界值、标准值，及时发现指标变化趋势，为经营决策提供依据。在反馈调整方面，及时将指标情况反馈至相关责任主体，尽早做出有利于化解风险的调整方案。

1. 选取风险偏好关键指标

通常采用对公司经营管理具有战略性的指标来阐述公司风险偏好，应涵盖偿付能力、资本运营、成本投入与收益等类别，选取指标能较全面反映公司经营状况。结合 KPI 考核指标、经营业绩对标工作要求，重点聚焦价值创造的投资盈利、社会贡献等方面，筛选公司财务专业负责的关键指标，包括偿付能力指标、业务经营风险指标和盈利能力指标等，以此梳理存在的重点风险，权衡风险与成本投入及收益的关系。选取的指标可直接反映公司风险水平，可研究设定响应的指标容忍度及限额。风险偏好关键指标如表 1 所示。

表 1　风险偏好关键指标

指标类别	指标	计算方法
运营能力指标	流动资产周转率（次）	主营业务收入净额 / 平均流动资产总额
	单位资产售电量（千瓦・时 / 万元）	售电量 / 资产总额
	资本保值增值率（%）	期末所有者权益 / 期初所有者权益
偿债能力指标	资产负债率（%）	负债总额 / 资产总额 ×100%
	现金流动负债比（%）	经营现金净流量 / 年末流动负债 ×100%
盈利能力指标	EBITDA 利息覆盖率（次）	息税折旧及摊销前利润（EBITDA）/ 利息支出
	当年利润增量贡献率	利润增量 / 前年度利润
	成本费用收入比重（%）	（营业费用 + 折旧）/ 营业收入
	经济增加值率（%）	经济增加值净增加值 / 经济增加值
	净资产收益率（%）	净利润 / 资产总额
	EBITDA 利润率（%）	息税折旧及摊销前利润（EBITDA）/ 营业收入 ×100%

2. 设定风险指标预警评分

按照选取的风险偏好关键指标，明确指标理想值、目标值、平均值。目标值应按照国家电网公司下达指标、陕西公司经营业绩的目标设定；理想值为系统内省公司最优指标，理想值设定应高于目标值，评分设定为 100 分；平均值为系统内省公司指标的平均值，评分设定为 60 分。实际值为公司当期实际指标值，应用调整值算法对实际值进行评分设定，调整评分应 =［（实际值 − 平均值）×（理想值评分 − 平均值得分）］/（理想值 − 平均值），实际值得分 = 平均分 + 调整评分。预警值与预警分值应结合既定目标和风险容忍度设定（暂定为 60 分），根据实际值得分与预警标准对比，确定指标状况（见表 2）。

表 2　风险偏好指标预警评分计算表

风险预警指标		平均值	理想值	实际值	平均值评分	理想值评分	调整值算法	企业预警评分	实际风险预警级别
偿债能力指标	资产负债率	平均值为系统内省公司指标的平均值	理想值为系统内省公司最优指标，理想值设定应高于目标值	公司当前实际指标值	60	100	[（实际值－平均值）×（理想值评分－平均值得分）]/（理想值－平均值）	平均分+调整值评分	正常
	现金流动负债比				60	100			正常
	流动比率				60	100			轻度预警
	……				60	100			……
盈利能力指标	净资产收益率				60	100			正常
	经济增加值率				60	100			正常
	……				60	100			……
营运能力指标	流动资产周转率				60	100			正常
	单位资产售电量				60	100			正常
	……				60	100			轻度预警
	……				60	100			……

3. 开展基于风险容忍度的指标预警

建立基于风险容忍度的指标预警机制，将风险容忍度和风险限额指标纳入日常风险监控要求，定期监测统计，对风险容忍度和风险限额指标进行跟踪。建立监测预警与反馈调整机制，对风险限额的预警进行分级管理，根据指标监测结果，及时发现相关指标变化趋势，为经营决策提供依据，形成相应的指标监测和跟踪情况报告，通过指标分析会等方式定期向管理层汇报，对于发生异动或超出限额指标的情况，作异动原因分析，及时将指标情况反馈相关业务部门或单位，尽早做出有利于化解风险和提供效率的调整方案，提出管控及整改措施。同时，风险偏好指标在执行实施运行一段时间后，需要进行分析检验，通常与公司的预算管理及业绩考核一并进行，在遇到突发事件和市场或监管巨变时，需及时对风险偏好的适当性和合理性进行检视，必要时进行调整。

五、项目特色

通过开展电力企业风险偏好体系研究，建立科学的基于战略的电力企业风险偏好评价方法，客观反映公司管理层对风险的基本态度、承担意愿及自身风险承担能力。基于电力企业风险偏好，围绕创造价值的目标，设置更加合理的风险偏好规划，以利于充分利用资源、避免损失，从而获得风险最大收益。同时，通过制订风险偏好容忍度预防机制，初步确定了风险偏好容忍度向经营管理的传导与应用路径，确定关键风险偏好指标，量化指标限值区间，根据指标所处限值区间情况，动态优化调整管理策略与应对措施，有效预防风险，提升经营管理水平。

六、项目成效

（一）风险偏好容忍度客观反映了风险管理态度

围绕陕西公司战略规划，建立整体风险偏好评价方法，客观反映陕西公司管理层对风险的基本态度、承担意愿及自身风险承担能力。基于企业创造价值的目标，设置更加合理的风险偏好规划，以利于充分利用资源、避免损失，从而获得风险最大收益。

（二）风险偏好成为促进经营管理提升的有效工具

制订风险偏好容忍度的管理流程，研究风险偏好容忍度向经营管理的传导与应用路径，确定关键风险偏好指标，结合国家电网公司考核任务要求及陕西公司战略目标，量化指标限值区间，根据指标所处限值区间情况，动态优化调整管理策略与应对措施，有效预防风险，提升经营管理水平。

供电企业数字化稽核风控体系建设与实施

北京英大长安风险管理咨询有限公司　杨航

北京英大长安风险管理咨询有限公司（简称英大长安咨询）是国家电网有限公司旗下的专业风险管理咨询机构，由国网英大国际控股集团有限公司、英大长安保险经纪有限公司共同出资成立，公司专注于为中国大型企业的持续增长提供量身定制的专项咨询服务和综合解决方案，包括风险管理、企业战略、集团管理、流程优化、人力资源、信息化、专项研究和重大决策支持等咨询领域。公司核心团队曾经为多家世界500强企业提供长期的管理咨询服务，对国内企业发展环境和面临的风险有深刻的理解，同时具有深厚的电力行业背景。

英大长安咨询是中国电力企业联合会会员单位，中国内部审计协会单位会员，中国企业联合会管理咨询委员会执行委员单位。

本案例项目组成员

杨航，北京英大长安风险管理咨询有限公司副总经理，清华大学工商管理硕士，2009年加入公司，协助国网总部、各省网公司、产业及金融单位，在风险管理、内部控制、法律风险管理、合规管控、廉政风险防控、五位一体机制建设、咨询课题管理、风控系统建设、两化融合贯标等多领域提供服务，也曾为中国南方电网、华能电力、中广核等多家机构提供咨询服务。

其他成员：袁松宝、张宜荣、冯梦飞

导读

主动融入公司泛在电力物联网建设进程，围绕“数据、场景和人”三大核心要素，以“重塑稽核管理体系、搭建稽核风控生态、锻造稽核风控队伍”为目标，依托“机器人+”，积极打造以“业财链路贯通、流程自动处理、风险精准预警、辅助决策分析”为特征的稽核风控管理模式，全力推动稽核风控管理向精益化、智慧化和数字化转型。该项目在内容、技术和模式上，都具有领先性和示范性。内容上，突破了传统财务局限，首次将财务稽核工作由财务口径向业务口径延伸。技术上，将大数据及人工智能等技术应用到稽核风控中，实现了稽核风控自动和流程化。模式上，利用当前互联网行业中的“共享经济”，最大限度激发和释放了基层创新创造活力。从推广应用来看，该项目可以取得较好经济效益，并有效促进增收节支。一是工作效率的提升显著，全年可节约高达3700人/天的工作量，将极大地降低人力成本；二是在稽核深度和广度上实现质的提升，有效减少各种风险带来的经济损失；三是为公司人才培训提供了新的方式，在实现公司资源利用最大化的同时，有效降低了培训成本。由此可见，该项目经济价值高，适用范围广，应用前景十分广阔。

供电企业数字化稽核风控体系建设与实施

北京英大长安风险管理咨询有限公司　杨航

一、基本情况介绍

（一）福建公司基本情况

国网福建省电力有限公司（以下简称福建公司）是国家电网有限公司的全资子公司，以建设和运营福建电网为核心业务，承担着保障福建省清洁、安全、高效、可持续电力供应的重要使命。福建公司经营区域覆盖全省 9 个设区市及平潭综合实验区，管辖 9 个市供电公司、1 个水电企业、17 个直属单位、62 个县供电企业，员工 5.8 万人，资产 1188 亿元，客户 1885 万户。福建公司连续五届获评“全国文明单位”，连续七届获评“省文明行业”，所辖 15 家单位荣获“全国文明单位”。

2019 年，福建公司全面贯彻建设世界一流能源互联网企业的决策部署，严格落实福建省委省政府有关电力企业的相关要求，锁定“两个典范”的奋斗方向，聚焦“三型”建设（建成枢纽型、平台型、共享型现代企业）、“两网”融合（建成坚强智能电网和状态全面感知、信息高效处理、应用便捷灵活的泛在电力物联网）、队伍发展“三个先行”的攻坚任务，为建设世界一流能源互联网企业，推动福建省经济社会发展做出贡献。

（二）福建公司稽核风控现状

数字化时代下，传统在线稽核已经不适应当前财务稽核需求。传统在线稽核是以公司财务及业务信息系统建设为基础，基于信息系统数据的可获取性及数据间的内在联系，通过设置稽核规则、配置查询方案，对各种经济业务数据进行检索、分析、判断，查找问题并实时反映整改过程，以此来检查经济业务处理过程和结果数据是否符合法规、政策、制度的规定，是否符合企业的管理目标和外部监管要求。福建公司稽核风控工作经过十余年的建设，取得了一定成果，初步构建了财务在线稽核的体系模式，但与电网和企业未来发展要求相比，仍存在提升空间。本项目致力于探索在信息化建设全面提升的背景下，通过创新管理理念和运用新兴技术来提升财务稽核风控工作的全新思路与方案。

二、项目实施

（一）实施背景

一是对财务稽核内涵和外延的思考。作为关系国计民生和国家能源安全的央企，福建公司承担着为经济社会发展提供电力保障、实现国有资产保值增值的重大责任，受到政府严格监管、舆论严格监督和公众高度关注，因而在管理上对财务稽核工作有着更高的要求，这决定了财务稽核必须关口前移，向事前和事中控制延伸；向业务前端延伸，加强财务与业务间的数据共享和融合，拓展稽核的深度和广度；向“效益＋服务”延伸，对企业的各项经济业务进行“穿透式”稽核，深入挖掘对管理、控制、决策有用的信息，及时为公司资源的有效配置和调整提供数据支撑。

二是“大云物移智”等新技术广泛应用。当前，新一轮科技革命和产业变革席卷全球，新的信息技术应用正在逐步向“全场景”延伸扩展，云计算、大数据、物联网、人工智能等领域的新产品、新方案层出不穷，为财务工作运用新技术、新方法，推动建立新机制、新模式，提升财务管理的数字化、智能化水平提供了有力支撑。

三是国资国企监管日趋严格。当前，中央巡视、国家审计等对央企的监督力度持续加大，审计监督的业务范围更广、频次更高、形式更为多样，对公司贯彻落实重大政策和经营管理等工作提出更高要求。相关机构不断强化监管科技应用实践，积极利用大数据、人工智能等技术丰富监督检查手段，数字化审计、信息化监管、大数据应用逐渐成为新主流。

四是公司财务稽核长期面临的痛点和难点亟须解决。近几年，在线稽核作为公司开展财务稽核工作的重要手段，在拓展财务稽核广度和深度方面发挥了重要作用，但是受制于环境、系统、技术及人员等因素，当前在线稽核仍面临几大痛点：传统在线稽核规则趋同，缺少结合各基层单位实际需要的在线稽核规则，不能满足各个基层单位个性化的管理需求；业务系统林立，各专业、各系统及内外网信息仍有断点，跨系统获取数据较难，未实现全业务、全价值链条风险稽核管控；随着业财融合不断深入，业务和财务逻辑关系更加复杂，传统在线稽核往往是抽取有限样本开展稽核，覆盖面有限，不能有效检查业务规范性；基层单位财务稽核人员普遍兼职，工作繁重，被动稽核居多，同时会耗费大量精力在稽核疑点核查等工作方面，造成稽核效率低，稽核成效不显著。

五是公司泛在电力物联网建设的全面推进。泛在电力物联网发展趋势下，网络越来越开放、业务越来越融合、数据越来越贯通、技术应用越来越广泛，传统依靠人工和经验的风险防范模式注定不能适用未来的发展需要。基于大数据和人工智能的智能在线稽核共建共享平台，是泛在电力物联网建设背景下财务风险防范的重要手段。

（二）实施技术

本项目充分利用公司数据中台建设成果，并以财务 RPA 机器人成果为技术支撑，正确处理效率与风险的关系，打造数字化稽核风控体系。

所谓 RPA，是指机器人的流程自动化。根据机器人流程自动化和人工智能研究所（IRPAAI）的定义，RPA 描述了这样一种技术应用："让公司员工能够配置计算机软件或'机器人'，采集和解释现有应用，以便处理交易、操纵数据和触发响应，并与其他数字系统通信。"

RPA 具有如下特征：一是 RPA 并不是一个有着和人类一样外形的物理机器人，而是一款基于桌面记录的自动化软件，它可以出色完成大量重复性、定义清晰、有固定逻辑而少有意外情况的工作；二是 RPA 能够 7×24 小时 ×365 天地无间隙工作，其具有相当于人工 15 倍的超高工作效率；三是机器人的使用规模可以按需求调整，例如在每年高峰期处理大量的数据；四是 RPA 能做到详细、实时地追踪所有流程步骤，因此 RPA 具备极强的管控能力及审核能力；五是在虚拟环境下复制人机交互行为的RPA机器人无须人工操作，不会发生错误并提供自动校验和流程检查。可以说，它是低成本、低风险的财物流程改造首选。

RPA所关注的重点是一些重复性高、业务规则标准化程度高、基于明确规则的业务流程。在实际工作过程中，诸多财务、业务流程其实都具有上述特点。因此，RPA可在财务领域进行广泛应用。目前，就RPA技术在财务管理领域的应用范围来看，基本覆盖了财务管理的方方面面。比如稽核管理、税务管理、账单管理、报表管理、预算管理等，依据每个企业流程的规范化、标准化程度不同，RPA技术应用的范围也不同。

（三）实施思路

主动融入公司泛在电力物联网建设进程，围绕“数据、场景和人”三大核心要素，以“重塑稽核管理体系、搭建稽核风控生态、锻造稽核风控队伍”为目标，依托“机器人+”，积极打造以“业财链路贯通、流程自动处理、风险精准预警、辅助决策分析”为特征的稽核风控管理模式，全力推动稽核风控管理向精益化、智慧化和数字化转型。

（四）实施目标

一是以机器人为“引擎”，重塑财务稽核管理体系。稽核范围由传统“财务稽核”延伸到“业务稽核”；稽核方式由“抽样”稽核转向“全样本量”稽核；稽核主体由“疑点核实和整改”转向“问题治理”；稽核职能从基本的“查错防弊”职能趋向于辅助管理的“决策分析”职能；稽核时点从“事后稽核”转向“事前稽核”和“事中稽核”。

二是以机器人为“连接”，打造泛在稽核风控生态圈。以机器人为核心，通过大数据和人工智能技术的应用，实现由财务稽核机器人、风险信息共享应用平台、财务稽核共建共享平台三者共同构建一个“业财链路贯通、流程自动处理、风险精准预警、辅助决策分析”为特征的稽核风控生态体系，从而打造以机器人为核心的风险防控命运共同体和以数据为纽带的稽核风控生态圈。

三是以机器人为“杠杆”，锻造稽核风控队伍。将财务人员从原先重复性高、耗费时间长的劳动中解放出来，逐渐将重心转移到风险的预测、决策、管理、分析和控制等方面。进一步增加财务人员监督和风险意识，提升财务人员发现问题、分析问题和治理问题的能力和水平。培养业务洞察力，强化业财融合思维，可以站在业务角度看财务和站在财务角度看业务。

（五）主要做法

依托“机器人+”，围绕财务稽核、风险管理、队伍建设，开发应用财务稽核机器人、风险信息共享应用平台及智能财务稽核共建共享平台，全力打造以“业财链路贯通、流程自动处理、风险精准预警、辅助决策分析”为特征的稽核风控管理模式，全力推动稽核风控管理向精益化、智慧化和数字化转型。

1.“机器人+”稽核管理

坚持“智能应用驱动财务稽核创新”，将机器人引入到财务稽核管理中，通过“稽核规则—稽核场景—机器人—在线稽核平台”四位一体建设，构建以智能在线稽核为核心，以现场稽核为补充，以风险监督与合规控制、问题整改为支撑的全面稽核管理体系，推动稽核职能的高效履行和科学转变。

一是建立标准稽核规则库。以风险为导向，遵循重点监督原则，基于业务特点与监督特性，建立适用于公司系统内所有单位的稽核规则体系，涵盖资金、往来、购电、成本、财税、工程等十大业务领域，截至目前共有205条。各级单位可以对稽核规则进行细化，修改后应用，支持个性化设置。

二是设计在线稽核场景。充分考虑目前稽核仍需要依靠人工进行大量高频、重复、机械性的工作，以及在线稽核规则模块数据主要来源管控系统，稽核手段单一等痛点，选择涵盖资金安全、往来管理、电价管理、工程财务、收入成本、财税管理等八大核心主题业务场景，筛选稽核场景。

三是运用RPA开发机器人。运用RPA机器人技术，建立“一键式”智能稽核新模式。机器人自动获取业务前端及各信息系统数据，通过对数据对比、分析和判断，自动输出稽核结果，实现了对风险全天候动态监督。相较于传统在线稽核的“数据抽取—数据转换—数据加载”实现机制，机器人具有以下四方面优势：易落地。机器人完全模拟人工操作，从业务系统前台界面获取数据，无须系统之间进行后台对接，无须接口集成，实现多系统数据交互。成熟场景，可以在2～4周内落地。拓展快。支持高可拓展，只要业务合乎逻辑、在线取数正常，可以快速复制稽核场景。覆盖广。突破原本抽取有限样本开展稽核的局限性，运用稽核机器人，可以实现全天候、全单位、多场景的动态扫描。效率高。相对于人工操作，机器人操作速度可以达到人工处理的5倍，并可实现全天候工作。

四是搭建可视化在线稽核平台。利用机器人获取各系统数据进行多维判断和分析，构建可视化在线稽核平台。一方面，按业务主题进行稽核成果统计分析，从问题类型、地区、现状、整改情况等不同维度直观展示问题动态，有效推进问题整改与管理提升；另一方面，作为支撑公司财务实时监督报告的重要支撑，在线生成稽核报告，机器人自动发送邮件进行提示。

截至2019年年底，机器人围绕主数据治理、在线稽核以及减负提效，已上线109项场景应用，涵盖6大核心主数据、8大业务主题和7大减负应用，全面助力福建公司夯基础、控风险、减负担。

案例一：民营企业清欠

导出近3年供应商明细，剔除包含“财政”“税务”“监察”“大学”“学院”等关键字的单位，以及国网公司、福建公司内部关联单位，锁定民营企业数据范围。通过天眼查、企查查等专业网站，确认供应商是否为民营企业，如果最终控制方为国资委，则判断为非民营企业，并建立《民营企业信息库》。通过稽核机器人获取民营企业供应商信息，根据供应商到ERP自动抓取供应商未清项明细，按单位做好数据分类整理后，由稽核机器人自动分发邮件到基层单位，督促基层单位整改核实，促进民营企业账款清欠工作顺利开展。

案例二：含敏感词发票稽核

机器人自动比对增值税发票是否有不符合中央八项规定要求的开票内容，如“茅台”“招待”“度假”“软中”等敏感字段，在发票池和ERP凭证中检查开票方名称和凭证摘要中是否包含“会所”“夜总会”“俱乐部”等敏感信息。

案例三：旅客运输服务是否抵扣

《财政部税务总局海关总署关于深化增值税改革有关政策的公告》财政部税务总局海关总署公告〔2019〕39号规定2019年4月1日后纳税人购进国内旅客运输服务，其进项税额允许从销项税额中抵扣。为确保企业应抵尽抵，企业需投入大量人力进行核查，借助机器人进行旅客运输服务费抵扣稽核需求较为迫切（稽核发现目前旅客运输服务抵扣率约 86%）。

案例四：增值税申报表一键生成

公司现有会计核算体系虽然可以初步实现自动归集“销项税额”“进项税额”“进项税额转出”等增值税基础申报信息，但还需财务人员对大量数据进行整理、分析，导致每月增值税申报工作占用了财务人员大量时间与精力。

为减轻基层负担，提升工作效率，按照预制税务机关《增值税纳税申报表》格式，借助财务机器人实现“一键式”生成增值税申报表，可应用于基层单位与母公司纳税申报及数据整理工作。从数据准备至出具增值税申报表需耗时半小时左右，对比以往 3 ～ 4 天的申报周期，得到了显著缩减并确保了数据的准确性。

案例五：内部往来余额透视

作为年度财务核算的一个重要环节，每年 12 月省公司财务部需要检查所有关联企业的往来科目余额是否一致，并据此编制合并抵销分录。机器人可代替员工，自动登录财务管控系统，自动抓取科目数据，以及对比往来余额并计算差异，大大提升工作效率，把握决算时间窗口。

2.机器人＋风险管理

以“精准风控”为核心理念，应用大数据等技术手段，整合公司内部业务数据，以及外部公共服务机构、互联网等信息资源，并进行深度挖掘、综合应用，实现对公司关键领域风险的全面感知（智能化）、态势监测（可视化）、风险预警（可控化），实现一张图实时掌控公司风险状况。主要包括：

一是内外融合，突破风险数据壁垒。突破企业数据壁垒，运用机器人技术，多源开发数据渠道，同步采集企业内外部风险信息，聚焦外部环境不确定因素和重点业务领域关键痕迹，实现风险数据内外融合，为风险管理提供客观的数据支撑。

二是精准定位，穿透表征直达源头。通过风险地图逐级的透视功能，风险数据层层穿透，从风险地图到关键风险，从关键风险到风险事项，准确定位风险源头，实现风险精准管控。

三是特征抽取，打造多维风险画像。抽取各项风险特征，基于内外部风险数据，打造多维度立体风险画像，直观展示对象风险特征，基于风险特征，选择管理策略，使管理措施有的放矢。

四是多级预警，风险隐患超前止损。建立对于评估对象的五级预警体系，提前对风险对象相关责任单位（部门）发布预警信息，及时止损，防止风险由点及面，防范风险积聚。

五是多点协同，关键风险联防联控。建立风险传递图谱，联合各项风险责任单位（部门）和风险影响单位（部门）共同开展风险管控，强化企业风险响应速度与强度，阻断风险传递。

构建一个具有“实用、实时、共享、智能”为特征的风险信息共享应用平台。平台围绕技术、管理和数据，重塑了供电企业全面风险管理体系。

技术上，利用平台的大数据智能分析能力，自下而上地获取业务数据，经过加工、整合、运算后，通过指标、模型、图谱等手段实时监控业务运行，及时洞察，快速纠偏。

管理上，全面整合风险识别、评估、监控、预警、应对等风险管理要素，形成全过程动态风险管控体系，自上而下将管理要求推送到业务流程中。

数据上，形成以数据为导向的连续动态的所有风险信息的集合，进而全面评价和科学判断每个供应商、客户、设备，以及人员的风险状况，实现公司风险管理的大数据集成应用。

案例一：物资履约风险预警

国网公司物资部每月定期在门户网站发布《物资供应重大问题及重点关注事项预警清单》，通过机器人自动解析预警清单，识别出现资金周转困难、产能不足的供应商，并同步发至风险信息平台，风险信息平台根据供应商信息匹配 ERP 系统获取对业务影响的分析，发送预警信息至责任部门与关联部门往来信息，进行风险规则的研判，形成风险案例库，并进行风险预警发布。

案例二：供应商涉诉风险预警

以福建万晟管桩有限公司为例，通过机器人，将国家电网内部供应商与企业外部数据源进行自动比对分析，命中后显示该供应商涉诉风险信息，输出该供应商涉诉风险衍生风险及相关责任部门信息，生成风险预警提示单，下发关联专业部门，并适时收集风险处理进程反馈信息。

3. 机器人 + 队伍建设

为满足机器人规则及场景需求，借鉴当前互联网行业中的“共享经济”模式，以“互联网 + 知识社区”为设计思路，旨在通过开发“财务稽核规则建设阵地 + 稽核风控知识社区 + 稽核风控知识图谱”三位一体的财务稽核共建共享平台，服务智能在线稽核平台，培养稽核风控人才。

一是打造财务稽核规则建设阵地。在国网公司集中部署实时监督规则的基础上，以“互联网 + 知识社区”为设计思路，搭建基于 UGC 模式的财务稽核规则建设平台，通过积分、悬赏等手段，激励各级单位制订定制化实时监督规则，同时满足各单位个性监督需求，提升实时监督效率和效果。

二是打造稽核风控知识社区。针对当前财务稽核信息传递方式单一、成果共享不足等问题，打造一个即时可用、专注互动、高效分享的稽核风险知识社区，为公司打造一流稽核风控队伍提供载体支撑。

三是构建稽核风控知识图谱。利用机器学习技术，构建财务稽核知识图谱平台，实现财务稽核可视化检索分析，针对不同单位提供定制规则和分析维度，推进财务稽核数据的集中处理和深度应用，透视问题根源，提升问题治理水平。

三、实施效果

该项目旨在构建一个具有“业财链路贯通、流程自动处理、风险精准预警、辅助决策分析”为特征的智能稽核风控平台。平台围绕技术、手段和模式，重塑了财务稽核管理体系，在国网系统内具有领先性和示范性。技术上，将大数据以及人工智能等技术应用到稽核工作中，实现了稽核自动化和流程化；手段上，突破了传统财务稽核局限，实现了财务稽核向事前和事中控制延伸，向业务前端延伸，向“效益 + 服务”延伸；模式上，将“共享经济”引入稽核工作中，最大限度激发和释放了基层创新创造活力。

从该项目推广应用来看，该项目经济价值高、适用范围广，可极大降低人力资源成本，并有效减少各种风险带来的经济损失，降本节支效果明显。项目实现了“财务稽核自动化”“省市县风险一张图”“稽核风控培训在线化”，可以在本省范围内直接推广运用，可以迅速帮助基层单位掌握风险管理工具和方法。项目围绕“精准稽核风控”进行了有益探索，对稽核风控如何数字化转型具有良好示范作用，并形成管理案例，对供电单位稽核风控数字化转型能够形成有效借鉴。本项目对于传统稽核风控理论和工具提供的创新思路，能够对公司其他领域的风险管理提供参考。

基金公司A事业合伙人与市场化激励约束机制案例

中智人力资源管理咨询有限公司　巩一帆

中智人力资源管理咨询有限公司（以下简称中智咨询或公司）成立于2003年，隶属于中国国际技术智力合作有限公司，是中国领先的管理咨询整体解决方案提供商，一直致力于推动企业战略思维和变革管理能力的提升，凭借精干专业的顾问团队、多元化的服务体系和创新的管理技术，已成为国内足具规模、功能齐全、实力雄厚、服务优质的中国管理咨询行业主力品牌。

中智咨询总部位于上海，以上海、北京、广州、深圳、重庆、成都、西安、武汉、济南9个主要城市为中心，建立了覆盖华东、华南、华中、华北、西南五大区域的全国性管理咨询服务网络。公司始终遵循与国际趋势、中国国情和市场需求紧密接轨的方针，逐渐获得世界500强企业、跨国公司驻华总部、知名国企和民企的青睐，同时也为国家相关部委和各地政府提供人力资源管理智库服务，以及为中央企业提供咨询服务的重要平台。

本案例项目组成员

巩一帆，女，本科毕业于中央财经大学，北大MPA在读，曾就职于和君咨询、中智咨询，经手项目包括中发前沿基金公司人力资源管理体系咨询项目，国铁建信人力资源管理体系咨询项目，大连市金普新区功能区改革及岗位薪酬绩效咨询项目，中国中材集团中材国际工资总额、子公司经营业绩考核及负责人薪酬，开能健康合伙人机制、中长期激励体系建设及员工持股计划设计等。

其他成员：无

导读

基金公司A于2015年12月成立，是中关村“一司一金”助力区域协同创新的重要组成部分。为落实北京市人民政府关于“坚决用市场化机制管好用好基金，并培养一批基金人才”的指示，基金公司A按照中关村发展集团的整体部署，加快业务布局，业务范围涵盖政府关系、产业组织、母基金投资、子基金直投等重点业务，同时，重视人才的选育用留，形成了一些激励约束方案，但在实施中仍存在一系列限制及问题，急需通过综合改革方案形成体系化激励约束制度，吸引并保留高素质人才。

2019年，中关村发展集团综合改革方案获北京市委深改委专题会审议通过，各项改革任务正在加快落地实施。基金公司A作为业务市场化程度较高的公司，贯彻落实集团综合改革工作部署，尝试进行合伙人工作机制和中长期激励相关改革。

在此背景下，为实现公司战略发展目标，吸引并激励高质量基金人才，中智咨询作为咨询机构，协助客户系统开展基金公司A综合改革方案研究，方案主要包括两大部分：一部分是为合伙人机制搭建的顶层设计框架，主要针对高管层设计的包括管理机制、激励约束、工作机制在内的一整套机制方案；另一部分是针对公司不同业务特点的专项激励，包括母基金的资金募集奖及Carry分享，直投子基金的资金募集奖、员工跟投及Carry分享，产业协同及产业组织的特殊贡献奖。

基金公司 A 事业合伙人与市场化激励约束机制案例

中智人力资源管理咨询有限公司　巩一帆

一、项目背景

（一）客户项目需求

基金公司 A 自成立起不断发展壮大，业务布局逐渐清晰，业务范围涵盖政府关系、产业组织、母基金投资、子基金直投等重点业务。公司成立以来，各项工作取得重要阶段性成果，在集团整体部署中有着重要的战略意义。

为落实北京市人民政府关于“坚决用市场化机制管好用好基金，并培养一批基金人才”的指示，基金公司 A 高度重视人才的选育用留，近年来逐步形成了一些激励约束方案，但没有形成完整的激励约束体系，且在实施中仍存在一系列限制及问题，急需通过综合改革方案形成体系化激励约束制度，吸引并保留高素质人才。

自 2018 年起，集团深入贯彻中央和市委市政府重大决策部署，研究形成了集团综合改革方案，并开始逐步改革宣贯落地工作，基金公司 A 作为业务市场化程度较高的公司，借助集团改革契机，尝试进行一系列人才激励相关改革。

在此背景下，本项目从分析目前现状出发，明确方案整体思路，最终确定整体综合改革方案。

（二）行业背景

1. 行业规模

自 2016 年起，我国国有背景的私募基金发展迅猛，基金规模扩张明显，2017 年私募基金规模增幅高达 40%，资源集中配置优势更加凸显。截至 2018

年年底，私募基金的管理规模达到 12.78 万亿元，相较 2017 年增长 1.68 万亿元，增幅为 15.12%。

2. 未来市场

从资金端看，目前中国经济发展，财富大量累积，预计 2020 年中国居民个人可投资资产总额将达到 200 万亿元，同时随着理财意识的不断加强，投资需求急速扩大；从需求端看，国内企业近几年迅速发展，大量企业特别是高新科技、人工智能等产业对资金需求十分旺盛；从政策端看，近几年行业监管趋严，私募基金行业整体愈加阳光化和标准化；从中美私募发展对比看，目前中国私募基金行业渗透率不足 0.3%，美国私募行业资金管理规模为中国的 10 倍以上。总而言之，目前各方利好，私募基金行业发展空间巨大。

3. 行业特点

私募基金行业整体集中度高，前 20% 私募基金管理资金规模超整体 90%。但受目前宏观形势影响，融资难度较大，市场上整体可投资项目数量多但优质项目稀缺。

4. 核心竞争力

私募基金行业未来空间巨大，作为典型的资金密集、智力密集、人才密集型行业，私募基金行业对人才特别是高端人才要求更高，需求更加旺盛。证监会也在公开媒体发文指出：基金行业是人才密集型服务行业，人力资本是其核心竞争力，同时还指出，将继续支持并规范引导基金管理公司建立长期有效的激励约束机制，吸引和留住高端人才。

5. 常见激励手段

为保留优质人才，私募基金企业不仅给出具有吸引力的短期薪酬，更采取创新型的组织管理模式（如合伙人模式）和中长期激励模式（如股权激励），以此保留并吸引高质量人才。

（三）行业常见做法

1. 合伙人机制

（1）概念界定。

合伙人机制目前并无统一定义，概念上可以分为法律意义上及管理意义上的合伙人制。

①法律意义上的合伙人制。

法律意义上的合伙人制专指合伙企业（相对于公司制而言的一种企业的组织形式）中的普通合伙人及有限合伙人。普通合伙人是企业的管理者，对公司债务承担无限连带责任；有限合伙人以其出资额为限对企业债务承担有限责任。企业的管理由普通合伙人负责，有限合伙人不参与企业经营活动。

②管理意义上的合伙人制。

管理意义的合伙人制度是一种企业组织机制和管理模式，将人才和资本结合，合伙人对企业有投入、有付出，获得参与企业经营的权利，给权利、有约束，使经营者从“给老板打工”为“给自己打工”，并以此心态投入工作。

③法律和管理意义上合伙制概念关系如图1所示。

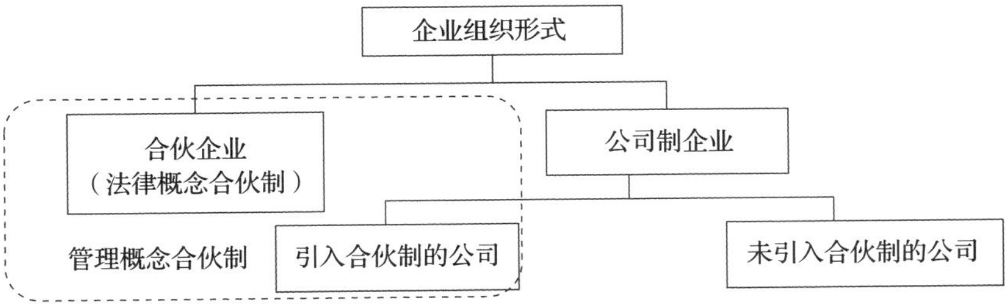

图1　法律和管理意义上合伙制概念关系

（2）分类及特征。

目前合伙人机制可分为以下四类（见表1）。

表1　合伙人分类

合伙人类型	定义	绑定方式	优势	劣势	典型企业
合伙企业合伙人	法律层面上的合伙人，合伙人持有合伙企业的份额	合伙企业份额	深度绑定，合伙人主人翁意识更强	受公司组织形式限制较大，不具有普适性	高盛（上市前）、PE机构、会计事务所、律所
股份合伙人	股权层面上的合伙人，合伙人通过持有公司股份，从而行使合伙人权利及义务	公司股权	深度绑定，长期激励效果好	个人股份较少时激励效果不明显，即时激励性差	阿里巴巴、多数上市公司

续表

合伙人类型	定义	绑定方式	优势	劣势	典型企业
事业合伙人	管理层面上的合伙人，合伙人不实际持有公司股份，但通过一系列激励约束机制（如跟投机制，超额收益分享等），激励和绑定合伙人	项目跟投、超额收益分享、专项奖、虚拟股权等方式	超额收益分享、专项奖等方式短期兑现，受政策影响小，激励性较强。项目跟投方式对合伙人绑定效果明显	超额收益分享、专项奖等方式长期绑定性差。项目跟投收益周期相对较长，操作较为复杂	万科、碧桂园、华为、永辉
外部合伙人	非公司员工的合伙人，外部合伙人通过向公司提供资源，为公司业务做出巨大贡献，从而获得外部合伙人相应权利	专项奖励	覆盖面广，成本较低	稳定性和长期绑定性较差	PE 机构

（3）基金公司 A 合伙人制适用性分析。

①合伙企业合伙人。

适用于合伙制企业，基金公司 A 为公司制企业，暂不适用。

②股份合伙人。

适用于公司制企业，但由于基金公司 A 目前为集团全资子公司，在政策上不具备员工持股的成熟条件，暂不适用。

③事业合伙人。

考虑基金公司 A 基金行业特殊性，为激励并绑定核心员工，激发公司内在活力，较为适用。其中可借鉴基金行业常见激励模式，采取项目跟投、超额收益（carry）分享等方式作为事业合伙人机制的绑定工具。

④外部合伙人。

考虑基金行业募资难度大的行业特点，为增加公司资源储备能力，激励外在合伙人，较为适用。

2. 行业常见激励及约束机制

（1）常见机制。

从私募基金行业整体运作流程出发，可分为募集资金、信息挖掘、筛选评估、决策审议、谈判运作、交易执行、投后管理和项目退出多个流程，针对不同的业务流程，一般会设置募资奖、投成奖、超额收益（Carry）分红等激励机制和员工跟投等约束机制，具体如表 2 所示：

表 2　基金公司激励约束机制设置

激励类型	设置目的	时间节点	金额比例	人员范围
募资奖	成功为公司募集资金的奖励	实缴金额到账	实际募集金额的 1% ～ 3%	募资团队及相关人员
投成奖（投资贡献）	对项目团队在项目推荐、项目谈判及运作等环节贡献的奖励	投资资金到位且工商变更完成	实际投资金额的 1% ～ 2%	投资团队及相关人员
Carry 分成（超额收益）	以回报分成的模式，鼓励团队重视项目收益	实收超额收益后	Carry 的 30% ～ 60%	前中后台员工
员工跟投	以绑定投入自有资金的模式，促使团队重视项目质量	基金投入资金到项目时	实际投资金额的 1% ～ 3%	强制跟投及自愿跟投人员范围不同

（2）行业外部案例（见表 3）。

表 3　基金公司外部案例

公司名称	弘毅投资	鼎晖投资	中信基金
专项奖	募资奖：1% 投成奖：1% ～ 1.5%	募资奖：1% 投成奖：根据不同投资金额分别确定	募资奖：融资额的 2% ～ 3% 提供项目信息：给予投资额的 1%，项目退出后再分配项目收益的 20%
Carry 及分配	超额收益的 20% 为 Carry，在弘毅团队及联想之间进行分配 团队分配 45% ～ 55% 其中 Partner 分配 80%，20% 分配给投资总监 / 副总裁等资深员工	公司分享超额收益的 20% Carry 中 50% 分给团队 Carry 计划覆盖所有员工，届时决定具体分配比例	公司分享超额收益的 20% 团队约分配 50% Carry 计划覆盖所有员工，其中项目投资人员分配 20%
跟投机制	人员：VP 以上需强制跟投，其他层级自愿跟投 主体：项目及基金均跟投 金额：根据项目投资金额具体确定，一般强制跟投不低于基本年薪的 20% 投资平台：有限合伙企业	人员：VP 以上需强制跟投，其他层级自愿跟投 主体：项目及基金均跟投 金额：按照年底税前奖金的一定比例跟投，一般为奖金包的 20% ～ 35%，比例与扣留方式视团队不同变化 跟投方式：个人直接跟投	人员：项目组与投委会委员强制跟投，其他自愿跟投 主体：项目及基金均跟投 金额：按照项目 / 基金的一定规模制定跟投量：以跟投基金为例，一般强制额度为 1% 跟投方式：个人直接跟投

二、项目诊断分析

项目诊断从上级集团部署、自身战略及业务需求出发，同时分析公司目前优劣势，明确公司在人才保留与激励方面存在的主要问题，指出基金公司A合伙人机制及中长期激励的必要性。

（一）集团战略要求及工作部署

1. 集团战略部署要求

集团积极贯彻落实国家京津冀协同发展战略和北京市关于“加强产业对接协作，发挥中关村辐射带动作用，搭建技术和产业转移平台”的要求，聚集产业化创新的力量，真正发挥中关村的辐射带动与示范引领的作用，要求基金依靠市场化的机制，保留并吸引关键人才。

2. 集团综合改革契机

集团在2018年开启综合改革时明确了2019年的工作主线，即推动一批改革转型的具体措施落地实施是2019年改革的首要任务，也是集团创新发展、高质量发展的阶段性任务，集团各项工作都要围绕改革转型来推进；2019年的工作任务是，狠抓改革落地，充分释放高质量发展的内在动力，同时加强改革宣贯落地工作，推动职业经理人改革，建立多种形式的激励约束机制。

（二）公司战略定位

目前公司的战略定位如下：一是集团面向合作区域开展基金合作业务管理的唯一主体平台；二是起桥梁纽带作用；三是产业路由器；四是产业投向上，立足北京科创中心，面向全国，挖掘全国项目服务北京；五是通过股权深度链接，与北京高精尖产业融合，促进北京高精尖产业发展。

为实现公司战略定位，战略实施保障如下：

（1）打造一流人才队伍，加大高端人才引进力度，并逐步提升员工薪酬；

（2）不断优化公司管理体制，做好“实验田”和“探路者”角色，发挥初创企业优势，加大国企改革探索，建立市场化的经营和决策机制；

（3）建立完善的激励约束机制，从母基金和子基金管理两个层面，建立基金募资、投资及管理核心环节的团队激励机制，明确激励内容、激励办法、资金来源、激励时间等激励要素。激励对象覆盖前中后台部门，按照对基金设立及运作全过程的贡献大小进行激励，形成完善的激励体系。

（三）公司业务模式

基金公司A的盈利方式主要有两种，一是管理费，即管理母基金和子基金收取的管理费，多为基金金额的2%；二是超额收益分成，管理基金（母基金及子基金）形成超额收益的，一般按超额收益的20%奖励管理人。

公司业务高度市场化，且处于发展初期阶段，收入来源主要为管理费，需充分储备市场化人才，要求公司按照市场化规则搭建组织架构，招聘优秀人才，建立完善的薪酬及激励约束机制。

（四）公司资源优势及短板

目前公司的主要资源优势为品牌优势，依托集团，基金公司A拥有得天独厚的品牌优势。发展短板主要是机制不够市场化，如薪酬机制主要参照集团内部薪酬水平来确定基本工资及绩效奖金，和市场差距较大，不利于吸引市场化高端人才。

三、项目设计框架

（一）整体目标

服务于基金公司A的长期战略目标，推动公司利益、股东利益和管理层利益一致，建立核心管理团队与公司长期成长价值深度绑定的激励机制，实现“共创事业、共担责任、共享成功”。

（二）设计原则

（1）承接战略规划：在战略规划梳理基础上进行人力资源体制机制设计，支撑公司战略目标的实现。

（2）尊重行业特点：充分体现基金投资行业的特点，对标行业标杆做法。

（3）市场化导向：设计与公司业务模式相匹配的市场化人力资源管理体系，强调市场对标。

（4）兼顾国资背景：立足实际，考虑国企背景，充分利用国企品牌优势。

（5）激励约束并重：正向激励与负向激励相结合，建立与薪酬激励机制相匹配的业绩、风险等约束机制。

（三）整体思路

为服务于基金公司 A 既定发展战略，建立一套长效的、完整的激励体系，凝心聚力，吸引优秀人才，打造利益和事业的共同体，考虑公司实际，建议基金公司 A 本次综合改革方案围绕“事业合伙人 + 中长期激励机制”展开（见图 2）。

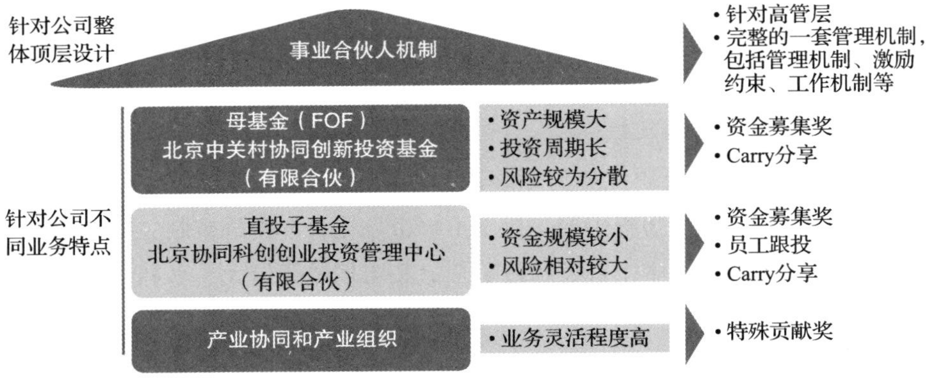

图 2　项目整体思路

（四）事业合伙人机制框架及要点

1. 整体设计框架

项目设计框架如图 3 所示。

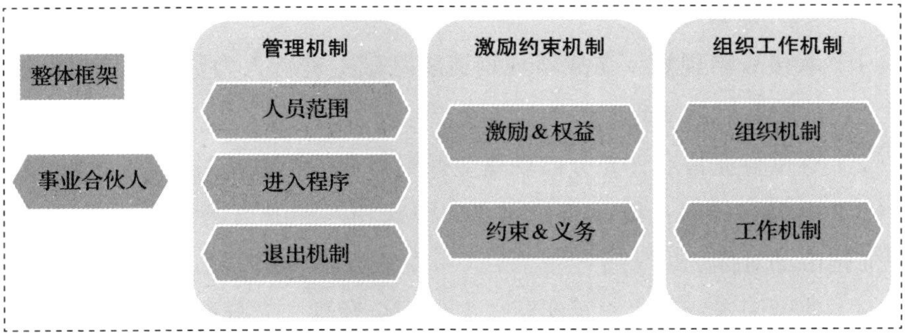

图 3　项目设计框架

2. 设计方案要点

设计方案要点如表4所示。

表4　设计方案要点

	范围	核心要点
管理机制	人员范围	内部合伙人主要包括高级管理人员，具体要求是： ● 具有基金管理类企业经营管理相关的工作经历，实践经验丰富，取得市场和行业认可的突出业绩 ● 严格遵守国家宪法和法律法规，认同集团的价值理念，愿与企业共同成长，有长远发展的共识 ● 熟悉国内、外市场及相关行业情况；熟悉国际、国内创新创业新趋势、新理念；熟悉基金管理 ● 具有大学本科及以上文化程度和与岗位要求相适应的专业职业资格或专业技术职称 外部合伙人指不在公司任职，偏重于资源储备与能力互补，给予募资奖及项目推荐奖，无须强制跟投
	进入程序	满足条件申请—资格初审—合伙人管理委员会初审—公司相关决策流程
	退出机制	红黄牌机制，出现考核不合格、严重违反公司规章制度等行为予以退出
激励约束机制	激励&权益	内部合伙人：短期为市场化薪酬，中期为任期激励，长期为超额Carry分享 外部合伙人： ● 募资奖：在募资实缴资金到账时，公司根据实际情况给予外部合伙人募资奖，具体比例及认定方案，需合伙人管理委员会或其他相关决策程序讨论通过后执行 ● 项目推荐奖：在投资资金全部到位且完成工商变更时，公司根据实际情况给予外部合伙人项目推荐奖，具体比例及认定方案，需合伙人管理委员会或其他相关决策程序讨论通过后执行
	约束&义务	须进行年度考核，并强制跟投基金 ● 合伙人需通过有限合伙平台强制跟投到直投基金，总体比例不得低于税后年度薪酬的10%，不高于税后年度薪酬的30% ● 自然退出，基金清算时整体退出（5～7年） ● 员工离职、退休或职位变化时，员工继续持有该跟投份额，直至清算退出
组织工作机制	组织机制	成立合伙人管理委员会，由全体合伙人（除外部事业合伙人）组成，合伙人可通过定期及非定期会议行使知情权、议事权和决策权，具体权益如下： ● 可引进推荐合伙人，对于合伙人的录用、退出及Carry分享等具有投票表决权 ● 对公司重大决策拥有知情权和建议权 ● 对公司事项的日常管理和重大事项有投票表决权 合伙人管理委员会会议采用一人一票机制，相关事项经全体成员三分之二以上人员同意可获得通过

续表

	范围	核心要点
组织工作机制	工作机制	● 合伙人作为公司团队成员或外部专家，首先应保质保量地完成相应本职工作 ● 公司合伙人可根据工作需要，以业务为导向，组成跨部门工作小组承担专项工作任务，合伙人负责牵头相关工作，小组成员在组内由合伙人调配及安排工作，不受部门、职级、资历等限制 ● 公司合伙人可充分发挥主观能动性，积极发展创新业务，做出积极贡献，相应创新业务收益可进行收益共享

（五）中长期激励框架及要点

参考行业惯例、国企特点及公司实际，基金公司 A 长效激励约束机制中主要包括以下三部分内容：一是专项奖，定位中短期激励机制，从公司薪酬总包中划拨一定比例作为特别奖励，由公司经营管理层根据年度实际情况，调节分配；二是超额收益（Carry）分享，定位中长期激励，在基金退出时，分配投资项目的投资回报用于奖励团队；三是员工跟投，定位中长期约束机制，以自筹资金进行跟投，待项目获得收益时，待退出时分得投资收益。同时还要考虑不同业务特点进行相应匹配（见表 5）。

表 5　中长期激励要点

	范围	核心要点
母基金（子基金）	资金募集奖	设置 5% 上限，资金到账后发放，其中邻导班子奖励在工资总额单列，其余人员不单列
	超额收益 Carry 分享	团队分享 50%Carry（合伙人分享其中 40%），投资团队分享 30%，投后管理团队分享 20%
子基金	项目跟投	强制跟投：投赞成票的基金投委会委员（1‰）；投资项目团队成员（5‰） 自愿跟投：符合监管规定的人员
产业协同	特殊贡献奖	通过非公司主营投资业务为公司获得收益的相关人员，原则上不超过公司额外收益的 50%
新设基金	股权激励	新设基金并成立新 GP 时，可参考中发前沿及启航团队持股 65%，公司持股 35% 进行设置

（六）超额收益（Carry）分享

1. 分配范围

基金公司 A 管理的基金（协议另有规定的除外）。

2. 团队分配比例

公司实收超额收益的50%作为超额收益奖励给团队（市场上多为30%～60%）。

3. 内部比例

原则上，在超额收益（Carry）分配后，分配至团队超额收益的40%归属合伙人；分配至团队超额收益的30%，归属与项目投资前期做出贡献的相关人员，原则上和该项目投资贡献奖覆盖人群一致；分配至团队超额收益的20%，归属投后管理、项目退出做出贡献的相关人员，其中投后管理分配10%，项目退出分配10%；分配至团队超额收益的10%作为留存机动分配池，根据实际情况分配给特殊贡献员工。

（七）员工跟投

1. 人员范围与金额

（1）强制跟投。

①跟投基金：合伙人基金跟投比例是自身年度薪酬的10%～30%；

②跟投项目：投赞成票的每位基金投委会委员（外部专家委员除外）单个项目跟投比例不低于项目投资金额的1‰；投资项目团队成员单个项目跟投总比例不低于基金投资该项目金额的5‰；自愿跟投和强制跟投合计不足项目投资金额的1.5%，由投资团队强制补足。

（2）自愿跟投。

符合监管规定的与公司签订劳动合同的正式员工，可自愿跟投到项目。

2. 约束条款

（1）跟投人员的投资不得提前赎回；

（2）基金跟投人员的收益分配按跟投协议约定的执行；

（3）试用期员工不得自愿跟投。

3. 跟投退出机制

（1）自然退出：基金清算时整体退出（5～7年）；

（2）强制退出：严重违反公司规章制度或因违法违纪问题被追究责任，合伙人持有跟投份额被公司收回，不再相应兑现；员工离职、退休或职位变化的员工继续持有该跟投份额，直至清算退出。

四、案例项目评估和绩效说明

总体来说，此次项目重点是通过利用咨询系统化方案，解决客户具体问题，在充分借鉴外部市场和考虑公司业务战略发展的前提下，结合上级单位管理要求，有针对性地设计出合伙人及中长期激励方案。

在项目方案实施后，得到了客户高层的高度认同，通过合伙人机制及中长期激励的设计，选出了 7 位合伙人，优化了经理人队伍，形成了优质人才梯队的雏形，激活了员工的工作积极性。

广州开发区金融控股集团有限公司房地产商项目跟投管理咨询

中智人力资源管理咨询有限公司　郑珊珊

中智人力资源管理咨询有限公司（以下简称中智咨询或公司）成立于2003年，隶属于中国国际技术智力合作有限公司，是中国领先的管理咨询整体解决方案提供商，一直致力于推动企业战略思维和变革管理能力的提升，凭借精干专业的顾问团队、多元化的服务体系和创新的管理技术，已成为国内足具规模、功能齐全、实力雄厚、服务优质的中国管理咨询行业主力品牌。

中智咨询总部位于上海，以上海、北京、广州、深圳、重庆、成都、西安、武汉、济南9个主要城市为中心，建立了覆盖华东、华南、华中、华北、西南五大区域的全国性管理咨询服务网络。公司始终遵循与国际趋势、中国国情和市场需求紧密接轨的方针，逐渐获得世界500强企业、跨国公司驻华总部、知名国企和民企的青睐，同时也为国家相关部委和各地政府提供人力资源管理智库服务，以及为中央企业提供咨询服务的重要平台。

本案例项目组成员

郑珊珊，具备优秀的思维分析能力、逻辑推理能力和良好的人际沟通能力，尤其擅长问题的诊断分析，以及技术方案的设计与落实，能够为客户提供高质量的专业服务；咨询经验丰富，从业五年来，对企业管理具有深刻的思考和认识，在薪酬激励和中长期激励等模块有深厚的积累，熟悉国有企业政策，并与广东省国资委、开发区国资委等客户建立了深厚的合作。

其他成员：郑粉芳、张宣

导读

广州开发区金融控股集团有限公司（以下简称金控集团或集团）自2016年以来，积极探索运用限制性股票、股票期权、超额利润分享、中长期业绩奖金、项目跟投、EVA（经济增加值）分享等多种长效激励方式。同时，一些大型房企如碧桂园、万科、旭辉、首创地产、越秀、三盛宏业、新城控股等先后施行了项目跟投。目前，项目跟投已成为房地产行业较普遍的做法。

金控集团为激励产业地产项目运营团队的积极性，进一步提升获取项目的质量和项目运营效率，切实控制项目风险，实现国有资产保值增值，在中智咨询顾问的帮助下，制定了《广州开发区金融控股集团有限公司产业地产项目跟投管理方案》。结合开发区金控集团的实际情况，围绕项目跟投内容体系和运作体系两个方面，构建系统规范的管理体系，确保项目跟投体系的有效运行，并首创跟投模式的“138模型”，即1个跟投模式，3大阶段（进入阶段、分配阶段、退出阶段），8大关键环节（定项目、定人员、定金额、本金返还、权益分配、离职处理、调岗处理、退出节点）。

通过本次项目跟投机制设计，充分调动员工工作的积极性，提高了员工的忠诚度，实现了企业和个人利益的捆绑，以及风险共担与约束并行。

广州开发区金融控股集团有限公司房地产商项目跟投管理咨询

中智人力资源管理咨询有限公司　郑珊珊

一、申报案例背景描述

为激励金融集团产业地产项目运营团队的积极性，进一步提升获取项目的质量和项目运营效率，切实控制项目风险，实现国有资产保值增值，自2019年10月以来，在中智咨询顾问的帮助下，开展了本项目的方案设计。

（一）客户基本情况

金控集团成立于1998年，是广州开发区管委会为拓展资本运营和资产经营，优化产业结构，加速开发区经济发展而设立的国有独资有限责任公司。沐浴着改革开放的春风，根植于开发区这片创新的沃土，披荆斩棘发展到今天，集团已成长为以科技金融为主业，涵盖金融、科技、园区三大板块的大型综合性金融控股龙头企业，具有树一帜的优势与特点，目前正朝着打造国内一流科技金控平台，建设超千亿级国有旗舰金控集团的目标迈进。

广州开发区投资控股有限公司和广州润埔投资有限公司是金控集团的全资子公司，依托集团的优势资源，前者以科技园区投资运营管理为主业，为科技企业成长的各个阶段给予全方位的专业支持，目前已具有三级房地产开发资质、建筑施工总承包二级资质；后者主营业务为投资引进商业、服务业、土地收储、城市更新改造、盘活国有历史用地等项目，并在一级土地整理、城市更新开发、科技园区投资、物业招商运营等方面取得了优良的成绩。本次项目重点围绕金控集团及其下属两家全资子公司开展。

（二）行业特点

项目跟投源于风险投资领域的 PE 跟投。在风投领域，投资机构在决定投资某项目时，一般要求项目经理及其团队按照一定比例自己参与出资，即跟投。跟投具有两方面作用：一方面强化项目经理的风险规避意识，慎重对待投资机会和投资项目；另一方面给予项目经理高杠杆的收益回报方式，一旦项目成功，则获得远远高于薪资的投资增值收益。

随着房地产行业进入“白银时代”，万科、绿地、碧桂园、首创置业等在内的一部分房企先后实施了项目跟投，将项目运营效益与参投的员工收益直接挂钩，实现了员工与企业收益共享和风险共担。2012 年 12 月，碧桂园率先启动了名为“成就共享”的激励计划，拉开了房地产行业“合伙人制”的序幕；2012 年年底，首创置业在公司内部推出了项目跟投机制；2014 年 5 月，万科宣布启动股权激励项目跟投领域的地产事业合伙人制度，掀起了地产合伙人制的高潮。房地产跟投项目案例研究如表 1 所示。

表 1　房地产跟投项目案例研究

企业名称	启动时间	发起名称	项目计算基准	比例范围	项目跟投机制
碧桂园	2012/12	成就共享、同心共享	项目股权	低于 15%	全员 + 核心成员强制跟投
首创置业	2013/12	合伙人计划	项目股权	低于 20%	全体员工自愿跟投
万科集团	2014/4	事业合伙人 + 项目跟投	项目资金峰值	5% ～ 8%	全员 + 核心成员强制跟投
旭辉集团	2014/7	项目跟投计划	项目股权	低于 5%	全员 + 核心成员强制跟投
金地集团	2015/2	核心成员跟投计划	项目股权	低于 10%	核心成员强制跟投 + 自愿
越秀集团	2015/2	雇员奖励计划	项目股权	低于 10%	符合资格的管理层成员
当代置业	2015/1	智业合伙人计划	项目股权	低于 5%	全员 + 核心成员强制跟投
绿地控股	2017/2	部分项目跟投计划	项目股权	低于 10%	全员 + 核心成员强制跟投
荣盛发展	2017/11	创享计划	项目股权	低于 10%	全员 + 核心成员强制跟投

续表

企业名称	启动时间	发起名称	项目计算基准	比例范围	项目跟投机制
广宇集团	2017/11	项目跟投计划	项目股权	低于 10%	全员 + 核心成员强制跟投
荣安地产	2017/12	项目跟投计划	项目股权	低于 5%	全员 + 核心成员强制跟投
蓝光发展	2017/12	蓝色共享	项目股权	低于 15%	全员 + 核心成员强制跟投
保利地产	2017/12	项目跟投计划	项目股权	低于 10%	核心成员强制跟投
新城控股	2018/3	新新之火可以燎原	项目股权	低于 5%	全员 + 核心成员强制跟投

二、诊断分析

本项目属于非常规的人力资源管理咨询项目，主要为金控集团从 0 到 1 搭建项目跟投机制，诊断分析以外部案例研究与调研访谈为主。

（一）外部案例研究

以跟投项目较为显著的万科为典型案例，为金控集团实行跟投提供参考。

1. 跟投范围

万科新获取的住宅开发销售类项目均列入跟投范围。旧改、一级土地整理、海外房地产开发等项目及其他业务，可参照上述原则安排跟投，但不做强制要求。

2. 跟投金额

跟投人员合计投入资金不超过项目资金峰值的 10%，跟投人员直接或间接持有的项目权益比例合计不超过 10%。对于万科股权比例低于 50% 的住宅开发销售类项目，跟投人员直接或间接持有的项目权益比例还需不超过万科在该项目所持权益比例的 20%。单一跟投人员直接或间接持有的项目权益比例不超过 1%。

3. 跟投人员

项目所在业务单元的核心管理人员、城市公司管理层、项目管理人员，为项目必须跟投人员，必须跟投人员名单由各单位分别确定，除公司董事、监事、高级管理人员以外的其他员工可自愿跟投。

4. 跟投金额返还

综合评估项目或业务现金流情况及未来资金需求，在保证项目正常开发、经营的前提下，可以考虑分配资金。向跟投人员分配资金的时点不早于向公司分配资金的时点。

5. 跟投权益：特殊劣后机制

住宅开发销售类项目的跟投人员需以自己的跟投收益对万科劣后，具体分配安排为：

（1）项目内部收益率（IRR）≤ 10%：项目收益优先向万科分配，直至万科达到项目 IRR 为 10% 时对应的收益水平，再向跟投人员分配项目收益；

（2）10% < 项目 IRR ≤ 25%：跟投人员与万科按出资比例分配项目收益；

（3）项目 IRR > 25%：在项目 IRR 超过 25% 后的项目收益范围内，由跟投人员按其全部出资比例的 1.2 倍分享。

（二）调研分析

通过调研访谈汇总（见表 2），近 90% 的员工对项目跟投展现出强烈的意愿，调研分析的总结。

表 2　调研访谈汇总

设计导向 / 模式	风险和激励共担，大部分人对公司项目还是有信心和积极的，希望强化激励，提高积极性	
设计内容	**进入阶段**	
	定项目	考虑市场化销售型的项目，特殊项目是一事一议，不强制跟投
	定份额	考虑员工承受能力和薪酬水平
	定人员	跟投人员范围：跟项目运作关联度高、影响力强的优先跟投或强制跟投，其他人员自愿跟投 整体跟投意愿较高，但不了解项目跟投具体情况，希望加强宣贯
	信息披露	包括项目基本情况、项目收益、项目周期、出资情况、项目团队、投资额，并定期披露

续表

<table>
<tr><td rowspan="9">设计内容</td><td colspan="2">分配阶段</td></tr>
<tr><td>分配权益</td><td>超额收益，基本上都赞成超额收益做法</td></tr>
<tr><td>分配条件</td><td>现金流回正、预留运作资金、销售去化率、有盈利</td></tr>
<tr><td>分红时间</td><td>与股东同步</td></tr>
<tr><td colspan="2">退出阶段</td></tr>
<tr><td>本金返还</td><td>基本要求现金流回正，与股东同步</td></tr>
<tr><td>离职处理</td><td>现有情况不变，超额部分不享有</td></tr>
<tr><td>调岗处理</td><td>现有情况不变，新项目可另算</td></tr>
<tr><td colspan="2"></td></tr>
<tr><td>挑战和问题</td><td colspan="2">主要是现有体制机制不配套，决策流程、人员素质（市场化运作方式和流程不熟悉，目前没单独操盘过市场化住宅类项目）、上级单位审核、维稳等方面都存在一定风险</td></tr>
</table>

三、解决方案的设计框架

围绕项目跟投内容体系和运作体系两个方面，构建系统规范的管理体系，确保项目跟投体系的有效运行。本项目遵循以下三大原则。

依法合规：遵循国家相关法律法规、国资监管要求及公司监管规定与公司章程。

风险共担：将项目风险与员工直接绑定，强调“合伙人”意识，降低项目风险。

利益共享：将项目运营效益和跟投员工个人收益直接挂钩，并且不设本金保障和收益保证机制，实现收益共享。

（一）项目跟投内容体系设计

在项目跟投内容体系方面，围绕项目跟投的“138 模型”方案（见图 1）开展设计。

1. 定跟投模式

项目跟投相较于其他激励方式而言，有利于推行组织变革转型、业务模式创新；有利于塑造更有凝聚力的团队，培养企业家视角的管理者；有利于更加有效地理解和贯彻公司战略。常见的项目跟投主要有以下三种类型：

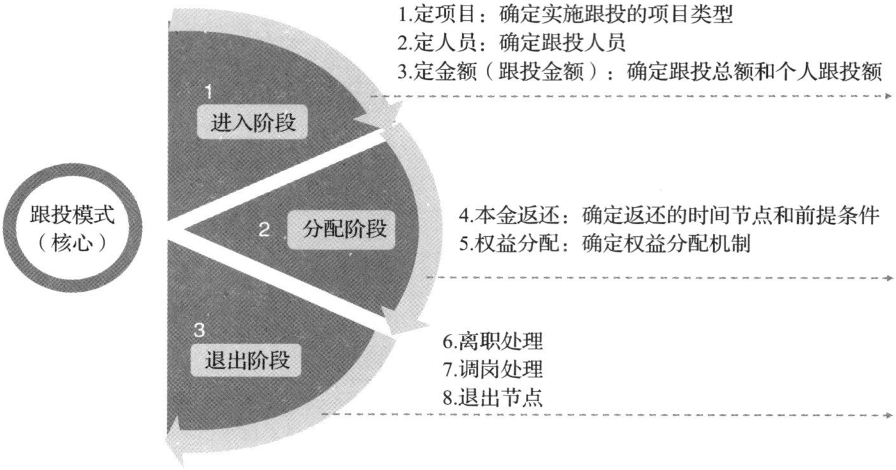

图 1 “138 模型”方案

（1）共创跟投模式。

通常适用于初创型组织或小型房企，此时组织处于创业阶段，资源尤其是财力资源相对贫乏，如何引入优秀的核心团队成为此时组织面临的首要任务。在操作过程中，一些企业就尝试通过给予职业经理人项目收益分红的方式，采用低底薪、高回报期望的方式吸引和激励职业经理人。在这种模式下，职业经理人多数情况下不需要直接投入，但是获取的基本年薪较低，在项目收益达到预期目标时才能完全获得预期收入。

（2）共享跟投模式。

本模式下员工不需要直接投入，除获取基本的市场薪酬外，还可以进一步分享项目目标收益以上的超额部分。由此可以看出，共享模式对员工相对更有利，本质是通过对员工的高激励，发挥提高项目运作效率及吸引关键人才的作用。

（3）共担跟投模式。

从跟投模式的发展趋势来看，逐渐“从共创走向共享，从共享走向共担”。共担模式是企业和员工利益双赢的一个相对平衡点，由经理人直接投资，使其成为企业合作人，与企业共担项目风险和价值。

金控集团属于国有企业，机制的搭建应以稳健、有序为主，避免造成国有资产流失。因此在外部常见跟投模式的基础上，探索“平衡型跟投模式”，兼顾共享与共担，并将跟投人视同于合作伙伴，实现员工与企业经营业绩的紧密挂钩。

2. 定跟投项目

对于项目跟投范围的限定通常有两种方式：一种是所有项目都纳入跟投，例如万科、首创等房企均要求所有项目都必须进行跟投；另一种是开放部分项目进行跟投，例如碧桂园、融信等。

基于金控集团“平衡型跟投模式”，跟投项目的范围结合金控集团的业务特点，最终确定为新获取的市场化运作的住宅开发销售类项目，包括市场化招拍挂项目、市场化并购项目、市场化合作项目等。如跟投项目中含有持有型物业的，需将该部分持有型物业对应的投资、损益和资产等剥离计算，其他特殊项目按“一事一议”原则报集团办公会审批。

3. 定跟投人员

跟投人员的圈定重点是要解决以下问题：哪些人员可以跟投？是全员跟投还是部分人员跟投？是要强制跟投还是可以自愿跟投？为了强化跟投的约束作用，有必要采用一定的强制跟投手段。因此，跟投人员范围限定为除公司监事外，公司或项目合作方的员工，按照岗位职责及其对跟投项目的关联程度与重要程度，分为强制跟投和自愿跟投两种类型。

（1）强制跟投。

强制跟投是指对项目运营管理具有重要作用的核心人员须强制跟投，包含公司层面和项目层面。公司层面包括公司的高管团队（含董事长、总经理、副总经理、总经理助理）、投资部门负责人、营销部门负责人、其他关键人员（包括工程、设计、成本、财务等部门负责人）；项目层面包括项目公司高管团队（含董事长、总经理、副总经理、总经理助理）和其他关键人员（包括工程、营销、设计、成本、财务等部门负责人）。

（2）自愿跟投。

自愿跟投是指除上述强制跟投人员外，允许公司或项目合作方的其他员工自愿跟投。在这当中，首先满足强制跟投人员的跟投，满足强制跟投人员的跟投后如有剩余跟投额度的，方可由自愿跟投人员进行跟投。自愿跟投人员的跟投资格确定按以下规定执行：

①自愿跟投资格可向项目合作方员工开放，项目合作方员工跟投的总额不得超过总跟投额的20%。

②提出申请的人员，需经过公司人力资源管理部门审核确认后，方可正式具有跟投资格。

③如项目合作方员工是集团系统内员工的直系亲属或有配偶关系的，应回避不参与跟投。

4. 定跟投金额

为保障跟投可控，应明确跟投总额与个人跟投额的规则，并预设跟投上限和跟投下限。

（1）跟投总额。

为了降低项目资金峰值，即减少和延后资金流出，加快资金流入，选取项目资金峰值作为基数确定总跟投额。原则上跟投项目的跟投总额不得低于项目资金峰值的1%或800万元的最低值，不得超过项目资金峰值的5%。对于公司股权比例低于50%的项目，跟投人员直接或间接持有的项目权益比例还需不超过公司在该项目所持权益比例的10%。

（2）个人跟投额

根据跟投人员的类型，对于强制跟投人员的总跟投额度不得低于项目总跟投额的50%，单一跟投人员直接或间接持有的项目权益比例不超过0.5%。跟投认购优先顺序为先满足强制跟投人员的跟投下限，后满足自愿跟投人员的跟投下限。在满足各跟投人员跟投下限后，若跟投申请额大于剩余跟投额度，则公司可以采取认定跟投人员有限认购方式。单个跟投项目个人认购额度的上下限如表3所示。

跟投认购审批通过后，原则上个人跟投权益比例已锁定。基于预测资金峰值和实际资金峰值之间的偏差，需满足相关规定下，同步调整个人跟投额以确保个人跟投权益比例不变，具体如下：

①已锁定个人跟投权益比例 = 个人认购的跟投额 / 预计项目资金峰值。

②达到项目资金峰值后，原则上个人跟投额 = 已锁定个人跟投权益比例 × 实际项目资金峰值。

③调整跟投金额，补齐或退还跟投本金。调整额度 = 个人跟投额 – 个人认购跟投额。

表 3　单个跟投项目个人认购额度的上下限

类别	层级	人员	下限 / 万元	上限 / 万元
强制跟投	公司层面	董事长	80	200
		总经理	80	200
		副总经理	40	120
		总经理助理	30	100
		投资、营销负责人	15	80
		其他关键部门负责人	5	50
	项目层面	高管团队	20	100
		其他关键人员	5	50
自愿跟投	公司 / 项目公司 / 项目合作方公司	其余正式员工	2	20

对强制跟投人员，当年度新增跟投额超过个人上一年度总收入（税前）一定比例（公司高管团队和项目负责人为 300%，其余人员为 150%）时，可申请剩余项目跟投下限减半，由跟投决策委员会审批确定。

5. 定本金返还

确定跟投过程中的各个时间节点，并相应制订配套规则，以此规范项目跟投的整个流程。原则上在综合评估项目或业务现金流情况及未来资金需求，以及保证项目正常开发、经营的前提下，经跟投工作小组同意，跟投业务管理小组审核后，可以考虑向跟投人员分配资金的时点和比例与公司一致。其中对于非操盘的项目，可按项目合作中约定的相关规定执行。

跟投本金具体返还时点及返还方式，由公司结合个税税务筹划进行安排。

6. 定权益分配

跟投权益是跟投人投资所占跟投份额对应的权利和收益。员工跟投的直接目的无疑是盈利，因此利益如何分配成为跟投机制的核心议题。跟投分配大致分为以下三种类型：

（1）宽松型分配模式。

在这种模式下，对员工退出跟投的限制很少或几乎无限制，例如项目期间或封闭期满可随时退出本金等，也有企业规定首笔开发贷到位后可返还本金、首期销售去化达到85%以后可以分红等。由此可见，宽松型跟投规则对员工相对有利。但宽松型分配模式是把双刃剑，由于无法有效约束员工资金在项目中的存留时限，可能会给项目现金流带来一定的不稳定性，也无法完全发挥与员工利益捆绑的“共担”效果。

（2）严格型分配模式。

严格型分配的核心是以企业利益为先，优先保证企业资金安全和分红收益，而将员工纳入劣后级分红范围。例如，某企业规定在企业方收回本金及一定额度的收益之后，才开始返还员工部分本金。如此可最大限度确保企业在项目上资金流转的安全性，但同时也会给跟投员工带来心理抵触。

（3）平衡型分配模式。

平衡性分配模式介于宽松型和严格型两种模式之间，是一种相对中性的选择，也是最为常见的跟投分配方式。一方面项目的现金流得以稳定，不会威胁项目的正常运作，对企业来说安全系数大为提高；另一方面项目资金平衡后即进行本金和红利的首次返还，现金反馈处于较为合理的时间范围内，可增加员工跟投的热情与积极性，共赢的方式更易推广和实施。

基于金控集团的跟投模式，权益分配采用平衡型分配模式（见图2），难点在于分配规则的制订。结合金控集团及子公司的实际，项目跟投收益=跟投权益比例 × 项目净利润（税后）× 跟投收益系数。其中，跟投权益比例=实际跟投资金总额 ÷ 实际项目资金峰值，跟投收益系数应与项目内部收益率（IRR）相关。个人分红=项目跟投收益 × 个人分红比例，其中，个人分红比例=个人跟投金额 ÷ 跟投总金额。

7. 离职与调岗处理

员工离职后的权益处置问题，一直是员工很关心的核心问题之一。通常有两类权益需要处置：一类是本金或股权的处理；另一类是分红收益权的处

项目跟投收益=跟投权益比例×项目净利润（税后）×跟投收益系数

跟投权益比例=实际跟投资金总额÷实际项目资金峰值

跟投收益系数确定方式									
IRR区间	(-∞,-25%]	(-25%,-18%]	[-18%, -15%）	[-15%,0%）	[0%,10%）	[10%,15%)	[15%,18%)	[18%,25%)	[25%,+∞)
跟投收益系数	1.3	1.2	1.1	1.0	[0,1.0)	1	1.1	1.2	1.3

当项目投资收益率项目IRR在[0，10%）之间，项目收益优先向公司分配，直至公司达到项目 IRR为10%时对应的收益水平，再向跟投人员分配项目收益

个人分红=项目跟投收益×个人分红比例

个人分红比例=个人跟投金额÷跟投总金额

图 2　金控集团权益分配采用平衡型分配模式

理。金控集团规定：

（1）离职人员不能提前退出跟投，等待项目清算后按清算结果享有收益或承担亏损，但不享有超额收益分配。离职时已返还所有项目跟投本金的，本项目跟投关系终止。

（2）员工与公司存在劳动关系期间因经上级或集团批准的正常工作调动，可保留跟投权益，与未调动人员享受同等待遇。

（3）原则上员工持有的跟投份额不得转让给第三方。对于特殊原因需退出跟投的，包括离职人员本人或直系亲属的重大疾病或在职人员的重大疾病、意外身亡等情况，由本人或家属提出申请，在符合相关法律规定的情况下，所退出的跟投额度由有限合伙企业内部统筹协调，并另行约定。

8. 定退出时间和节点

项目已销售建筑面积达到拟销售建筑面积的 90%，为项目退出启动点。跟投工作小组有权决定推迟退出启动点，但推迟时间最多不超过 6 个月。

（二）项目跟投运作体系设计

1. 项目跟投组织方式

跟投员工应采取不违反法律法规要求及国资监管规定的方式直接或间接参与跟投，可通过成立有限合伙企业实施跟投。全资项目跟投架构如图 3 所示，参股项目跟投架构如图 4 所示。

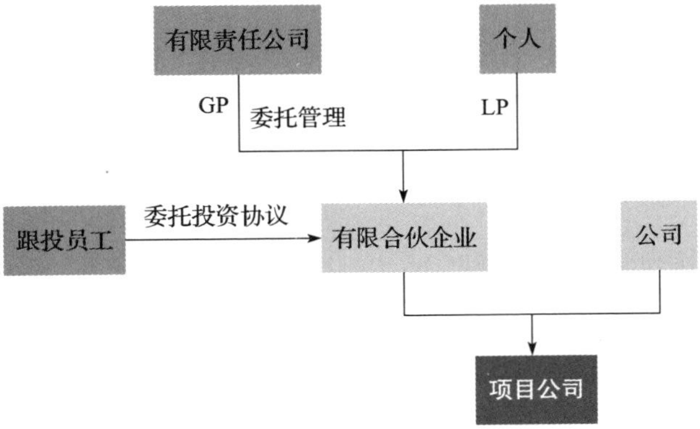

图 3　全资项目跟投架构

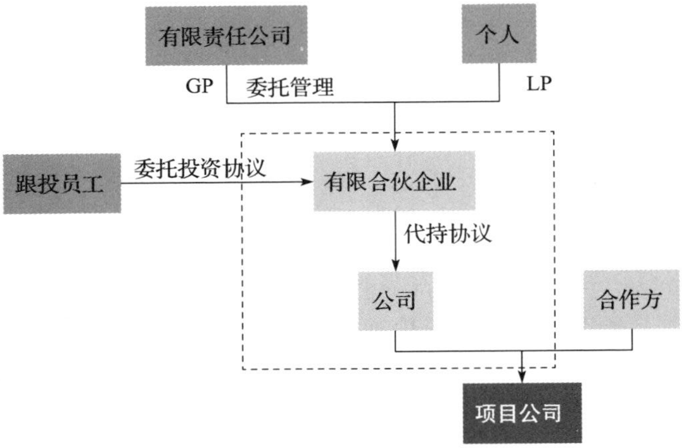

图 4　参股项目跟投架构

2. 跟投管理机构

由集团办公会、跟投决策委员会、跟投业务管理小组、跟投工作小组、集团纪检监察审计室共同构成跟投管理机构（见表 4）。

表 4　跟投管理机构

机构名称	成员	职责定位	职责
集团办公会	办公会成员	监督和指导项目跟投实施的最高决策机构	● 审批项目跟投管理办法 ● 提出项目跟投管理总体要求，指导项目跟投管理工作 ● 审批特殊项目的跟投

续表

机构名称	成员	职责定位	职责
跟投决策委员会	集团园区板块分管领导和集团人力资源部、风控部、产权管理部和园区运营部等部门负责人组成	项目跟投管理的专业机构	• 制定及完善项目跟投管理相关制度，报集团办公会审议 • 审批具体项目跟投方案 • 对跟投过程中出现的问题进行分析，并出具审议意见
跟投业务管理小组	据实设立	由跟投决策委员会根据实际情况委托集团园区运营部牵头成立的机构，是项目跟投的管理机构	• 负责跟投项目的跟踪管理 • 负责跟投项目信息披露 • 审批强制跟投项目人员、自愿跟投项目人员及具体跟投额度等 • 核定跟投方案和跟投分配计算结果 • 备案跟投本金返还和利润分配情况 • 组织对跟投过程中出现的问题进行讨论，并报跟投决策委员会审议
跟投工作小组	由所在公司的经营班子成员组成，经工会审议通过后成立	项目跟投实施方案的日常管理和协调执行归口机构	• 制订项目跟投具体方案，包括强制跟投人员、自愿跟投人员及跟投额度等 • 组织落实项目跟投方案，负责项目跟投日常具体工作 • 其他依法属于集团办公会、跟投决策委员会或跟投业务管理小组授权的事项
集团纪检监察审计室	集团纪检监察室	项目跟投管理的监督机构	负责跟投项目的全过程监督

四、案例项目评估和绩效说明

2003 年到 2013 年，属于国内房地产行业发展“黄金十年”。国有房地产企业得益于优质资源的配置、中长期战略布局和雄厚的资金优势，占据了房地产市场的主体地位，提高了抗风险能力。然而，2013 年以来，随着房地产市场库存压力的加大，及整个行业发展遭遇瓶颈期，地产企业效益也在下滑。当前正值国资国有改革的窗口期，新一轮国有改革顶层设计方案提出了探索实行混合所有制企业员工持股，坚持激励和约束相结合的原则，通过试点稳妥推进员工持股，支持对企业经营业绩和持续发展有直接或较大贡献的科研人员、经营管理人员和业务骨干持股。随着房地产行业竞争日益激烈和整体效益的下滑，国有房地产企业在产品创新的同时，更要在包括激励制度在内的经营方式上改革创新。

金控集团在当前重要的改革"窗口期"推行项目跟投方案，短期来看：一是稳定内部人才、激发员工积极性；二是有利于提高经营目标认识一致性、决策有效性，不断提升业绩；三是跟投人回报收益与项目业绩挂钩更加合理。长期来看：一是有利于推行组织变革转型和业务模式创新；二是跟投人优胜劣汰，塑造更有凝聚力的团队、培养企业家视角的管理者；三是公司战略理解贯彻更加有效。

目前，跟投制度在金控集团尚处于运行期，但结合预测经营数据分析，实施项目跟投后，项目运营更有效、盈利更强、收益更高、周转更快（见图 5、表 5）。

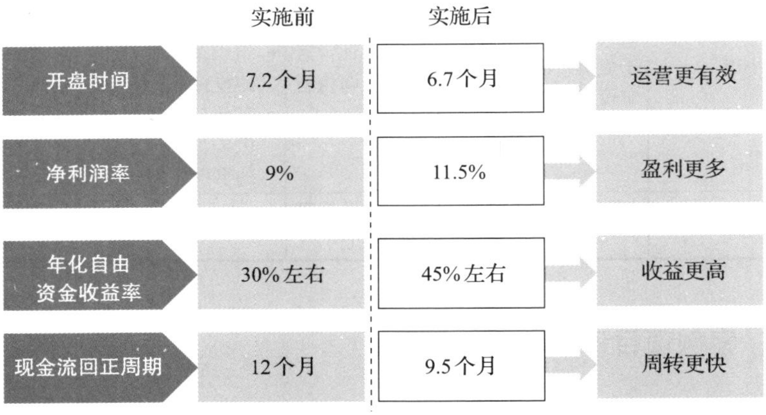

图 5　项目跟投效果

表 5　部分跟投项目测算

项目	净利率 /%	实际资金峰值	回正周期	跟投总额	跟投年化收益率 /%
A	10.57	−174016	10	8700	13.95
B	10.58	−114709	10	5735	13.97
C	8.99	−125628	8.5	6280	13.96
D	15.40	−9843	9	490	22.59
E	11.14	−65482	7.5	3273	19.61
F	12.50	−99444	12	4970	13.75

浙江浙勤集团有限公司“十四五”战略规划咨询项目

上海仁略企业管理咨询有限公司　徐琳

上海仁略企业管理咨询有限公司（以下简称仁略咨询）成立于2007年，由多名国内外知名高校、智库机构和大型公司专业人士共同创建。仁略咨询总部位于上海，并在武汉、深圳、合肥等地设有分支机构。

仁略咨询与清华大学社会治理与发展研究院、上海华夏社会发展研究院、复旦大学华商研究中心等国内一流高校和智库保持紧密合作。拥有专业资深顾问团队，13年专注咨询服务领域，立志成为中国管理与规划咨询落地服务领导品牌，为政府、企业提供一站式咨询服务平台。

本案例项目组成员

徐琳，经济学硕士、国家建设部行业研究顾问、上海市国资委课题研究员、前上海保利物业酒店管理集团高级资管专家，多家上市公司企业大学副院长、讲师，有超过15年的产业研究和区域经济研究经验。主要服务客户：上海国资委、上海烟草集团、现代设计集团、上海文化广播影视集团、上海清算所、上海证券同业公会、上海期货同业公会、上海铁通等大型国企及上市公司。

主要研究领域：行业研究、战略规划、组织管理、人才梯队建设等。

其他成员：余李平、周恒、陈星煜、徐选锋

导读

浙江浙勤集团有限公司（以下简称浙勤集团）是浙江省省属国有企业，组建于2015年8月，是浙江省委落实中央巡视组反馈意见精神，对省级机关行政事业单位经营性用房集中统一管理改革的一项重大决策部署，主营业务包括培训服务、酒店管理、后勤服务、资产管理。

浙勤集团成立的前三年，主要以单位资产划转接收为主要任务，以“维稳”为重心，执行省委省政府的重大决策部署。2019年，随着单位资产接收任务逐步完成，内部管理关系逐渐理顺，浙勤集团亟须系统性谋划“十四五”发展道路，以应对内外部环境变化。对外，只有发展才能匹配省属国企定位和要求，才能落实省级机关行政事业单位经营性资产集中统一管理改革的要求；对内，只有发展才能激发员工信心。

仁略咨询与浙勤集团于2019年6月签订了“十四五”战略规划咨询服务合同，本次咨询服务内容包括内外部调研、战略诊断和分析、战略研讨、战略规划、战略辅导实施五个模块。与传统的战略规划咨询服务相比，本次服务尤其强调战略规划过程中“双方共识”“战略落地”的重要性。通过内部全员调研、外部相关企业调研、战略专题研讨、专家评审、全员宣讲等方式，推动战略共识；通过约定长期战略辅导实施服务、开展人力资源咨询项目、对接业务资源等方式，促进战略落地。

通过为期六个月的咨询服务及后续的长期辅导服务，仁略咨询与浙勤集团共同完成“十四五”战略规划，并致力于推进战略落地，确保浙勤集团在“十四五”期间能够取得瞩目的发展成就。

浙江浙勤集团有限公司“十四五”战略规划咨询项目

上海仁略企业管理咨询有限公司　徐琳

一、案例背景

浙勤集团组建于2015年8月，是浙江省委落实中央巡视组反馈意见精神，对省级机关行政事业单位经营性用房集中统一管理改革的一项重大决策部署。浙勤集团为省属国有企业，成立的前三年，由于单位资产接收工作复杂、内部管理理顺压力大，主要以单位资产划转接收为主要任务，以“维稳”为重心，执行省委省政府的重大决策部署。

浙勤集团主要经营业态为教育培训、酒店管理、后勤服务、资产管理四大板块。截至2019年6月，浙勤集团拥有直属单位40家，总部设有综合办公室（党委办公室）、人力资源部（党委组织部）、财务管理部、运营管理总部、党群工作部（党委宣传部）、纪检监察（审计风险）部六大行政部门。

2019年，随着单位资产接收任务逐步完成，内部管理关系逐渐理顺，浙勤集团亟须系统性谋划未来发展道路，以应对内外部环境变化。对外，浙勤集团只有快速发展才能匹配省属国企定位和要求，才能落实省级机关行政事业单位经营性资产集中统一管理改革的要求；对内，浙勤集团只有发展才能激发员工的信心。

因此，浙勤集团亟须明晰所处内外部环境，把握发展机遇，明确发展方向和目标，制订发展策略，确保其在下一个五年能够取得瞩目的发展成就。

二、战略诊断分析

战略诊断分析是编制浙勤集团“十四五”战略规划报告的关键步骤。在战略诊断分析过程中，梳理和明晰浙勤集团“十四五”期间面临的内外部环境。运用SWOT分析，提出浙勤集团“十四五”发展的初步建议；运用对标案例分析，总结其发展经验和发展举措，为后续制订浙勤集团“十四五”发展战略做准备。

战略诊断分析包括内部调研、外部调研、调研总结、撰写战略分析报告、召开战略研讨会。

（一）内部调研

内部调研主要采用三种方式：一是资料分析，二是内部访谈，三是调研问卷。

1. 资料分析

资料收集和分析的目的是熟悉浙勤集团基本情况，建立初步判断，明确内部访谈和调研问卷的重点。

资料收集与分析的重点包括四大模块：一是公司基本信息（公司及下属单位发展历程、组织架构、人员信息等），二是战略发展相关资料（上级文件、重要领导讲话、近3年重要宣传材料等），三是业务发展相关资料（经营分析报告、经营数据、市场调研数据等），四是内部管理相关情况（组织管理、人力资源管理、财务与资产管理、信息化建设、党建文化等）。

2. 内部访谈

内部访谈的目的是通过了解各层级员工对公司“十四五”发展的想法和期望。

将访谈对象分为两类：针对总部员工、下属单位员工，有针对性地制订访谈提纲，供访谈对象提前思考和准备，确保访谈效果。针对总部员工，访谈重点放在了解其对于浙勤集团所处的内、外部环境看法，对浙勤集团的整体发展设想，对本部门的发展设想；针对下属单位员工，访谈重点放在了解其对本单位所处的内外部环境看法和对本单位的发展设想。

3. 调研问卷

调研问卷的目的是通过定量分析的方式进一步了解员工的真实想法，提升内部调研的信度和效度。

调研问卷设计采用“选择题与量表题”相结合的方式，内容包括五大部分：基本信息、战略与发展、组织运行、人力资源、党建文化。基本信息部分包括填写者所在部门、职位、年龄等，但不包括填写者姓名；战略与发展部分包括对整体发展、各板块业务发展的信心、公司发展优劣势、业务发展能力评价等；组织运行部分包括组织定位、组织运行效力、职能优化等；人力资源部分包括人岗匹配度、人才发展空间、人才晋升机制、薪酬福利激励、绩效管理等；党建文化部分包括文化认同感、价值观等。

调研问卷分析采用“整体分析、交叉分析”两种方式，“整体分析”的目的是通过数据占比统计，了解员工对事件的普遍看法和理解。“交叉分析”的目的是通过两个事件数据对比和分析，了解两个事件之间的关系，得出深层次结论。以“您对公司整体发展的信心如何？”为例。

整体分析：超过半数员工对于公司整体发展非常有信心（8 分以上），其中 29.5% 的员工表现出满分信心

整体分析结论：对于公司未来的整体发展，多数员工是有信心的（见图 1）。

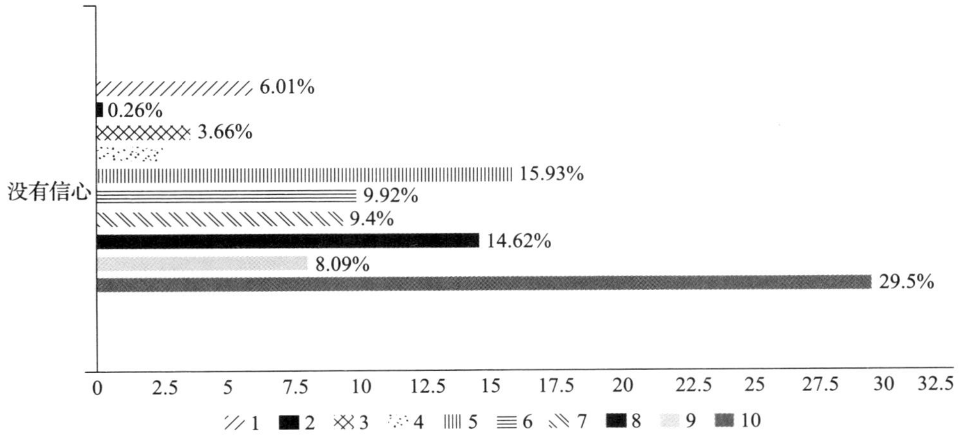

图 1　调研问卷分析示意图

交叉分析：18～25岁员工对公司整体发展的信心指数集中在“5～7分”，而26岁以上员工对公司整体发展的信心指数集中在“8～10分”。

交叉分析结论：从年龄角度来看，中年员工更有信心，年轻员工对集团整体发展的信心不足（见表1）。

表1 调研问卷分析示意

	8～10分	5～7分	1～4分
18～25岁	38%	49%	13%
26～30岁	45%	38%	17%
31～40岁	50%	30%	19%
41～50岁	57%	36%	7%
51岁及以上	64%	29%	7%

（二）外部调研

基于浙勤集团未来业务发展方向，优先选择具有合作可能性的企业或行业内标杆企业进行走访调研。仁略咨询项目组与浙勤集团相关人员共同走访了上海上勤集团有限公司、上海蚁巢众创空间、杭州明君教育科技有限公司、杭州兴华前进教育发展有限公司等企业。就具有合作可能性的企业，撰写《尽职调查报告》，分析后续合作可行性。

（三）调研总结

通过调研，仁略咨询项目组对浙勤集团内外部环境有了更为深刻的理解，为战略分析奠定了坚实的基础。项目组撰写《调研总结报告》，就关键信息与浙勤集团中高层进行汇报与沟通。

（四）撰写战略分析报告

战略分析报告包括四大部分：外部环境分析、内部资源能力分析、战略分析总结及对未来发展的初步建议、案例分析。

1. 外部环境分析

外部环境分析包括宏观环境分析和细分行业分析两大维度。

宏观环境分析采用“PEST+R”方法进行分析，具体内容如图2所示。

①我国经济总体运行平稳，成为全球经济增长的最大贡献者。
②中国经济增速处于“换挡”期，经济潜在增速降低将在短期内无法改变。
③服务业对我国GDP增长贡献率创历史新高，消费主导经济增长。

①在“稳中求进”的总基调下，政府将继续采取积极的财政政策和宽松的货币政策。
②金融周期见顶，民企融资难等问题凸显。
③供给侧改革深入推进，“三去一降一补”取得显著成效。
④“十三五”规划中明确将“长三角区域一体化上升为国家战略。
⑤“十三五”文化改革，发展文化旅游、扩大休闲娱乐消费。
⑥“一带一路”论坛召开，旅企获政策红利。
⑦乡村振兴战略和国家质量兴农战略积极推进农业现代化建设和转型。
⑧我国首次将就业优先政策置于宏观政策层面。
⑨国有企业改革进入深化综合推进阶段，积极稳妥地推进混合所有制改革仍是主要方向。

①“刘易斯拐点”效应不断显现，增加了教育、医疗和养老需求。
②城镇化水平继续提高，新增城镇人口将带来基础设施、新零售、医疗卫生、教育文化、旅游等多个领域的广泛需求。
③各类在校生人数持续增长，教育培训需求巨大；同时大学生毕业人群规模庞大、就业难 。
④居民的人均消费支出不断提高，且消费结构持续优化，教育、文化、旅游等消费占比增加。

①浙江省地区生产总值总体平稳，增速优于GDP增速。
②浙江省服务业持续快速增长，信息服务业引领作用明显。
③浙江省固定资产投资增速放缓，国有投资提升空间大。
④浙江省金融生态环境建设扎实推进，金融改革持续深化
⑤“八八战略”引领浙江省总体发展。
⑥浙江省八大万亿产业成为经济腾飞新引擎。
⑦浙江省全面实施的乡村振兴战略采取四大重要举措。
⑧浙江省“诗画浙江，百县千碗”工程打造“五养”大花园。
⑨浙江省全面贯彻国企改革政策，推动省直属国企改革。

①大数据时代来临，国家高度重视大数据发展，将大数据上升为国家战略之一。
②人工智能未来将极大提高社会生产率，可能引发新一轮技术革命。
③随着智能手机的大量推广和普及，移动支付为传统行业带来变革。

图 2　宏观环境分析示意

细分行业基本按照五大维度进行分析，即行业现状、行业特点、行业趋势、行业竞争态势、细分领域研究。主要包括教育培训行业、酒店服务行业和后勤服务行业，具体内容如图 3、图 4、图 5 所示。

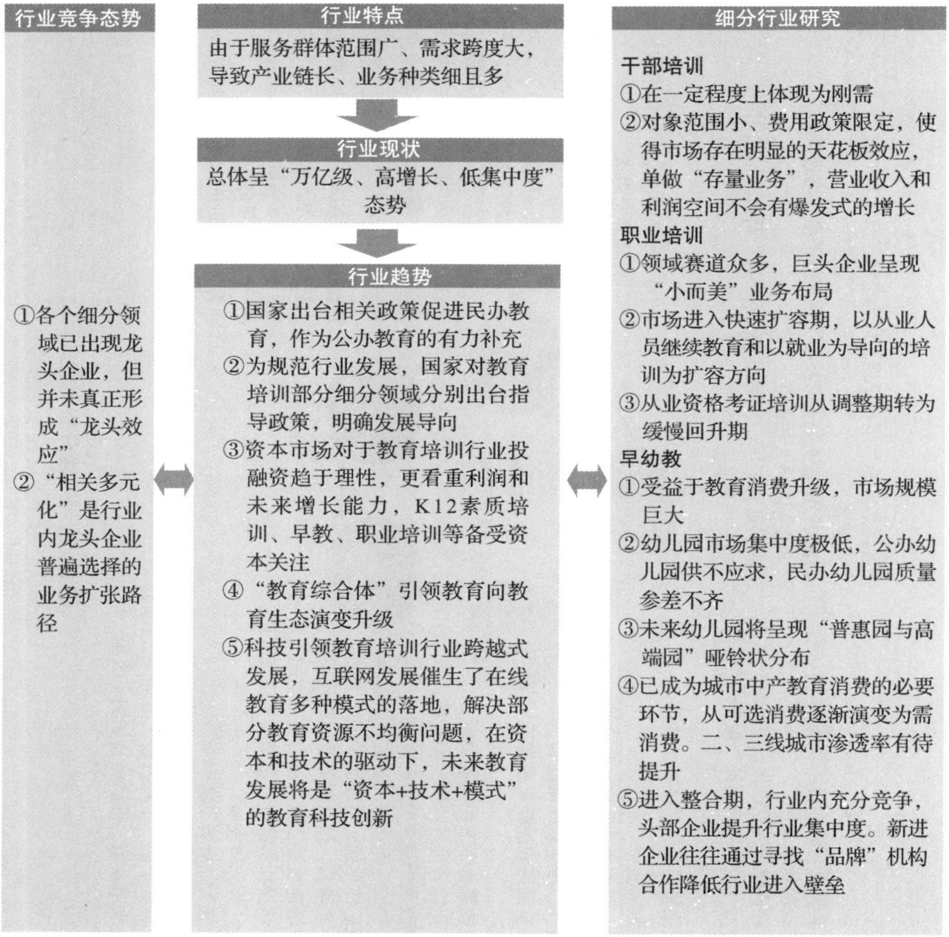

图 3　教育培训行业分析示意

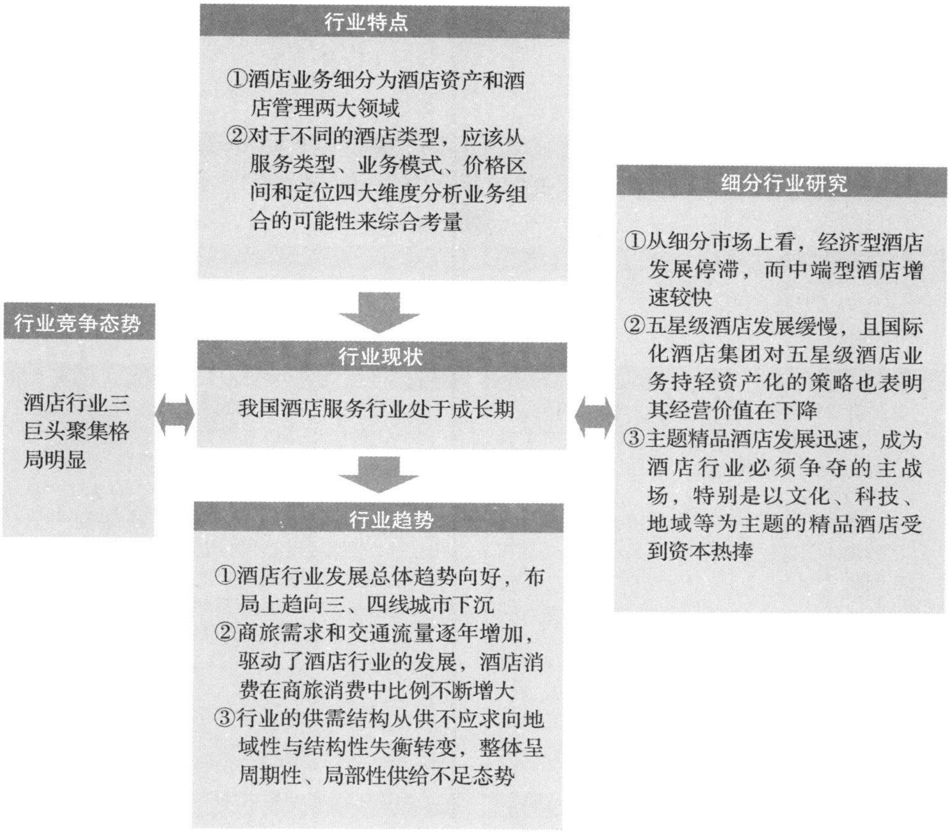

图 4　酒店服务行业分析示意

2. 内部资源能力分析

内部资源和能力分析以内部访谈及调研问卷信息为基础，整体分为两个维度：浙勤集团平台资源能力分析、各业务发展资源能力分析。

浙勤集团平台资源能力分析综述如图 6 所示。

各业务发展资源能力分析综述如图 7 所示。

总要求

省级机关事业单位实行统一划转管理，实现国有资产保值增值，推动机关后勤服务社会化改革

↓

行业特点

后勤服务范围广，主要聚焦餐饮服务、农产品贸易、物业服务等业务板块

↓

餐饮服务

①**省政府政策导向：**《省级机关事业单位办公用房统一管理工作实施方案》和《做实做好“诗画浙江·百县千碗”工程三年行动计划（2019—2021年）》

②**行业特点：**分为正餐、快餐和团餐三大类，后勤集团餐饮属于团餐，食品安全问题是首要问题

③**行业现状：**市场集中度极低，呈现小而分散的格局

④**行业趋势：**居民收入持续改善推动消费升级，追求食品安全和科学营养的生活品质。未来团餐行业将出现整合产业链所有环节的综合性团餐企业供应商/服务商

农产品贸易

①**供应链整合：**团餐利润率较低，建立起农产品从田间至餐桌的全程质量可追溯管理体系，创新盈利模式，提升团餐利润

②**行业现状：**农产品供应链信息不对称，产品端滞销、消费端满意度低等市场问题严峻；上下游极度分散，中游层级多

③**行业趋势：**国家的乡村振兴战略、浙江省的“百县千碗”等政策提供政策红利；“互联网+农产品贸易”成为新的发展模式

物业服务

①**省政府政策导向：**依据《省级机关事业单位办公用房统一管理工作实施方案》，实现国有资产保值增值

②**行业特点：**物业服务成为资产保值增值的重要因素

③**行业现状：**规模大、增速高的朝阳行业，行业高速发展期已至，在管面积稳步增长，呈现“大市场，小龙头”格局

④**行业趋势：**政策总体偏友好，整体放开管制，基础物业服务为核心业务，增值服务成为新增长点的发展模式

人力资源服务

①**政策导向：**响应《国家职业教育改革实施方案》，支持其他业务，输送社会紧缺人才

②**行业现状：**行业处于起步阶段，产业结构的深化，人口结构的变动，人力资源服务需求加大；人力资源服务行业呈现小而散格局，资本加速涌入国内市场

③**行业趋势：**灵活用工细分市场未来迅速增长，业内龙头积极扩张灵活用工业务

图5　后勤服务行业分析示意

战略规划能力	组织资源
✓战略意识程度不高，战略理解不深入，没有达成战略共识 ✓整合内部和外部咨询力量，提升战略规划能力 ✓战略落地需要有机制和人员的保障	✓组织结构单一，体现不出对业务层面的支持 ✓组织管理方面最突出的问题是，体制改革不稳定，内部融合不够，机关化作风 ✓组织运行效能不佳

人力资源	财务资源
✓年龄结构：总体来说，员工年龄层次偏大，不利于企业人才梯队建设 ✓学历层次：总部和培训板块学历本科及以上员工占多数，而酒店板块学历偏低 ✓人才培养：人才培养能力欠缺 ✓人岗匹配：总部人岗匹配度评价较低 ✓人才储备：缺乏管理型人才、专业型人才 ✓薪酬体系优化、员工晋升通道设计、培训体系搭建等问题改进迫在眉睫	✓酒店板块业务稳定，营收和盈利不会爆发式增长 ✓培训板块通过薪业务布局，未来盈利能力将大幅度提高 ✓资产板块通过“产融互动”，资产撬动资金，零资产负债率 ✓资产大多拥有地段优势，但“小、旧、弱、散、杂”

品牌资源	整合市场资源的能力
✓拥有一定的品牌资源 ✓集团品牌效应发挥不突出，品牌凝聚力有待加强	✓国企混合所有制改革 ✓政府关系与国有背景 ✓资金与资产

品牌资源	整合政府资源的能力
✓注重企业文化，但是企业文化建设未成体系，员工对集团荣誉感不强 ✓没有体系支撑，企业文化难以落地	✓国有背景，与政府关系紧密 ✓但集团目前并未充分发挥政府资源的优势

图6　浙勤集团平台资源能力分析综述

教育培训	酒店服务
✓原有客户资源优势在减弱但依旧存在 ✓培训方案策划和现场服务能力优势明显，整合外部资源能力突出 ■ 品牌推广能力和市场营销能力亟需提高 ■ 需注重课程研发能力和技术应用能力的突破	✓依托政府，有一定的客户资源 ✓面向市场，具备地理位置优越和专业的服务能力优势 ■ 酒店数量不少，但呈现“散、杂、旧”特点，硬件配套不符合培训、会务和商务客人的需求 ■ 酒店品牌和市场营销能力是最大短板，酒店单体独立运作模式导致管理规模效应差

后勤服务	资产管理
✓依托大后勤定位，塑造品牌 ✓依托其他业务，具备一定客户服务能力 ■ 机关事务管理局未实际划转后勤服务业务 ■ 后勤服务板块大部分关键能力薄弱，例如：精细管理、渠道平台和供应链物流	✓资产优势明显 ✓省政府重视浙勤集团发展，资产确权获取政府支持能力较强 ✓资产租赁能力较强 ■资产运营的项目管控、成本控制和风险控制等三大关键能力薄弱 ■资本运作渠道尚未打通

图7　各业务发展资源能力分析综述

3. 战略分析总结及对未来发展的初步建议

在外部环境分析、内部资源能力分析的基础上，采用 SWOT 分析方法对浙勤集团总体发展、各业务板块发展提出初步建议，各业务板块包括教育培训业务、酒店服务业务、后勤服务业务、资产管理业务。

（1）对浙勤集团总体发展的初步建议。

浙勤集团总体 SWOT 分析如图 8 所示。

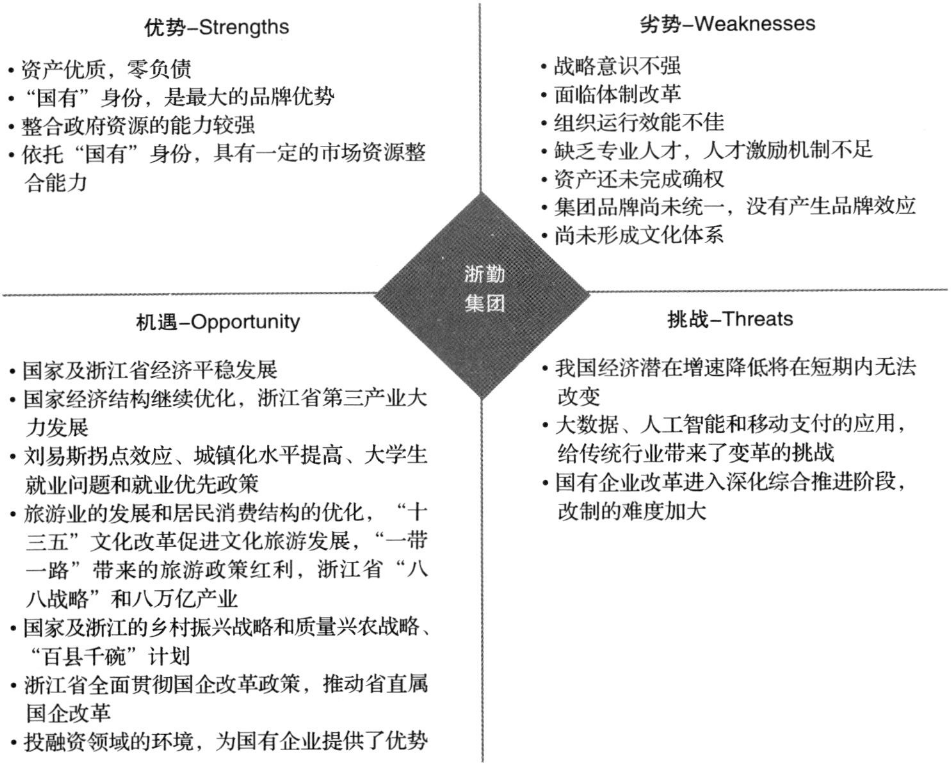

图 8　浙勤集团总体 SWOT 分析

通过 SWOT 分析，浙勤集团自身拥有的优势不足，但外部环境给予的发展机遇远大于挑战，因此，浙勤集团在“十四五”发展中应加强自身内部建设，利用优势，把握机遇，顺势而为。基于此，仁略咨询项目组提出，浙勤集团“12345”发展模式，致力于实现两个领先和两个规模化，发展初步建议如图 9、图 10 所示。

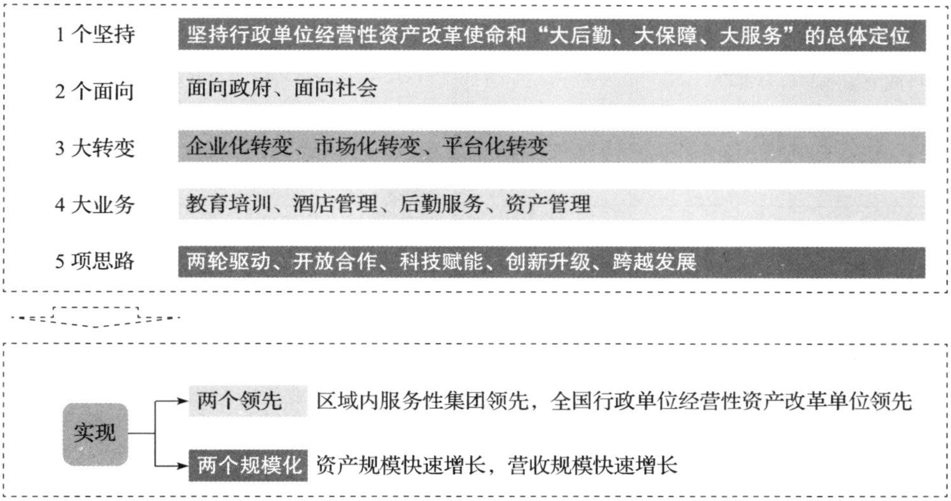

图 9　浙勤集团发展初步建议

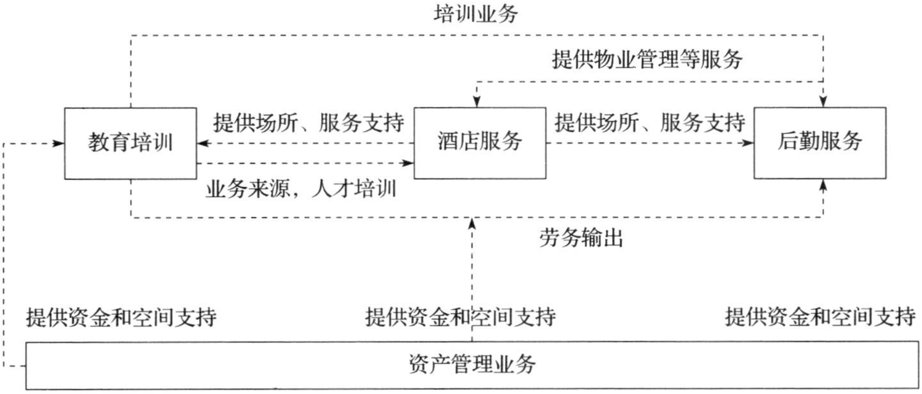

图 10　浙勤集团业务布局示意

（2）各业务板块发展初步建议。

各业务板块发展初步建议基于 SWOT 分析提出，以教育培训业务为例。教育培训业务 SWOT 分析如图 11 所示。

优势-Strengths

- 大班化培训，现场服务能力强
- 订单式业务模式，方案策划能力强
- 拥有外部讲师库，外部讲师资源整合能力强
- 外部场地资源整合能力强
- 国有背景、政府关系
- 可成为场地的自有资产

劣势-Weaknesses

- 系统内订单式业务模式，对品牌推广能力要求低，因此品牌推广能力弱
- 原有客户资源在流失
- 系统内业务向系统外业务转型，需要更高的市场营销能力
- 市场化培训要求自身拥有课程研发能力
- 基本没有内部讲师资源
- 技术应用能力弱
- 内部培训配套资源利用不足

教育培训

机遇-Opportunity

- 教育培训行业市场规模大，增速块，市场集中度低
- 国家对教育高度重视，以“普惠、公平”为主基调，出台相关政策促进民办教育，作为公办教育的有力补充
- 教育培训行业一直是资本市场的“热饽饽”，K12素质培训、早教、职业培训备受关注
- 教育综合体引领教育向教育生态演变升级
- 教育培训行业各个细分领域已出现龙头企业，但并未真正形成“龙头效应”
- “相关多元化”是行业内龙头企业普遍选择的扩张路径
- 职业培训领域赛道众多，巨头企业呈现“小而美”业务布局
- 公办幼儿园供不应求，未来幼儿园将呈现“普惠园与高端园”哑铃状分布
- 早教已成为城市中产教育消费的必要选择，二、三线城市渗透率有待提升

挑战-Threats

- 为规范行业发展，国家对教育培训部分细分领域分别出台指导政策，明确发展导向，存在政策不稳定性
- 科技在教育培训领域的介入越来越深，引领传统业务改革升级，这对于浙勤集团教育培训板块的科技应用能力有要求
- 资本市场对教育行业投融资趋于理性，更看重利润和未来增长能力
- 龙头企业利用资本优势在细分市场提升行业集中度
- 干部培训对象范围小、费用政策限定，使得市场存在明显的天花板效应，单做“存量业务”营业收入和利润空间不会有爆发式的增长
- 早教行业内充分竞争，新进企业往往寻找“品牌”机构合作降低行业进入壁垒

图 11　教育培训业务 SWOT 分析

基于 SWOT 分析，提出教育培训业务布局的初步建议（见图 12）。

①教育培训业务发展思路：近期立足干部培训，“一体两翼”发展；长期可根据外部合作机遇，适时进入职业教育、艺术教育、企业培训等其他细分领域。

②教育培训业务发展模式：采用“双支柱”模式协同发展，同时明确各业务定位和发展思路。

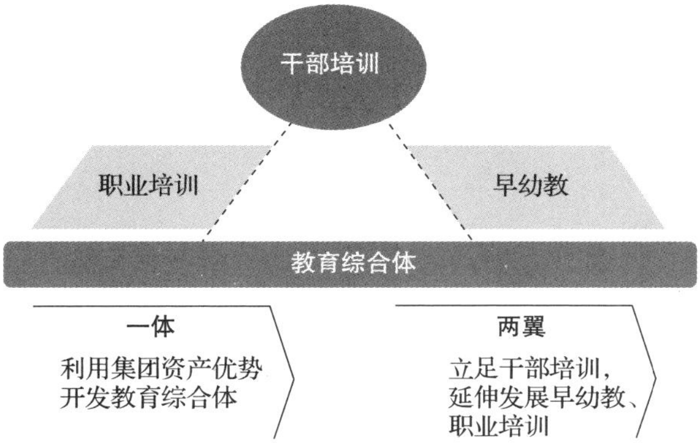

图 12　教育培训业务布局示意图

“双支柱”是成立浙江省干部教育培训中心和浙勤教育培训科技有限公司，前者负责发展干部培训，后者负责发展早幼教、职业培训。教育培训业务发展模式如表 2 所示：

表 2　教育培训业务发展模式

双支柱	浙江省干部教育培训中心	浙勤教育培训科技有限公司	
具体业务	干部培训	早幼教	职业培训
定位	立足企业使命	机关后勤保障服务	干部培训业务延伸，服务社会
发展思路	做优品牌	机关服务补充，面向社会	做大做强，深耕细分
具体业务	整合存量资源	优先涉足幼儿园	与集团定位相关的培训业务
实施路径	现有干部培训业务纳入一家干部培训中心	开放合作，相对控股或合资成立新公司	开放合作，相对控股或合资成立新公司
目标	打造干部培训知名品牌	提升社会影响力	上市
发展空间	新的干部培训资质	延伸早幼教培训机构	扩大细分培训业务

提出干部培训、早幼教、职业培训业务发展的初步建议是：

干部培训业务以“做优品牌”为发展思路，存量基础上谋求增量，力争成为省内领先、全国知名的干部培训品牌。

早幼教业务以“机关服务补充、面向社会办学”为发展思路，充分发挥浙勤为机关单位提供后勤保障的职能，补充机关事务管理局服务，同时向社会输出优质品质，提升社会影响力。

职业培训业务以“做大做强、深耕细分”为发展思路，重点把握“颁发权威证书”类和“职业技能等级鉴定”类细分业务。

4. 案例分析

选择具有合作可能性的企业或行业内标杆企业作为案例分析对象，分析重点在于明晰其对浙勤集团相关业务发展的启示。案例分析维度包括企业基本概况、业务发展模式、启示或合作可行性分析等。最终完成了四大业务板块十四个对标企业的案例分析。

（五）召开战略研讨会

召开战略研讨会是“双方共识”的重要举措，也是确保正确的战略规划方向，提升战略落地的重要保障。在此期间，仁略咨询项目组联合浙勤集团共同举办了六次战略研讨会。

战略研讨专题分为三个维度：一是浙勤集团总体战略专题研讨，二是四大业务战略专题研讨，三是职能战略专题研讨。

总体战略研讨的主要内容包括：使命、远景、总体发展战略选择、总体发展模式讨论、总体发展目标讨论等。

四大业务战略专题研讨的重点内容包括：业务发展思路、业务发展举措、业务发展目标等。

职能战略专题研讨的重点内容包括：组织、人力资源、品牌建设、党建文化、信息化建设、财务管理等职能的发展举措及目标。

三、战略规划

通过战略诊断分析和研讨，仁略咨询项目组与浙勤集团就“十四五”发展战略达成初步共识，基于此，项目组开始正式编制《浙江浙勤集团有限公司“十四五”战略规划报告》(以下简称《战略规划报告》)。

《战略规划报告》针对的是浙勤集团未来五年（2020—2024 年）的发展，包括战略环境分析、总体发展战略、业务发展战略、战略核心支撑策略、战略落地保障策略五大部分。

（一）战略环境分析

战略环境分析是对《战略分析报告》的总结和提炼，整体依据 SWOT 方式撰写，分别描述浙勤集团“十四五”期间发展所面临的外部机遇和挑战，以及已经具备的内部优势和发展劣势，具体内容可参考第二部分“战略诊断分析”的相关内容。

通过战略环境分析发现，浙勤集团内部资源能力劣势明显、优势不足，但外部环境给予的发展机遇远大于挑战。因此，浙勤集团未来的发展应“取势、明道、优术”，把握机遇、顺势而为。浙勤集团总体发展应选择扭转型战略。扭转型战略是指通过提升内部资源能力，变内部劣势为优势，以抓住外部机遇的战略。实现扭转劣势的途径有两种：一种是内涵式，即直接打造内部资源能力；另一种是外延式，即通过开放合作，整合外部优势资源能力，达到“为我所用”的目的。浙勤集团面临不得不发展的局面，开放合作是扭转劣势、实现跨越发展的有力途径。浙勤集团“十四五”总体战略选择如图 13 所示。

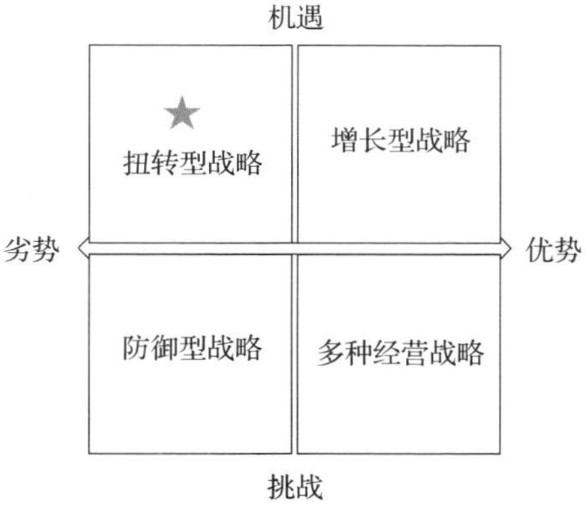

图 13　浙勤集团“十四五”总体战略选择

（二）总体发展战略

总体发展战略包括七大部分：使命、愿景、核心价值观、战略指导原则、战略定位与发展思路、业务发展布局、战略目标体系。

1. 使命

使命体现企业承担并致力于实现的责任，是为了回答“企业存在的理由”。

浙勤集团的使命：引领后勤改革，创新智慧服务。

2. 愿景

愿景是企业发展的设想和展望，是为了回答“企业将成为什么”。

浙勤集团的愿景：

做大规模、做新服务、做优品牌
致力于成为一流的现代服务集团

3. 核心价值观

核心价值观是企业与员工共同认可和崇尚的价值评判标准，是企业文化的重要组成。

浙勤集团的核心价值观：浙志功成，业精于勤

4. 战略指导原则

浙勤集团“十四五”战略规划整体遵循四大原则。

（1）“牢记使命”原则：战略规划应始终坚持浙勤集团的使命，一切以提升服务水平、体现改革效果为前提。

（2）“差异发展”原则：不重复投入、不同质竞争，突出“勤”字行业特征和差异，走差异化发展道路。

（3）“产业引领”原则：体现浙勤集团在核心产业的引领示范作用，以指引浙勤集团尽快发展成为行业内主要领军企业。

（4）“业务聚焦”原则：集中优势资源，聚焦重点业务和细分市场，产生成绩，建立发展信心和品牌影响力。

5. 战略定位与发展思路

战略定位是描述企业通过什么方式为哪些客户提供什么产品或服务的决策。

浙勤集团战略定位：服务政府，面向社会，多元化发展的现代服务集团。

战略发展思路是描述企业在战略定位明晰的情况下，采用什么方式达成战略目标。

浙勤集团战略发展思路：破除瓶颈，开放合作，科技驱动，跨越发展。

6. 业务发展布局

浙勤集团“十四五”期间整体构建“1+3”的业务发展布局，“1”为一项核心基础业务，即资产管理业务；“3”为三大核心发展业务：教育培训、酒店管理、后勤服务。浙勤集团“十四五”业务发展布局如图 14 所示。

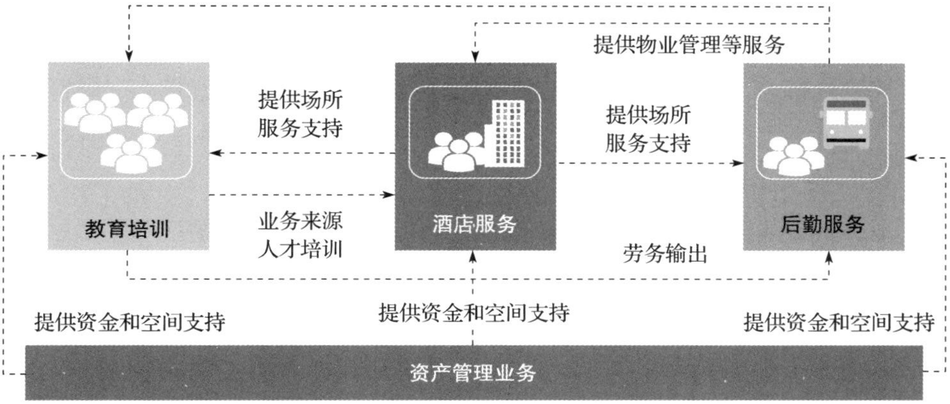

图 14　浙勤集团“十四五”业务发展布局

7. 战略目标体系

浙勤集团“十四五”战略目标体系包括总体战略目标、各业务发展目标、关键职能目标。

总体战略目标的设定包括资产目标、营业收入目标和利润目标，总体战略目标如表 3 所示。

表 3　浙勤集团“十四五”总体战略目标

战略指标	2020 年	2021 年	2022 年	2023 年	2024 年
营业收入 / 亿元	3	5	7	11	15
利润总额 / 亿元	0.4	0.5	0.7	0.9	1.2
资产总额 / 亿元	25	40	60	80	100

浙勤集团“十四五”各业务发展目标如表 4 所示。

表 4　浙勤集团“十四五”各业务发展目标

业务板块	2020 年	2021 年	2022 年	2023 年	2024 年
教育培训业务 / 亿元	0.8	1.2	2.0	3.0	4
酒店管理业务 / 亿元	1.2	1.5	2.2	3.0	4
资产管理业务 / 亿元	0.4	0.5	0.7	0.9	1
后勤服务业务 / 亿元	0.6	1.8	2.1	4.1	6
总计 / 亿元	3	5	7	11	15

关键职能目标的设定维度包括组织发展目标、人才建设目标、品牌建设目标、党建文化目标、信息化建设目标，在此不一一展开描述。

（三）业务发展战略

业务发展战略包括四大部分：教育培训板块发展战略、酒店管理板块发展战略、资产管理板块发展战略、后勤服务板块发展战略。四大业务板块均从三大维度进行规划：发展思路、发展目标、发展举措。以教育培训业务板块为例。

1. 发展思路

“激活存量、开发增量”。通过内部整合、产品创新、机制优化激活干部教育培训业务，打造全省干部教育领先品牌；通过整合外部资源和并购优质团队，快速布局发展职业教育板块，尽快布局、做大职业教育板块。

2. 发展目标

教育培训业务发展目标如表 5 所示。

表 5　教育培训业务发展目标

细分业务	2024 年营业收入
干部培训 / 亿元	1.5
职业培训 / 亿元	2.0
早幼教 + 其他教育培训 / 亿元	0.5
教育培训业务总营收 / 亿元	4.0

3. 发展举措

明晰三大细分业务的发展举措，是促进战略落地、教育培训业务发展的重要抓手。

（1）干部教育培训业务发展举措。

干部教育培训业务发展举措体现为“五个一”。

成立一个中心：成立浙勤机关后勤和培训服务中心。积极推动成立浙勤机关后勤和培训服务中心，将现有独立、分散的干部培训业务进一步整合，发挥协同效应，减少同业竞争，提升浙勤集团在浙江本省乃至全国干部培训业务中的地位和品牌影响力。

明确一个定位：专注干部专业培训。专注干部专业化能力培训和知识培训业务，树立“浙江省干部专业化能力和知识培训”业务领域第一的品牌形象。

建立一个基地：建设干部教育培训综合体。建立以“干部培训”为主题的教育综合体，集“培训、实训、住宿”为一体，打造干部培训一站式服务平台。

打造一个平台：实现在线智慧教学。引用信息化配置，如信息化设备、实验设备等；引进智能化软件，如教学信息系统、移动客户端软件 APP 开发、智慧教学平台等。

研发一个特色：注重课程特色研发。打造干部培训课程研发团队，提升自身课程研发能力，同时加强干部培训在线课程研发。

（2）职业教育培训业务发展举措。

职业教育培训业务发展举措体现为“专业平台、合作发展、鉴定带动、谋求上市”。

专业平台：合资成立浙勤教育科技公司。企业化运营，下设三级业务公司，发展市场化教育培训业务，优先考虑职业教育培训。

合作发展：优选外部职业培训机构合作。围绕集团定位选择业务，协同其他板块发展，优先发展乡村振兴类培训、康养类培训、百县千碗厨师培训、职业技能鉴定类培训、资格证书继续教育培训等。

鉴定带动：成立职业技能鉴定服务有限公司。探索与人社部或其他相关部门合作机会，政府部门提供职业技能鉴定，本机构获取相关培训办学资质并提供技能培训，争取政府给予的培训补贴，达到“以鉴定带培训”的目的。

谋求上市：将职业培训与科技深度融合。职业培训业务板块快速发展，一是借助科技的运用，实现线下业务转型升级；二是谋求上市，借助资本市场拓宽外部资金募集渠道，为其研发和扩张提供资金支持。

（3）其他教育培训业务发展举措。

其他教育培训业务发展举措体现为“开办、布局、规划”。

开办：适时开办普惠幼儿园和公办性质幼儿园。

布局：谋求早幼教培训业务，以幼儿园带动幼儿培训的开拓。

规划：整合资源拓展其他业务，如艺术教育、K12 培训等。

（四）战略核心支撑策略

战略核心支撑策略是指企业亟须实施的基础性、前置性建设举措，包括两大维度：一是体制改革维度；二是组织建设维度。

1. 体制改革策略

体制改革策略主要包括四点：一是推进下属事业单位企业化改革；二是推进下属企业混合所有制改革；三是业务单元试点骨干员工持股；四是推进现代企业治理体系建设。

2. 组织建设策略

组织建设策略主要包括六点：一是构建集团三级管理架构，明晰各级组织职能；二是结合业务定位和发展阶段，建立复合型管控体系；三是基于“管理型总部”定位，强化集团总部职能建设；四是搭建各业务管理平台，加强业务专业化管理；五是探索多种对外合作模式，借力谋求业务快速发展；六是推进组织管理体系优化，提高组织运行效率。

（五）战略落地保障策略

战略落地保障策略是指采取确保战略规划落地的相关举措，企业“十四五”期间关键职能的建设举措包括五大关键性职能建设：党建文化建设、人力资源建设、财务管理提升、品牌战略构建、信息化建设，在此不一一展开描述。

四、案例项目评估和绩效说明

（一）案例项目评估

浙勤集团“十四五”战略规划咨询项目拥有战略咨询项目的全流程服务，从内外部调研到战略分析和战略研讨，直至战略规划、战略辅导实施。在全流程服务过程中，仁略咨询项目组时刻把握“双方共识”和“战略落地”的重要性，确保浙勤集团能够通过战略规划实现“十四五”期间快速发展的目标。

2019 年 12 月，浙勤集团召开“十四五”战略规划外部专家评审会。会上，专家对战略规划报告进行点评，对报告整体的合理性和可行性给予了肯定，并就细节部分提出若干修改建议。最终，报告以“全票同意”的好成绩通过外部专家评审。

（二）绩效说明

在为期 6 个月的主体咨询服务完成后，2020 年 1 月，仁略咨询项目组正式开展战略落地辅导实施服务，此次辅导成效显著，具体体现在三大维度：总体发展维度、业务发展维度和职能发展维度。

1. 总体发展成效

2020 年上半年，浙勤集团经营收入同比增长 6.93%，完成利润同比增长 65%，总体呈现出“发展有亮点、形象有改变、效益有提升”的可喜局面。

2. 业务发展成效

仁略咨询持续助力浙勤集团业务发展，先后促成其与省人大、省建行、上城区政府、开化县政府、财通证券、开元集团等 10 余家单位建立战略合作关系，致力于推进浙勤集团在教育培训、酒店管理、后勤服务、资产管理四大业务板块快速发展。

在引荐战略合作伙伴的同时，仁略咨询同样关注浙勤集团自身业务发展情况，顺利推动浙江省职业技能服务公司、浙勤开元酒店管理公司、机关后勤和培训服务中心、浙勤中瑞文旅发展有限公司、浙勤百县千碗餐饮有限公司、浙江浙勤资产管理有限公司的成立。

成立浙江省职业技能服务公司是浙勤集团发展职业教育培训业务的重要举措。作为浙江浙勤集团的全资子公司，实行独立核算、自主经营、自负盈亏。公司已经成为省人社厅第一批就业培训指导试点企业，为推进浙勤集团进入职业教育市场和职业技能服务市场奠定了基础。

成立浙勤开元酒店管理公司是浙勤集团发展酒店管理业务的重要举措。与开元集团签订战略合作协议，成立的浙勤开元酒店管理公司已经成功中标杭州市总工会项目，为打造浙勤集团酒店管理品牌奠定了基础。

成立机关后勤和培训服务中心、浙勤中瑞文旅发展有限公司、浙勤百县千碗餐饮有限公司是浙勤集团发展后勤服务业务的重要举措。浙勤机关后勤和培训服务中心承担各类机关会务服务、培训服务、后勤保障等方面工作，服务机关后勤，服务人才成长，促进事业发展。与中瑞文旅酒店集团签订战略合作协议，成立浙勤中瑞文旅发展有限公司，联合开发省教育厅招待所项目，将打造成为非标文博主题精品酒店。合资成立浙勤百县千碗餐饮有限公司，服务浙江省“诗画浙江·百县千碗”工程，探索“百县千碗”商业模式，培育产业板块业态。

成立浙勤资产管理有限公司是浙勤集团发展资产管理业务的重要举措。该公司致力于对改制单位进行整合，采取稳健运作方式，加强资金资产统筹管理。

3. 职能发展成效

持续助力浙勤集团业务发展的同时，仁略咨询仍关注集团内部职能发展效力的提升，具体体现在人力资源、制度体系建设等方面。

针对人力资源管理，仁略咨询项目组协助人力资源部就职级、薪酬、绩效考核等方面进行完善和优化，最终修订形成《浙江浙勤集团有限公司职级管理办法》《浙江浙勤集团有限公司总部薪酬管理办法》《浙江浙勤集团有限公司总部绩效管理办法》。

针对制度体系建设，仁略咨询项目协助综合部相关工作，修订完善了党委会和董事会议事规则、党建与企业治理体系、周工作督查督办、经营绩效考核等各类制度 32 项，进一步健全了制度、机制体系，提升了治理效能。